Ulrike Stöhring

VIELEN DANK FÜR ALLES

Ulrike Stöhring

VIELEN DANK FÜR ALLES

Trennung – glücklich überlebt

ullstein extra

Ullstein extra ist ein Verlag der Ullstein Buchverlage GmbH
www.ullstein-extra.de

ISBN 978-3-86493-054-6

Satz: Pinkuin Satz und Datentechnik, Berlin
Druck und Bindung: CPI books GmbH, Leck
Printed in Germany

Für meine Mutter

Inhalt

Vorwort

Wenn es passiert, fühlt es sich an wie ein Flugzeugabsturz. Nachdem sich mein Mann überraschend von mir getrennt hatte, fand ich mich auf unbekanntem Terrain und der fieberhaften Suche nach der Blackbox wieder. Die biologisch sinnvolle Einrichtung des Überlebensmodus im Schockzustand griff eine gewisse Zeit lang. Sie verhinderte größeres Unglück wie Racheaktionen, Selbstdemütigung oder gar Suizid durch eine schlichte Blockade der normalen Handlungsfähigkeit. Wäre die erlittene Verletzung eine körperliche, der Schock ein rein physiologischer – man suchte sofort eine kompetente Notaufnahme und später eine schön gelegene Rehaklinik auf.

Leider gibt es solche Möglichkeiten für akuten Seelenschmerz nicht wirklich.

Schnell war klar, dass ich dieses Lebensereignis nicht einfach nur durchleiden konnte und wollte. Was also tun? Einschlägige Beratungsliteratur half mir nicht weiter. Die meisten Bücher zum Thema Trennung sind auf eine Altersgruppe zugeschnitten, die es eilig hat, sich nach dem Scheitern der einen schnell in eine neue Beziehung zu stürzen. Ratschläge nach dem Motto »Wieder fit in fünfzig Tagen« würden, so wusste ich, bei mir nicht funktionieren. Rund um die Wechseljahre bauen sich Körper,

Seele und damit auch unser Nähebedürfnis umfassend um. Es kann also nicht mehr um die Wiederherstellung eines Status quo gehen. Und so beschloss ich, meinen unfreiwilligen Heilungsprozess zum Selbstversuch zu machen.

Was passiert überhaupt bei diesem Super-GAU im Liebesleben, der uns sehr unsanft auf eine Reise schickt, die wir gar nicht antreten wollten, und uns viele alte Gewissheiten kostet? Welche touristischen Höhe- und Tiefpunkte erwarteten mich Verlassene auf dieser Reise durch dunkle Täler, öde Wüsten und irgendwann hoffentlich auch auf Gipfel mit Licht und Weitblick? Wie viel Einfluss hatte ich auf Reiseroute und Fahrplan?

Da dies, mit Anfang fünfzig nicht ungewöhnlich, keineswegs die erste Trennung in meinem Leben war, wollte ich endlich auch meinen eigenen Anteil am Geschehen ergründen. Einen Anteil, der ziemlich viel Allgemeingültiges über das Paarungsverhalten der Frauen meiner Generation zwischen feministischer Guerilla und Versorgungsehe aussagt.

Der Unterschied, den es macht, ob man sich trennt, wenn die verbleibende Lebenszeit noch üppig scheint, oder erst in der Lebensmitte, ist immens. Es fällt dann nicht mehr so leicht, den Ex zum Sündenbock zu machen und ihn durch einen Neuen zu ersetzen. Zumal wenn man diese Trial-and-Error-Methode schon einige Male praktiziert hat und zu ahnen beginnt, dass der berühmte Prinz eher berentet als beritten wäre und ein eigenes Pferd die weitaus bessere Idee.

Fürs Erste gab ich mir ein Jahr Zeit; es wurden zwei daraus. Dem klassischen Trauerjahr, das auch ein Wutjahr war, folgte ein Jahr voller überraschender Wandlungen und neuer Perspektiven.

Während ich durch die üblichen Phasen des Trotzes, der Trauer, der Ablösung ging, veränderte ich mich. Was mir monatelang als die größte Katastrophe meines Lebens erschien, das Verlassenwerden, erwies sich als verblüffend folgerichtige Wachstumschance, die ich rückblickend nur empfehlen kann. Denn ich war am Ende, was ich vor der Trennung nicht war und was ich als Resultat eines solch tiefen Einschnittes niemals erwartet hätte: eine glückliche Frau.

1. Der Crash. Plötzlich verlassen

»Bang bang, he shot me down. Bang bang,
I hit the ground.« Nancy Sinatra

Mein Mann verschwand an einem sonnigen Augustabend, der idyllischer nicht hätte sein können. Mit einem Glas Riesling in der Hand saßen wir auf dem von ihm liebevoll bepflanzten Balkon und überlegten, welchen Kinofilm wir uns später anschauen wollten.

»Worauf hast du Lust?«, fragte ich. Keine Antwort. Da ahnte ich noch nicht, dass wenige Minuten später unsere eigene Geschichte eine Wendung nehmen würde, die ich nie für möglich gehalten hätte: von romantischer Komödie zum Splattermovie.

Ich hielt sein Schweigen zunächst für ein Nachdenken über die Kinofrage. Nach einem tiefen Atemzug, den Blick auf die eigenen Hände geheftet, brachte er es schließlich heraus: »Natalie und ich haben uns verliebt. Ich verlasse dich. Heute ... jetzt.«

Für einen Moment wurde es dunkel um mich. Als ich wieder einigermaßen sehen konnte, verließ ich den Balkon. Bloß weg von der Brüstung. Im Wohnzimmer ließ ich mich in einen Sessel fallen. Wer schon mal einen Unfall hatte, kennt das vielleicht: Das Bein ist Matsch, die Nase blutig, aber man schüttelt sich, spürt keine Schmerzen, klopft den Rettungskräften ermutigend auf die Schulter und schickt sich an davonzuhüpfen. Das funktioniert dann zwar doch nicht, aber der Körper schaltet in den

Überlebensmodus, und die Psyche scheint absonderlich zu reagieren. Das ganze Ausmaß der Katastrophe kommt nicht sofort in Schmerzzentrum und Bewusstsein an. Notfalls soll noch lebensrettende Flucht vor anhaltender Gefahr möglich sein.

Der Volksmund spricht dann von einem Schock und meint damit das Aus-der-Bahn-geworfen-Sein durch ein schlimmes Ereignis. Eines von vielen körperlichen Anzeichen ist eine Kreislaufstörung, die lebensbedrohlich werden kann. Und tatsächlich: Bei mir drehte sich alles. Mein Herz raste, und mir wurde übel.

In der Psyche löst das Desaster eine sogenannte »akute Belastungsreaktion« aus. (Was für eine verharmlosende Bezeichnung für das Erdbeben im Kopf!) Bei mir machte diese sich als innere Stimme bemerkbar: Ach Quatsch, das passiert jetzt nicht wirklich uns. Das hier ist ein Film, ein Alptraum! Gleich, bitte!, bitte!, werde ich wach, und alles ist gut!

Man nennt das Dissoziation. Das Geschehen ist so schockierend und unbegreiflich, dass man sich automatisch davon entfernt, regelrecht abspaltet. Unter Hypnose wird ein solcher Blickwinkel mit der Absicht herbeigeführt, eine gewisse Distanz zum akuten Vorfall zu schaffen und einen Überblick zu gewinnen. Genau das passierte jetzt. Buchstäblich von der Zimmerdecke aus schaute ich also als eine Art Teilpersönlichkeit auf uns, wie eine Kriegsberichterstatterin auf das Schlachtfeld, und hatte *stante pede* das Gefühl, verrückt zu werden.

Der Schock, den es erzeugt, völlig unerwartet verlassen zu werden, hat so viele Erscheinungsformen, wie es Menschen gibt. In manchem ähneln sich unsere Reaktionen aber in jedem Lebensalter. Realisiert eine Dreijährige, dass sie beim Waldspaziergang mit der Familie verlorengegangen und plötzlich allein ist, wird sie adäquat brüllend auf diese Situation reagieren, die für sie tatsächlich lebensbedrohlich werden kann. Sieht sie sich fünfzig Jahre später wieder unerwartet verlassen, ist sie zwar nicht in Lebensgefahr, fühlt sich aber so. Nachdem also die erste gnädige Dissoziation vorbei war, wurde die Dreijährige in mir wach. Ich reagierte als erwachsene Frau so irrational verzweifelt und in heller Panik wie ein kleines Kind. An einem Schock, ausgelöst durch schwere Verletzung, kann man sterben. Oder besser gesagt durch ihn. Wenn der Kreislauf versagt und die Organe nicht mehr versorgt werden. Die vielbesungene Lebensader wird durchtrennt.

Die Eröffnung meines Mannes, seine neuen Lebenspläne betreffend, kam derart überraschend für mich, dass ich das Gefühl hatte, aus meinem Körper zu fallen. Gleichzeitig brannte mein Brustraum so sehr, dass für mich klar war: That's it. Der Infarkt, der Herzbruch ist da.

Ich schien mich auf der Stelle in drei Personen zu spalten. Eine, die sich, wie oben beschrieben, dissoziiert. Eine, die von wuchtigen Schmerzen in die Tiefe des Sessels gedrückt wird, und eine, die flüchten will und es dann auch tut, als würde der Ortswechsel ins Badezimmer ungeschehen machen, was da gerade ausgesprochen wurde.

Es folgte ein fulminanter Ausnahmezustand. Eine Gefühlsmischung, auf die ich, sonst oft fröhlich auf der Suche nach Grenzerfahrungen, gerne verzichtet hätte. Ich habe keine Erinnerung an den Weg vom Wohnzimmer ins Bad, erst wieder an den Moment, als ich auf dem Fußboden zu mir kam, irgendwo zwischen Badewanne und Katzenklo, unfähig, eine wie auch immer geartete Restwürde zu bewahren. Einzelheiten überlasse ich der Phantasie der Leserin. Nur so viel: Erstaunlich schnell und umstandslos war mir jegliche Selbstkontrolle abhandengekommen.

Dennoch muss es, rückblickend betrachtet, einen kleinen Raum in mir gegeben haben, der unversehrt blieb wie die Blackbox des Flugzeugs, das hier gerade abgestürzt war. Mir war das in dem Moment keineswegs bewusst. Wie auch? Ich kämpfte mit Übelkeit, und das Einzige, woran ich mich leider gut erinnere, ist ein für einige Stunden sehr intensives Bedürfnis, lieber tot zu sein.

Irgendwann an diesem Abend fiel mir ein, was Max Frisch nach der Trennung von seiner Schriftstellerkollegin Ingeborg Bachmann geschrieben hat: »Das Ende haben wir nicht gut bestanden, beide nicht.«

Sie hingegen kommentierte in ihrem autobiographischen Roman *Malina* trocken: »Es war Mord.«

Bis zu jenem Abend hatte ich diesen Satz immer als etwas theatralisch empfunden, musste mich nun allerdings posthum bei Ingeborg Bachmann entschuldigen.

Ja, verlassen zu werden kann sich anfühlen wie ein Mordversuch. Die gute Nachricht ist, dass die allermeisten Menschen ihn überleben.

Anzeichen für eine Entfremdung zwischen meinem Mann und mir hatte es durchaus gegeben. Darauf angesprochen, hatte er gern beruhigend abgewunken. Allerdings sind mir auch sonst noch nicht viele Männer begegnet, die begeistert das konfliktreiche Beziehungsgespräch gesucht hätten. Ein Exfreund von mir sprach einmal von seiner eigenen »geradezu katholischen Lügefähigkeit«, die ihm in Zeiten erlahmender Liebe schon sehr gute Dienste geleistet habe.

Irgendwann aber kommt immer der Moment, da man nicht mehr lügen will und kann oder die Wahrheit eher zufällig entdeckt wird. Der berühmte Point of no Return.

Der Mann verließ an diesem Abend mit einem kleinen Koffer die Wohnung. Meine achtzehnjährige Tochter, nach Mitternacht fröhlich von einer Party heimkehrend, fand ihren Stiefvater nicht mehr und mich komplett aufgelöst vor.

Die folgenden drei Tage sind gnädigem Vergessen anheimgefallen. Ich habe, was sie betrifft, einen klassischen Filmriss. Wie wenn nach einer Bodenwelle die CD im Auto kurz hängen bleibt. Eine Art Schockstarre, die ziemlich nahtlos in Stufe zwei des Schreckens, die Einwirkungsphase des Trennungstraumas, überging.

Wellenartig wiederkehrende Schmerzen in Bauch und Brust erinnerten mich von nun an penetrant an meinen Verlust. Meist wurde ich nachts davon wach, oder sie überfielen mich im Morgengrauen. Auch meine Konzentrationsfähigkeit war komplett perdu. Es ist eine recht bizarre Erfahrung, mit der Haarbürste in der Hand dazustehen und nicht ganz sicher zu sein, wozu dieser Gegenstand eigentlich da ist. Die Frage, ob ich mir inzwischen jeglichen Verstand aus dem Kopf geheult hatte, wurde dringlicher. Kummer schien die grauen Zellen zu verkleben und am Rest des Körpers wie eine Bleischürze zu hängen. Mein Herz raste, die Brust schmerzte, der Kreislauf schien weiter außer Rand und Band. Innerhalb von zwei Wochen nahm ich fünf Kilo ab.

Ich beschloss, zum Arzt zu gehen.

An einem Montagmorgen stelle ich mich der Sprechstundenhilfe in der gutgefüllten Praxis sehr eindrücklich als der Notfall dar, der ich bin. Dr. P., Internist, Naturheilkundler und Hypnotherapeut – er hatte mir schon früher durch manche gesundheitliche Untiefe geholfen –, bittet mich in den in besänftigendem Blau gestrichenen Behandlungsraum.

Die Routiniertheit und Sorgfalt, mit der er mich zunächst untersucht, um Bluthochdruck, eine Herzkrankheit oder auch eine Überfunktion der Schilddrüse auszuschließen, beruhigen mich ein wenig. Nachdem glücklicherweise der organische Befund besser nicht sein könnte, blickt Dr. P. mir tief in die Augen und will wissen, was in meinem Leben denn sonst noch los sei.

Nach ein paar meinerseits eher gestammelten Eckdaten ist er im Bilde und erklärt mir sehr ernsthaft, dass eine so heftige Trennungskrise, wie ich sie erlebte, ein ausgewachsenes Gesundheitsrisiko darstelle. Meine Symptome seien typische Alarmreaktionen, ausgelöst durch den Schock. Ich würde geradezu in Stresshormonen schwimmen.

Sofort schwimme ich auch in Tränen und Selbstmitleid.

Der Doc nimmt sich die Zeit für einen kleinen Vortrag über Hormone: »In der Evolution war es die meiste Zeit von Nutzen, in einem Bedrohungsmoment möglichst viel Adrenalin und Noradrenalin auszuschütten, um je nach Lage der Dinge flüchten oder angreifen zu können. Beide Reaktionen sind aber einer Situation, in der eine europäische Mittelschichtsehe zerbricht, nicht wirklich angemessen. Meist verprügelt man sich nicht, und man versucht auch nicht, im Dauerlauf das Land zu verlassen.«

Ich gestehe ihm, momentan auf beides große Lust zu verspüren, was Dr. P. freundlicherweise gut nachvollziehen kann. Er fährt begütigend fort: »Stresshormone in so großer Menge werden nicht gebraucht und demzufolge auch nicht schnell wieder abgebaut. Die Folge sind unangenehme Nebenwirkungen, die sich wie Krankheiten anfühlen. Hormonell befinden sich unsere Körper noch immer auf dem Entwicklungsstand der Steinzeit, die Anpassung an die heutigen Bedingungen geht zu langsam vonstatten.«

So weit, so schlecht.

Auch der bedauerliche Fakt, dass es bei Frauen ab Beginn der Menopause durch den Rückgang der Östrogenproduktion zur verstärkten Aktivierung des Sympathikus und damit zu heftigeren Stressreaktionen kommen könne, ist nicht unbedingt eine gute Nachricht. Der Doc erzählt mir mit einem Lächeln, das fast romantisch zu nennen wäre, dass Östrogene bei jüngeren Frauen die inneren Organe wie ein Schutzmäntelchen vor den negativen Wirkungen der Stresshormone bewahren. Was auch erkläre, warum Frauen vor der Menopause deutlich weniger Herzinfarkte erlitten als Männer.

Danach aber, pünktlich zur Scheidungssaison in der Lebensmitte, geht es los: Jeder kennt das Bild vom gebrochenen Herzen. Als Kind stellte ich mir immer ein zartes Knochengerüst im Innern dieses hauptamtlich für die Liebe zuständigen Organs vor. »Das Broken-Heart-Syndrom«, erklärt der Doc, »ist eine eher bei Frauen als bei Männern vorkommende Verengung der Herzkranzgefäße. Sie wird durch extremen seelischen Stress hervorgerufen.« Mein Selbstmitleid geht durch die Decke. »Schwere Rhythmusstörungen können sogar tödlich enden. Buchstäblich aus dem Takt geraten, hört das Herz dann auf zu schlagen.« Freundlicherweise betont er die Seltenheit eines solchen Verlaufs und drückt begütigend meine Hand.

Ich hadere trotzdem mit der Langsamkeit der Anpassung des menschlichen Organismus an die veränderten evolutionären Erfordernisse. Wie angenehm wäre es, in Krisensituationen wie einer Trennung zunächst in meditativen Tiefschlaf fallen zu können? Warum sind wir nicht gerade dann mit großem Appetit und gesteigerter Ausschüttung von Glückshormonen gesegnet? Logisch wäre das ja, denn unser Überleben hängt nicht (mehr) vom Fortbestand einer Ehe ab.

Mein Doc rät mir jedenfalls dringend zu einigen Maßnahmen, um meinen tobenden Körper und meine wunde Seele zu besänftigen. »Finden Sie Ihre Mitte wieder!«, spricht er sonor auf mich ein, und ich mag ihm nicht sagen, dass von Wiederfinden gar nicht die Rede sein kann, denn ich hatte noch nie eine genauere Vorstellung davon, wo diese Mitte überhaupt sein soll.

Aber egal, ich weiß ungefähr, was der Doktor meint, und bin dankbar, dass er nun wieder zum praktischen Teil der Konsultation übergeht. Verschiedene Rettungsringe sind im Angebot.

Am geläufigsten und häufig verschrieben sind schlaffördernde und stimmungsaufhellende Psychopharmaka. Vor deren suchterzeugendem Potential habe ich jedoch einen Heidenrespekt. Einzig die in freundlichem Sonnengelb gehaltene Packung mit Johanniskraut-Tabletten lasse ich mir als hoffentlich ungefährliches Naturheilmittel in die Hand drücken. Von den in Frage kommenden Therapien legt mir Dr. P. alle Verfahren ans Herz, die ausdrücklich die Achtsamkeit und die Körperwahrnehmung stärken, nämlich Yoga, Osteopathie, Körper- und Hypnosetherapie.

Wir überschlagen gemeinsam den akut notwendigen Aufwand.

Zeitlich: fulltime.

Finanziell: langfristig vierstellig.

Ich muss mir meinen eigenen Heil- und Kostenplan erstellen, denn so, wie es derzeit um mich steht, kann es nicht bleiben.

Der Doktor schreibt mich krank und entlässt mich mit guten Wünschen und professioneller Munterkeit.

Wieder zu Hause, heule ich eine Runde und rufe Jola an.

2. Alone again. Der Entzug

»Sie dachte über die seltsame Tatsache nach, dass sieben Milliarden
Menschen nicht von einem Lebenszeichen von ihm abhängig waren.«
Lena Andersson, *Widerrechtliche Inbesitznahme*

Jola hat seit meinem Trennungsabend ihr Telefon nicht mehr
ausgeschaltet und nimmt jeden Anruf von mir entgegen, egal,
zu welcher Tages- oder Nachtzeit. Sie ist eine meiner ältesten
Freundinnen, kennt mich besser als jede andere und wollte
doch kaum glauben, was in meinem Leben gerade passierte.
Ihre letzte Trennung liegt drei Jahre zurück. Genug Zeit, um
Abstand zu finden und nun der erheblich verstörten Freundin
zur Seite zu stehen. Jola ist, wie ich, ein Fan von Ratgeberliteratur und versorgt mich mit Büchern, Zeitungsausschnitten und
Hab-ich-grade-im-Netz-gelesen-Zitaten. Zunächst aber leistet
sie Erste Hilfe, denn ich befinde mich im Ausnahmezustand.

Glaubt man einem Psychotraumatologen, sollte etwa zwei,
spätestens aber vier Wochen nach einem traumatischen Erlebnis
die sogenannte Erholungsphase eintreten: Die Dauererregung
klingt ab, und man schaut wieder positiver in die Zukunft. Sowohl aus meiner persönlichen als auch aus meiner beruflichen
Erfahrung als Therapeutin handelt es sich hier eher um einen
frommen Wunsch. Nach dem Zusammenbruch wichtiger Lebenspläne, wenn man vor dem Scherbenhaufen einer eigentlich
auf Dauer angelegten Beziehung steht, nach dem Verschwinden
eines Geliebten, was immer auch wuchtige Kränkung durch Zu-

rückweisung bedeutet, muss man sich auf viel längere Zeiträume einstellen, bis tatsächlich ernsthaft so etwas wie Erleichterung spürbar ist. Das gilt selbst bei Beziehungen, in denen so gut wie gar nichts mehr stimmte, denn die Endgültigkeit und das Folgenreiche der neuen Situation haben etwas Gewaltsames. Splattermovie eben.

Auch bei mir ließ die Erholungsphase bedauerlicherweise auf sich warten. Ich war ungeduldig und dauerbeunruhigt, denn ich wollte auf keinen Fall zu einem chronifizierten Trennungsopfer mutieren. Diese leiden, wie ich wusste, unter Vermeidungsverhalten (»Nein, ich mache diesen Brief nicht auf«, oder: »Auf keinen Fall kann ich dieses Restaurant jemals wieder betreten, denn hier haben wir uns kennengelernt« etc. pp.). Ständige Flashbacks der zentralen Trennungsszene sorgten für ein anhaltend hohes Erregungsniveau. Körper und Seele waren in heller Panik. Das war kein Dauerlauf mehr, das war der Ironman in Endlosschleife, genannt Posttraumatische Belastungsstörung (PTBS).

Der akute Schock hielt in meinem Fall volle acht Wochen an.

Da saß ich nun in unserer ehemals gemeinsamen Wohnung und erlebte die Abwesenheit meines Mannes, als fehlte mir eine chemische Substanz. Da er sich entzog, musste ich entziehen. Das war nicht nur ein Bild, wie ich nun wusste, sondern ein in meinem Körper tobender biochemischer Vorgang. Ich outete mich mir selbst gegenüber als Beziehungsjunkie und sah mich schon in der entsprechenden Selbsthilfegruppe. Szenario: Ein dünnes Stimmchen entringt sich mir, der Neuen in der Runde: »Hallo, ich bin Ulrike, und ich bin abhängig.« Chor zurück: »Willkommen, Ulrike!«

Bestimmte Botenstoffe, die während meiner Ehe, als sie noch glückte, reichlich unterwegs waren (o selige, engelsgleiche Dopamine!), fehlten nun, stattdessen Krawall der Adrenaline so weit das Nervensystem reichte. Sie entpuppten sich weiterhin als die Hooligans unter den Hormonen, randalierten, feuerten, malträtierten meine Nebennieren. Und wie mein Doc schon angekündigt hatte, ließen sie sich einfach nicht abbauen. Mir wurde geraten, wieder zu joggen. Angesichts der Tatsache, dass ich in dieser Zeit die zwei halben Treppen zu meiner Wohnung nur unter Aufbietung eines letzten Rests an Würde nicht auf allen vieren erklomm, das reinste Wunschdenken.

Spätestens seit *Wir Kinder vom Bahnhof Zoo* weiß auch der behütetste Mensch zumindest theoretisch, dass Junkies in der Lage sind, ihre eigene Oma auszurauben, wenn sie Stoff brauchen. Ich kann das nur bestätigen. Es gab Momente, da ich für ein kleines bisschen Erleichterung die Seelen oder doch zumindest die Schnuller meiner Enkelkinder vertickt hätte.

Mein Zuhause war zu einem Minenfeld der Erinnerungen geworden. In jeder Schublade drohten Verletzungen. Den Briefkasten öffnete ich mit der Konzentration einer Sprengstoffexpertin. Der kleinste Fehler konnte meine mühsam bewahrte Fassung gefährden.

Süchtige auf Entgiftungsstationen und in Selbsthilfeeinrichtungen wie Synanon stehen bekanntermaßen zunächst unter ständiger Aufsicht, um das Risiko eines Rückfalls zu minimieren. Instinktiv verordnete ich mir tagsüber so viel Gesellschaft wie möglich. Ich traf Freundinnen in den umliegenden Cafés, um der Leere der Wohnung zu entgehen. Doch auch dort kam es regelmäßig vor, dass ich in Tränen ausbrach. Einmal überreichte mir eine Kellnerin einen frisch gepressten Orangensaft mit den Worten: »Der geht aufs Haus. Alles wird wieder gut!« Als ich allerdings eines Tages um zehn Uhr morgens ungefragt einen Cognac »von dem Herrn am Fenster« spendiert bekam, erkannte ich, dass mein Zustand noch zu fragil für die scharfen Augen der Nachbarschaft war.

Nachts zog ich für ein paar Wochen in das Zimmer meiner erwachsenen Tochter. So konnte ich in den dunkelsten Momenten, wenn sich der Schlaf nach drei bis vier unruhigen Stunden schon wieder verabschiedet hatte, ihrem Atem lauschen und weiter an liebevolles Leben auf der Erde glauben.

Ihre nächtliche Nähe hielt mich auch davon ab, im Übermaß zu Substituten zu greifen. Aber wer kennt in so einer Situation schon das richtige Maß ... Ich gehe davon aus, dass mein Weinhändler in der ersten Zeit nach meiner Trennung das Geschäft seines Lebens machte und ich als »Kundin des Jahres« in die Geschichte des Unternehmens eingehen werde. Dennoch war es so wie immer bei echtem Kummer: Der Alkohol machte alles nur noch schlimmer. Er war ja auch nicht das, was ich wollte, sondern ein mieser, flüchtiger Ersatz.

Wenn andere Süchtige ihren Substanzentzug abbrechen wollen, wenden sie sich, je nachdem, an die nächste Apotheke, den Spätverkauf oder die Jungs mit den Tütchen am Bahnhof. Es wird nicht lange dauern, bis sie diesen Schritt bitter bereuen, aber für eine gewisse Zeit ist die Erleichterung gigantisch.

Im Trennungsfall allerdings ist die Beschaffung der Droge kompliziert bis unmöglich. So gerne ich zeitweise den Entzug abgebrochen hätte – es lag absolut nicht in meiner Hand. Mein Mann war weg und meldete sich nicht bei mir. Je schneller ich das begriff, je eher ich nicht immer wieder im Gefängnis landete, ohne vorher über Los zu gehen, umso besser. Erzählte mir jemand von meinem Mann, fühlte ich mich jedes Mal wie ein hungriger Hund vor dem Fleischerladen. Als eine Bekannte berichtete, sie habe ihn gesehen, und er habe fröhlich gewirkt, plagten mich tagelang Bauchschmerzen.

Eine Therapeutenkollegin riet mir zu totaler Kontaktsperre. In Fällen wie meinem ist ja leider davon auszugehen, dass der andere erleichtert und nicht im Geringsten mit so viel Schmerz unterwegs ist wie man selbst. Erreichen ihn nun verzweifelte, vorwurfsvolle, wütende, traurige oder wie auch immer geartete Nachrichten, fühlt er sich verfolgt und angegriffen. Oder spürt sein schlechtes Gewissen. Oder bekommt Angst. Oder Ärger mit der Neuen. Oder alles gleichzeitig. Nicht gerade das, wovon Männer träumen. Schon gar nicht, wenn sie die Flucht der Auseinandersetzung vorgezogen haben.

Der Neuverliebte wird vielleicht auf Kontaktversuche reagieren, aber *niemals* in der Weise, wie wir uns das wünschen. Kann er gar nicht! Weil wir ihn ungünstigerweise gerade dann am dringlichsten erreichen wollen, wenn er gerade am dringlichsten wegwill.

Verzweiflung ist die mieseste PR-Beraterin, die man sich denken kann. Eine selbstauferlegte Kontaktsperre ist der beste Selbstschutz. Mit nackten Füßen malerisch in den Scherben zu tanzen verschafft vielleicht für Sekunden Erleichterung, muss aber blöderweise mit tagelangem Schmerz bezahlt werden. Woran ich auch dachte, was ich mir auch ausmalte, um dem Druck und der Angst Paroli zu bieten, die Hooliganhormone zu besänftigen, die Schwärze der Nächte wenigstens etwas aufzuhellen – es auszuleben hätte mich immer wieder zurückgeworfen.

Ich hämmerte mir also entsprechende Leitlinien ein, die da lauteten:

Das Drama NICHT anheizen.
NICHT anrufen, egal, wie empört man ist.
NICHT simsen, egal, wie traurig man ist.
NICHT mailen, egal, wie betrunken man ist.
NICHT!
Denn es kommt entweder keine Antwort (= Schmerz!)
oder eine falsche Antwort (= Schmerz!!).

Leider verstieß ich ein paarmal gegen diese goldenen Regeln einer halbwegs würdevollen Trennung und hasste mich anschließend tagelang dafür. Auch das gehört zu den Umwegen, die ich mir durch einfaches Klappehalten hätte ersparen können. Zumal ich meinem Mann ja nicht mehr persönlich begegnete.

Es waren keine gemeinsamen Kinder im Spiel, über die man sich täglich hätte einigen müssen, und für die ersten technischen Abwicklungsvorgänge versuchten wir einen Modus zu wählen, der so sachlich und minimalistisch wie möglich war.

In einem Buch über Alkoholismus las ich einmal einen Satz, den ich nur sinngemäß zitieren kann und der für Abhängige aller Art gilt. Am liebsten hätte ich ihn mir auf den Arm tätowiert: »Man muss sich immer fragen, ob das, was man gerade vorhat, die eigene *Nüchternheit* gefährdet. Wenn ja, dann darf man es, was immer es ist, nicht tun.« Ich war auf Entzug. Nichts hätte ich lieber getan, als meine »Nüchternheit« zu beenden.

3. Wer wir waren

»Wenn man sich nur in die Blüten und nicht in die
Wurzeln eines Menschen verliebt, weiß man
ab Herbst nicht mehr, was man tun soll.« Tattva Viveka

Doc P. rät mir, mich mit Trauma-Phänomenen zu beschäftigen.
Mit den alten und neuen Kratern, die sich in Menschen auftun
können.

»Wenn etwas geschieht, das meine normalen Bewältigungs-
fähigkeiten übersteigt, ist das, als explodiere eine Handgranate im Gehirn«, sagt der Psychotherapeut Hans Hopf über die
Folgen von Traumata. »Ich bin zunächst davon befreit, aber die
Splitter werden mich von nun an schmerzen, wann immer sie
wollen. Das sind die posttraumatischen Belastungsstörungen,
z. B. Angstzustände, Schlaflosigkeit, Depressionen.«

Als mein Mann und ich uns trafen, schienen wir, oberflächlich betrachtet, frei von den Splittern alter Schlachten und bereit
für eine neue Liebe zu sein.

Er hatte vor vielen Jahren Politikwissenschaft in Westberlin
studiert, ich Kulturwissenschaft in Ostberlin, und wir hatten uns
eine Menge zu erzählen. Beide kamen wir aus Ehen und langjährigen engen Beziehungen, beide hatten wir erwachsene oder
fast erwachsene Kinder. Die Aussichten waren sonnig, der Himmel blau, die Liebe groß. Dass ein Online-Partnerschaftsportal
nachgeholfen hatte, schmälerte nicht im Geringsten die über-
raschende Intensität unserer Begegnung. Vollkommen euphori-

siert und geborgen in dem Gefühl, nun endlich *den* Menschen fürs Leben gefunden zu haben, machten wir uns daran, eine Patchworkfamilie zu stricken, in der es allen gutgehen sollte. Wir zogen zusammen, kümmerten uns um unsere alten Eltern, unterstützten die erwachsenen Kinder und sorgten für meine Tochter, die gerade begann, ihre Füße auf den schwankenden Boden der Pubertät zu setzen. Wir sprachen, vögelten, reisten viel, versicherten uns unentwegt, wie erstaunlich glücklich wir seien, und heirateten recht bald, mit einem großen, unvergesslichen Fest. Wir liebten das Gefühl, füreinander die Retter aus alten Nöten und tiefem Kummer zu sein. Nach knapp zwei Jahren waren wir das erste Mal am Ende.

Blicken wir auf unsere Eltern – kriegstraumatisierte Menschen, verfangen in schwierigen Ehen –, sehen wir überdeutlich, welches Beispiel uns vorgelebt wurde. Die Sozialwissenschaftlerin Margarete Stokowski schreibt sehr treffend: »Sicherheit, Stabilität und Sauberkeit waren die Antwort auf das Chaos des Krieges.«
Unsere Eltern in Ost wie West arbeiteten viel und schauten kaum zurück. Mein Mann, knapp zehn Jahre nach Kriegsende geboren, litt, wie auch ich, zu Hause keinen physischen Hunger. Man sorgte für uns, so gut es ging, aber unsere Eltern hatten vornehmlich mit sich selbst zu tun. Mein Schwiegervater hatte als Soldat im Krieg Unaussprechliches gesehen, meine Mutter eine schwer traumatisierende Flucht aus Pommern hinter sich. Viele Verwandte waren tot oder vermisst, familiäre Wurzeln ausgerissen. Man versuchte, das Grauen zu verdrängen und die Angst zu beherrschen, und war damit vollauf beschäftigt. Da war wenig Raum für die Lebendigkeit von Kindern. Schon gar nicht für ihre Lautstärke, ihre Anarchie, ihren Kummer, ihre Ängste, ihre Intensität. Unsere Eltern waren im Rahmen ihrer Möglich-

keiten liebevoll, aber nicht wirklich fähig, uns adäquat seelisch zu versorgen. Das waren ihre »Granatsplitter«, von denen Hopf spricht.

Und so wurden wir typische Kinder der Kriegsgeneration: fortwährend darum bemüht, unsere Eltern zu trösten, ihre Stimmungen zu erahnen, wenn auch ihnen und uns völlig unbewusst. Ich werde bis heute das Gefühl nicht los, dass es meine Schuld ist, wenn nicht permanent alle happy sind. Was sie nicht sind; und auch nicht sein *können*, selbst wenn ich mich noch so sehr anstrenge. Denn immerzu schraube ich mit den falschen Werkzeugen an der falschen Aufgabe herum. Und werde wütend, wenn es nicht klappt.

Genauso ging es uns nach gut zwei Jahren Beziehung. Die tief verinnerlichte, falsche Verpflichtung, so eine Art Hausmeister in der Seele des anderen zu sein, verantwortlich für die Abteilung Lebensglück, fiel uns auf die Füße. Es funktionierte nämlich nicht.

Mein Mann wurde stumm, und ich wurde laut.

Das wiederum erschreckte ihn zutiefst. Er flüchtete zum ersten Mal für ein paar Monate, kam jedoch zurück, und ab jetzt wollten wir es so richtig *richtig* machen. Nur: Beschlüsse und Erkenntnisse sind das eine; und das andere ist (jaaaa, an dieser Stelle dürfen alle, die das liebesfremd finden, laut aufheulen) *hard work*. Und damit ist eben nicht das Klempnern am anderen gemeint, wie ich insgeheim lange dachte, sondern an sich selbst. Günstig ist es, die Zwischenergebnisse hin und wieder mal abzugleichen, wenn man ein Paar bleiben will. Das versuchten wir, aber im Rückblick kommt mir der Verdacht, dass wir dabei nie ganz ehrlich waren.

Wir wollten, dass es *schön* ist. So lange, bis es *schrecklich* wurde.

Je mehr ich mit der Zeit das Gefühl verlor, seine engste Vertraute zu sein, umso mehr zerrte ich an ihm. Die Schmerzen der ersten temporären Trennung waren mir noch lebhaft in Erinnerung – so etwas wollte ich bitte auf keinen Fall noch mal mitmachen müssen. Und wie ein Kind, das sich die Ohren zuhält und laut vor sich hin trällert, kämpfte ich die inneren Stimmen nieder, die mich warnten und immer wieder mehr oder minder höflich darauf hinwiesen, dass mit uns etwas ganz und gar nicht stimmte. Unsere Gespräche wurden allmählich zu einer wirren Selbstbespiegelung aus These und Antithese, wir stritten um Sinnloses und beklagten uns heimlich bei Freunden übereinander. Und immer häufiger sprach mein Mann von einer neuen, interessanten Bekannten ...

4. Die Scheidungsanwältin

Einige Wochen nach der Trennung, auf dem Höhepunkt dieses Festivals of Darkness, hielt ich den Zeitpunkt für gekommen, meinen neuen Lebensabschnitt wenigstens formell wieder in die Hand zu nehmen. Ich gedachte, meine Angst und meine Entzugserscheinungen fortan durch originellere Maßnahmen als das ewige Geheule, Gerede und Getrinke zu bändigen. Juristischer Beistand würde meine armen Nerven beruhigen, so hoffte ich.

Der erste Versuch führte mich in einen dieser typischen Berliner Hinterhöfe in gentrifiziertem Terrain, wo man auf engstem Raum alles findet, was man in Trennungszeiten so braucht. Eine Bar. Ein Kosmetik- und ein Fitnessstudio. Mehrere Therapeutinnen. Eine Wahrsagerin. Ein Sushi-Restaurant. Und die Kanzlei der schönsten Anwältin für Familienrecht, die ich kenne. Ich kenne zwar nur diese eine, aber sie ist *wirklich* schön.

Dass ihr Büro im ersten Hof ziemlich direkt an den Eingang des kleinen Tantra-Studios mit dem wunderbaren Namen *Mandelmilch & Safran* grenzt, nahm ich als Zeichen des Himmels, dass es ein Leben nach der Scheidung gab. Ob da wirklich (Mandel-)Milch und Honig flossen, müsste sich natürlich erst herausstellen. Meine Zukunftsvorstellungen waren noch zu verheult, als dass ich mir irgendetwas Konkretes hätte ausmalen können, aber immerhin hatte ich es geschafft, einen Termin per Mail zu vereinbaren. Also ... bei der Anwältin, nicht bei den Tantras.

Immer schön eins nach dem anderen, dachte ich mir.

Ich war Lulu K. schon vor Jahren auf einem Sommerfest bei Freunden begegnet. Klug, warmherzig und absolut uneitel, schien sie das genaue Gegenteil der meisten mir bekannten männlichen Anwälte zu sein. Wir hatten im Gras an der Havel gesessen und über Kunst, Kinder und Liebe geredet. Der Weißwein war kühl, das Wetter lau, die Nachtigallen in Hochform und die Zukunft noch so leuchtend wie das Abendrot. Nach Mitternacht war ich so begeistert von meiner neuen Bekanntschaft, dass ich sie fragte: »Möchtest du dereinst, wenn es einmal so weit ist, meine Scheidungsanwältin sein?« Sie hatte lachend zugesagt, und ich hatte fast bedauert, zu glücklich verheiratet zu sein, als dass ich ihre Dienste jemals würde in Anspruch nehmen müssen.

Womit wir nun an der Stelle angelangt wären, da ein zweifelhaft gekleidetes Nummerngirl den Schriftzug »Five years later« durch das Bild trägt ...

Jetzt, ziemlich genau fünf Jahre später, klebte das böse Sch-Wort – das Trio *Scheitern-Scheiße-Scheidung* – in meinem Kopf und drängelte sich vor jeden klaren Gedanken. Ich wollte diesem bürokratischen Vorgang gegenüber gewappnet sein, hatte jedoch nicht die geringste Ahnung, wie das aussehen könnte. Hauptsache vorbereitet auf den Beginn dieses ungewollten juristischen Verfahrens. Die Vorstellung, dass die gemeinsame Zeit mit meinem Mann mit einem weiteren Sch-Wort, nämlich *Schriftsatz*, enden würde, quälte mich fast obsessiv.

Das kindlich-magische Denken, eine gute Fee, Muttergottes oder meinetwegen auch Balu der Bär könnten dem Lauf der Dinge noch eine andere Richtung geben, hatte von mir Besitz ergriffen. Auch deswegen erinnerte ich mich an Lulu K.

Am Abend vor meinem ersten offiziellen Termin mit ihr fand eines der von Jola organisierten Ulrike-muss-gefüttert-werden-Mottotreffen statt. Inzwischen hatte ich nämlich sieben Kilo abgenommen. Zwischen Hauptgang und Dessert kamen wir auf unsere persönlichen Erfahrungen mit Anwälten zu sprechen. Meine hatte ich bis dato fast ausschließlich aus der Fernsehserie *Liebling Kreuzberg* bezogen, in der der Held meiner DDR-Kindheit, Manfred Krug, den einzigen mir bekannten herzlichen Vertreter seiner Zunft verkörperte. »Ich mach dir Manne klar!«, krakeelte eine Freundin, die Regisseurin beim Fernsehen ist. »Der ist zwar alt und lernt die Texte nicht, aber mit Spickzetteln wird's gehen. Den Rest erledigt er mit Charme!«

Wir malten uns aus, den alten Haudegen singend und schauspielernd für mich vor den Kadi ziehen zu lassen. Mit seinem Old-School-Style könnte er jedes Ungemach, jede gegnerische Ignoranz oder gar Gemeinheit von mir fernhalten und das Formelle mühelos wuppen. Nach dem Scheidungstermin würde er mich auf einen Kaffee einladen, der dann ganz langsam in ein oder mehrere Biere übergehen würde. Am Ende des Abends stünde die entzückende, schüchtern gestellte Frage, ob wir uns denn nicht auch einmal gänzlich privat usw. Hach!

Die Serie würde »Verknallt in den Anwalt« heißen und selbstverständlich vollkommen glücklich für mich ausgehen. Stundenlang und immer wilder fabulierten wir herum, bis Jola energisch wurde und mit großer Geste ausrief: »Schluss jetzt mit dem Thema! Denkt doch an die Kinder!«

Mit diesem albernen Plot im Kopf erschien ich tags darauf in Lulus Kanzlei. Der Kontrast zu unserer ersten Begegnung an jenem

Sommerabend am Wasser hätte größer nicht sein können. Statt heller Kleider trugen wir beide dunkle Blazer, statt Crémant gab es Espresso, und an die Stelle des heiteren Geplauders war der Satz getreten, den wohl mehr oder weniger *alle* sagen, die an diesem Ort landen: »Ich hätte nie geglaubt, dass ich einmal hier sitzen würde.«

Angesichts einer Scheidungsrate von nahezu fünfzig Prozent in deutschen Großstädten fällt dieser fromme Glaube eindeutig in den Verantwortungsbereich von Balu dem Bären. Denn *Warum ich?* ist die doofe kleine Schwester der entscheidenden Frage: *Warum ausgerechnet ich nicht?* Weil ich an Wunder glaube? Weil mich Feen beschützen? Weil ich eine Therapeutenausbildung habe und mir so richtig was auf meine Menschenkenntnis einbilde? Oder weil mein Mann und ich weit über vierzig waren, als wir uns kennenlernten, und meinten, wir wüssten, wie eine Beziehung zu führen sei?

Lulu lächelte mich an, ich versuchte mich an einer ähnlichen Mimik, kämpfte aber doch nur wieder mit den Tränen. »Da bin ich. Erinnerst du dich an das Sommerfest?« Natürlich tat sie das. Und ich war auch ganz gewiss nicht die einzige Mandantschaft, die sich im Laufe der Jahre aus ihrem erweiterten Freundes- und Bekanntenkreis ergeben hatte.

»Was ist denn eigentlich passiert?«, fragte sie teilnahmsvoll. Ich schilderte die Ereignisse, als würde ich den *Tatort* vom letzten Sonntag nacherzählen. Inzwischen schon wieder so dissoziiert, dass ich nicht sicher war, ob es sich wirklich um meine Geschichte handelte, verlor ich mich in unwichtigen Details und irrelevanten Mutmaßungen. Und nachdem ich auch das registriert hatte, musste ich eine solche Trauer niederkämpfen, dass ich einfach verstummte. Lulu hatte fürs Erste auch genug gehört und fragte nun formelle Eckdaten ab.

Namen, Adressen, Zahl der Ehejahre (sechs), Zahl der Kinder

(vier), Zahl der gemeinsamen Kinder (null), Zahl der Scheidungen (jeweils eine), Ehevertrag (nein).

Da mein Mann mehr verdiente als ich, waren auch rechnerische Fragen zum Trennungsunterhalt interessant. Scheitert die Beziehung, soll der finanziell schlechter gestellte Ehepartner bis zur rechtskräftigen Scheidung einen Ausgleich erhalten, um sich in seinem neuen Leben einrichten und alles Notwendige organisieren zu können. Die Zeit bis dahin kann allerdings schnell vergehen, und wenn aus finanziellen Gründen zum Beispiel eine neue Wohnung gefunden werden muss, ist das bekanntlich nicht so einfach. Der Teil des Duos, der die Trennung nicht wollte, wird auch gerade am Anfang schlicht nicht in der Lage sein, seine Wochenenden mit Wohnungsbesichtigungen zu verbringen. Bei alleinerziehenden Müttern ist die Scheidung neben Arbeitslosigkeit das größte Armutsrisiko.

Der Fragebogen aus dem Anwaltsfachbedarf erfragt übrigens allen Ernstes das »Datum des letzten ehelichen Verkehrs«. An dieser Stelle durchzog dann sogar so etwas wie Heiterkeit das sachliche Büro. »Und wenn ich jetzt behaupten würde, dass es drei Tage vor der Trennung war? Wer kriegt dann mildernde Umstände, er oder ich?« Lulu lachte: »Richter fragen immer nach dem Trennungszeitpunkt. Es spielt aber nicht wirklich eine Rolle, wenn die Scheidung und der Trennungszeitpunkt einvernehmlich sind.«

Womit sie mich sanft, aber zielsicher zu einer der entscheidenden Fragen unseres Rendezvous lenkte: »Willst du dich denn überhaupt scheiden lassen?«

Was sollte ich antworten? »Och, ich denke nicht! Der Süße kommt sicher am Wochenende zurück.« Oder: »Ja klar, so ein kleines bisschen Reststolz steckt selbst in meiner geschundenen Seele.« Ich wusste es einfach nicht. Beziehungsweise doch:

»Nein! Selbstverständlich nicht!« Ich hatte die Trennung nicht gewollt, und ich wollte auch die Scheidung nicht. Gern wäre ich jetzt einfach aus der Kanzlei geflüchtet.

Lulu schwieg dezent und schaute mich nur an. Ihr Blick sagte: Und deshalb bezahlst du fast zweihundert Euro für diese Konsultation? Um mir *das* zu sagen?

Sie hatte ja recht; ganz sicher war es klug, mich trotzdem von einer Fachfrau über die Trennungsfolgen, die über kurz oder lang auf mich zukommen würden, informieren zu lassen. Da ich nun mal da war, ließ ich mir das Prozedere samt Fristen, Vorschriften, Dokumentationspflicht und Unterhalt erklären. Worte wie Rentenpunkte, Steuerklassen, Trennungsjahr, Testamentsänderung, Mitwirkungspflicht flogen mir um die Ohren. Und obwohl Lulu langsam und strukturiert sprach, verstand und behielt ich: *nichts*. Ich war komplett damit beschäftigt, die Bilder unserer Trauung im Standesamt abzuwehren, die sich mir selbstverständlich gerade jetzt aufdrängten. Wer über die deutsche Bürokratie bei der Heiratsvorbereitung stöhnt, hat keinen blassen Schimmer, was bei der Scheidung auf ihn zukommt. Von den Kosten ganz zu schweigen. Lulu nannte, nur grob überschlagen, Summen, die mir vollkommen absurd vorkamen. Eine Aufstellung gegebenenfalls drohender Scheidungskosten findet man natürlich nicht in den Wartezonen der Standesämter, und selbst eine rauschende Hochzeitsfeier ist vergleichsweise ein Schnäppchen gegen das, was uns nun bevorstand.

Angesichts dieser plötzlichen Erkenntnis rang ich mit einem Trotzanfall, der jeder temperamentvollen Vierjährigen zur Ehre gereicht hätte. Den Blick auf Lulus schöne Hände geheftet, war ich die Verweigerung in Person. Mit keinem Cent würde ich mich an dieser ungewollten Scheidung beteiligen! Ich würde die komplizierteste, zickigste, bestinformierte und unfairste Verhandlungsgegnerin sein, die meinem Mann jemals begegnet wäre.

Jede Verzögerung, jede Sabotage würde mir recht sein; empört würde ich an den Gerechtigkeitssinn des Richters appellieren. Anstrengend würde ich sein und vollkommen unkooperativ. Wie eine Atomkraftgegnerin im Gleisbett von Gorleben würde ich mich festketten, und nur rechtsstaatliche Gewalt würde mich zentimeterweise wegbewegen können.

Mir rückten nun immer mehr die »formalen« Aspekte meines Unglücks ins Bewusstsein. Neben der Kränkung, wegen einer anderen Frau verlassen worden zu sein, beschlich mich mehr und mehr die Angst vor dem Alleinsein und dem finanziellen Absturz. Ich hatte zwar ein eigenes Einkommen, damit würde ich aber nicht annähernd den Lebensstil der gemeinsamen Jahre aufrechterhalten können. Vertrauensvoll (oder einfach blöd?) hatte ich auf die Fortdauer dieser Liebe vertraut und keine größeren eigenen Rücklagen gebildet. Die würde ich aber spätestens dann dringend brauchen, wenn meine Tochter ihr Studium aufnahm. Die Verantwortung für meine alte Mutter hatten wir ebenfalls gemeinsam getragen – noch so ein Band, das nun zerrupft war. An mein eigenes Alter wollte ich lieber gar nicht erst denken. Wir hatten Sparkonten für die Enkeltöchter angelegt und unterstützten auch noch unsere Kinder. Mir wurde schlecht bei dem Gedanken, diese weitverzweigte Patchworkfamilie finanziell auseinanderklamüsern zu müssen. Von der seelischen Trennung ganz zu schweigen.

Ich würde mich einfach *weigern*. Am liebsten hätte ich mit den Füßen aufgestampft.

Doch ganz wie eine Vierjährige, bei der gegen Ende des Wutanfalls die Kräfte nachlassen, wollte ich es auf einmal nur noch hinter mich bringen. Hastig und einen beruflichen Termin vorschützend, unterschrieb ich die Beauftragung Lulus als meine Anwältin, bewunderte noch einmal insgeheim ihre Schönheit und verließ die Kanzlei.

5. Nicht zu glauben.
Die Verleugnung

»Planet earth is blue, and there's nothing I can do.«
David Bowie

»Das darf doch nicht wahr sein!« Wie oft sagt man diesen Satz im Alltag so dahin. Wie viel magisches Kinderdenken steckt in dem Versuch, offensichtliche Fakten zu negieren? Kann nicht sein, was nicht sein darf? Darf nicht sein, was nicht sein kann?

Ich wollte Lulu K. auf einmal nie wieder begegnen, jedenfalls nicht geschäftlich. Als wäre der Umstand, dass ich durch den Termin bei ihr einen versuchsweisen Vorstoß in Richtung Scheidung gemacht und mich dann wieder zurückgezogen hatte, ein Beweis für meine Fähigkeit, die Dinge zu beeinflussen. Dabei ist die temporäre Verleugnung eine ganz normale Form der Ab- und Notwehr. Sie ist eine recht hartnäckige Bitch, die selbst schlimme Entzugserscheinungen, herzlose Mails vom Ex, Umzugslaster vor der Tür und am allermeisten die eigene Einsicht ignoriert.

Mir gelang es tagsüber leidlich, bei der Wahrheit zu bleiben und mir nur wenig Wunschdenken zu gestatten. Allerdings musste ich mich immer wieder streng zur Ordnung rufen. Zeitweise wurde das Herzreißen zu stark, oder es stand eine Situation an, in der zu funktionieren einfach das Gebot der Stunde war. Dann ließ ich die kleine, verlogene Schlampe, Diensthabende für Selbstbetrug, in meiner linken Gehirnhälfte einfach reden:

»Er wird zurückkommen, sobald er wieder bei Trost ist. Das ist nur die Midlife-Crisis, eine zeitweilige Verknalltheit, wir lieben uns doch.«

Psychoanalytiker sprechen hier trocken von Reaktivierung eines frühkindlichen psychischen Zustands der Spaltungsabwehr und unreifer Projektion. Zu Deutsch: Selbstbeschiss. Auf Dauer nicht empfehlenswert, als Akutmedikation offenbar aber das Mittel der Wahl. Vorausgesetzt, man findet nach kurzer Traumphase in die Realität zurück.

Einige Tage nach dem Treffen mit Lulu rief mich endlich eine der Therapeutinnen zurück, die mir von Doc P. empfohlen worden waren. Hier zog ich ausnahmsweise eine Art Hauptgewinn, denn oft beträgt die Wartezeit auf einen Therapieplatz ein halbes Jahr oder länger. Im akuten Kummerflash ist man sich dann nicht ganz sicher, ob man zu diesem Zeitpunkt noch unter den Lebenden weilen wird. Auch auf die als letzte Ausfahrt überall beworbene Telefonseelsorge sollte man sich nicht verlassen. Es mag sein, dass es Zufall war, aber wann immer ich versucht habe, da anzurufen, war besetzt. Irgendwann gab ich es auf. (Immerhin lebe ich noch. Man muss befürchten, dass das nicht für alle Menschen gilt, die da regelmäßig in der Warteschleife und später womöglich woanders gehangen haben.) Ich aber habe nun, nachdem ich fünf Therapeutinnen auf den Anrufbeantworter geschluchzt und drei Wochen gewartet hatte, einen echten Termin, zunächst einmal zur Krisenintervention.

Frau Dr. F., Verhaltenstherapeutin und Ausbilderin entsprechenden Nachwuchses, bittet mich freundlich in ihre helle, fernöstlich anmutende Praxis. Sie erinnert mich irgendwie an Rosa Luxemburg – eine Assoziation, an der sich meine verwirrte Psyche festklammert und deren Sinn sich mir bis heute nicht erschlossen hat. Vielleicht gehören zwanghaft-absurde Gedankengänge zu dieser aufregenden Situation. Nicht, dass ich noch nie eine psychotherapeutische Praxis von innen gesehen hätte, aber irgendetwas in mir weigert sich in diesem Moment, über die wahren Gründe meines Erscheinens Auskunft zu geben. Stotternd und schlotternd kaue ich auf meiner Geschichte herum, tue mich schwer, bei den Fakten zu bleiben, und habe, wie auch schon in der Anwaltskanzlei, das Gefühl, über eine mir vollkommen fremde Person zu berichten.

Dr. F. hört konzentriert zu und ermutigt mich durch ihren aufmerksamen Blick und ein an den richtigen Stellen eingestreutes »Hm« oder »Aha« immer wieder zum Weiterreden. »Es ist mir peinlich«, sage ich, »dass es mir so schwerfällt, die Fakten zu akzeptieren. Auch jetzt komme ich mir vor, als würde ich aus dem Leben einer anderen berichten und als diente das alles nur dazu, Zeit zu überbrücken, bis mein Mann zurückkommt.«

»Halten Sie das für wahrscheinlich?« Dr. F. rückt ihre Brille zurecht.

»Es ist zumindest nicht ausgeschlossen«, antworte ich zögernd. »Wir hatten das schon mal. Da ist er zurückgekehrt. Das macht es nicht einfacher, nun eine endgültige Trennung zu akzeptieren. Ich will das alles einfach nicht, ich kann und will nicht glauben, dass er mich einfach so verlässt. Ohne sich auch nur umzusehen. Das ist doch schlechtes Kino, das gibt es doch einfach nicht!« Ich rede mich in Rage und bemerke gleichzeitig, wie sich so etwas wie Erleichterung in meiner Magengegend breitmacht.

»Offenbar doch«, antwortet Dr. F. trocken. Dann erklärt sie mir, dass intensive Verleugnung zur ersten Trauerphase, Untergruppe Schock, dazugehöre, ja geradezu signifikant dafür sei. »Man muss sich für diese Schutzreaktion nicht schämen«, spricht sie überzeugend in meine Richtung. »Im Gegensatz zur Verdrängung kann die Verleugnung unliebsame Tatsachen sowieso nicht dauerhaft ins Unbewusste verlagern. Betrachten wir sie und uns also zunächst freundlich.«

»Aber sollte ich nicht eigentlich schon weiter sein?«, frage ich und fahre, ohne auf eine Antwort zu warten, fort: »Manche Tage sind noch immer ein einziger Alptraum. Ich habe Angst und das Gefühl, ins Bodenlose zu fallen. Da hilft manchmal nur Verleugnung, wenn auch nur für Minuten. Das ist aber alles noch ein Kindergeburtstag gegen die Schrecken der Nacht. Vom Morgengrauen ganz zu schweigen. Ich will das nicht mehr, bitte, helfen Sie mir da raus!«

Dr. F. erkundigt sich, wie viele Stunden ich am Stück schlafe, und nickt verständnisvoll, als ich nur bitter grinsend das Gesicht verziehe.

Egal, ob ich mit pharmazeutischer Unterstützung oder aus purer Erschöpfung naturbelassen einschlafe, die Angst vor bestimmten Träumen ist immer da. Denn so anstrengend und konfliktreich die Tage sind, träume ich nachts neuerdings, dass alles bestens sei. Ich habe erotische Begegnungen, die alles jemals Empfundene um einiges an Intensität überbieten, erlebe rosarote Harmonie, Verschmelzung, wildes Glück ... Um dann im Morgengrauen umso härter aufzuschlagen, gekidnappt von dem Banditenpärchen Kummer und Angst und außerstande, mir auch nur einen Kaffee zuzubereiten.

Ich bitte Dr. F., mir mehr über das Phänomen der Verleugnung unangenehmer bis unerträglicher Tatsachen zu erzählen.

»Verleugnung kann ganze Teile der Realität betreffen«, antwortet sie. »Logisches Denken à la ›Die andere Seite des Bettes ist leer, offenbar sind wir kein Paar mehr‹ wird umgewandelt in ›Die andere Seite des Bettes ist leer, aber das Bett ist noch da, also kommt er zurück‹.«

Oh ja, diese Art von Schlussfolgerung kommt mir sehr bekannt vor.

»Vergesslichkeit im Alltag ist ebenso ein Symptom der Verleugnung wie die mangelnde Fähigkeit, Neues zu lernen. Den teuer bezahlten Englisch-Intensivkurs kann man in dieser Phase buchstäblich vergessen. Die Erinnerungsfähigkeit, was das Gegenwärtige betrifft, verabschiedet sich in die kleinen Ferien, denn durch großflächige Verleugnung ist sie komplett überfordert.«

Auch hier kann ich der Therapeutin nur zustimmen und denke mit einiger Erbitterung an die Empfehlung diverser Trennungsratgeber, die nun leeren Abende zum Beispiel mit Volkshochschulkursen zu füllen. Sicher, man hat danach wieder neunzig Minuten totgeschlagen, aber dass Vokabeln oder vegetarische Rezepte im wunden Hirn hängenbleiben, wage ich zu bezweifeln.

Psychologen sprechen von einem Dreiergespann der Abwehrmechanismen, die ich, um sie mir besser merken zu können, die V-Sisters nenne: Verdrängung, Verleugnung und Vermeidung. Meist wird in der Umgangssprache allgemein übergreifend von Verdrängung gesprochen, auch wenn möglicherweise eine der anderen Schwestern am Werk ist.

Die *Verdrängung* kümmert sich vor allem um als unzulässig empfundene libidinöse Triebregungen und sehr frühe Traumata, die sie in den tieferen Schichten des Unterbewusstseins parkt, von wo aus sie meist nur sehr aufwendig wieder hervortherapiert werden können. Die *Verleugnung* ist die Diensthabende für Akutes, das schwierig zu akzeptieren ist – wie in meinem Fall der Verlust meines Lebensmenschen. Die Dritte im Bunde, die *Vermeidung*, ist ein eher aktiver Abwehrmechanismus, der uns dazu bringt, alles Unangenehme zu umgehen. Nach dem Motto: »Nein, ich rufe das Finanzamt nicht an, um mir eine neue Steuerklasse geben zu lassen. Was geht die unsere Scheidung an?«

Die V-Sisters helfen uns zu überleben, denn sie ermöglichen uns, ein trauriges und traumatisches Geschehen verzögert und damit wohl schonender zu realisieren. Oder, wenn es so schlimm ist, dass ein Weiterleben sonst nicht möglich wäre, auch gar nicht erst im Bewusstsein zu verankern. Die Risiken und Nebenwirkungen können allerdings enorm sein, und nicht nur Ärzte und Apotheker müssen sich dann um die Folgen kümmern, sondern auch Therapeuten und Rechtsanwälte.

Anzuerkennen, was wirklich los ist, braucht Zeit und ist anstrengend. Aber sosehr der Crash meine frühen Verlassenheitsgefühle getriggert hat, so vernichtet ich mich auch fühle: Der Versuch, das Geschehene zu verdrängen, wäre in etwa so, als würde ich versuchen, einen Elefanten im Küchenschrank unterzubringen. Schlicht unmöglich.

Mittlerweile hocke ich wie festgefroren in dem sonnengelben Klientensessel und versuche, meiner neuen Lebenssituation irgendetwas Positives abzuringen, das es mir ermöglicht, das Gespräch zu beenden und erhobenen Hauptes aus dem Raum zu schreiten. Es gelingt mir nicht. Ich bin erschöpft und ungefähr so optimistisch wie ein Tiefkühlhühnchen.

Diese Vereisung, diese Starre kenne ich schon. Es ist die Dann-eben-nicht-Reaktion, eine Art passive Aggression der Seele, die sich vom Liebsten weg- und damit auch gleich aus dem gesamten Familiensystem ausgestoßen fühlt. Die bekannte amerikanische Frauenforscherin, Schriftstellerin und Analytikerin Clarissa Pinkola Estés spricht in diesem Zusammenhang von *defensivem Zorn*.

»Sind Sie gar nicht wütend?«, fragt meine Therapeutin prompt. Eine gute Frage. Wo immer es geht, halte ich meine Wut im Zaum. Das passt prima zur Verleugnung, denn worüber sollte ich wütend sein, wenn alles halb so wild und »bis zur Ho-Ho-Hochzeit alles wieder gut« sein wird? Dass die Hochzeit längst vorbei ist und das Versprechen, das wir uns bei dieser Gelegenheit gegeben haben, gebrochen wurde, will ich nicht wirklich wahrhaben. Auch nicht, dass für mich als Beziehungsjunkie bisher nur ein allererster Entzugsschritt geschafft ist.

Ich bin inzwischen trocken in dem Sinne, dass ich meinen Mann nicht anrufe, also mir die Droge nicht zuzuführen versuche. Aber ein Teil von mir, und dieser führt immer mal wieder das große Wort im Durcheinander der sich widersprechenden inneren Stimmen, tönt etwas von vorübergehender Abstinenz. Endgültig klingt mir einfach zu sehr nach Endlager.

»Doch, klar bin ich wütend, irgendwie«, entgegne ich eher lahm. »Aber auch auf mich selbst.«

Professionell stellt Dr. F. an dieser Stelle des Gesprächs die Gretchenfrage einer jeden Krisenintervention: »Sind Sie suizidal?« Da ich das zumindest überzeugend verneinen kann, zu sehr hänge ich dann doch an diesem Leben, nickt die Therapeutin zufrieden: »Sie brauchen Zeit!«

Steckt man mitten in dieser Phase, ist das Einzige, was einen Stück für Stück voranbringt, die Realität anzuerkennen und auf die heilende Wirkung der Zeit zu vertrauen. Im Akutstadium, wenn schon die allmorgendliche Entscheidung, weiterzumachen, einer Heldentat gleicht, scheint das zwar kaum vorstellbar. Eine andere Möglichkeit gibt es aber nicht.

Meine Stunde bei Dr. F. geht zu Ende. Die Therapeutin bringt mich zur Tür und lächelt mich an: »Es hilft, sich die Seele als einen Muskel vorzustellen, der gedehnt, massiert, gestreichelt werden muss. Nähren Sie ihn und bereiten Sie ihn geduldig auf die neuen Aufgaben vor.«

Sie hat auffällig recht, wie ich bald erfahren werde. Ist die erste düstere Phase der Ohnmacht und Verleugnung überstanden, erwartet uns, halleluja!, der zweite Akt: das grelle Blasorchester aller möglichen Gefühle.

6. Rettungsringe im Alltag.
Die Umräumparty

»Versuch nicht immer, cool zu sein. Das ganze Universum
ist cool. Es sind die warmen Stellen, die zählen.« Matt Haig

Die Abholung seiner Sachen kündigte mein Mann per Mail an.
Bald schon standen die Parkverbotsschilder des Umzugsunternehmens auf der Straße. Ich kniff jedes Mal die Augen zu, wenn
ich das Haus verließ, denn sie wirkten wie weithin sichtbare Zeichen unseres Scheiterns.

Die Wohnung würde danach nicht leer sein, dennoch graute
mir vor diesem Tag, der einen weiteren Schritt auf dem Weg zur
endgültigen Trennung darstellte.

Ich beschloss zu verreisen, um möglichst weit entfernt vom
Ort des Geschehens zu sein, stellte mir jedoch die Rückkehr in
die vollendeten Tatsachen auch nicht gerade angenehm vor. Auf
keinen Fall wollte ich nach Betreten der Wohnung in Tränen ausbrechen und filmreif mit dem Rücken an der Wand hinunterrutschen. Irgendeine Antikitschkommission in mir warnte mich vor.

Die rettende Idee kam mir zwei Wochen vor dem Termin
mitten in der Nacht: Ich würde eine Auszugs- und Umräumparty veranstalten. Hatte ich Partys seit der Trennung gemieden,
schon um nicht mit glücklichen Paaren konfrontiert zu werden,
gefiel mir dieser Gedanke ausgesprochen gut. Einen Kasten Bier
zu besorgen und eine Rundmail an die Freundesgemeinde zu
schreiben, dazu würden meine Kräfte noch reichen.

Jola versprach, einen Mini-Kärcher und spezielle Fensterputzutensilien zu besorgen: »Die Aussichten müssen glänzend sein!«

Zunächst aber musste die Flucht aus Berlin organisiert werden, um den Auszug meines Mannes nicht live mitzuerleben. Sebastian nahm mich in den Arm: »Wollen wir uns in irgendeinem Bordrestaurant betrinken, oder soll ich dich mit dem Auto rumkutschieren? Wir hören Musik, du legst die Füße aufs Armaturenbrett und nickst von Zeit zu Zeit ein? Wir quatschen, drehen die Anlage auf – alles wie früher, nur ohne Rauchen?« Ich nickte gerührt. An einem Freitagnachmittag stellten wir uns bei irgendeinem Autobahnstau hinten an.

Unterwegs zu sein war herrlich, anstrengend, schmerzlich, tröstlich, beängstigend, heilsam, und das alles in etwa fünfminütigem Wechsel. In einem Hotel in Hildesheim (niemand sollte in Hildesheim stranden müssen, aber die Umstände waren nun mal besonders) lagen wir, alte Freunde, nebeneinander im Doppelbett, und Sebastian versuchte mit seinem schier unerschöpflichen Vorrat an Witzen, meine Tränen in Schach zu halten. Als er zum Genre »Storys über Umzüge« übergehen wollte, tat ich so, als wäre ich eingeschlafen. Trotz des tristen Hotels in der tristen Stadt tat es gut, weit weg vom Geschehen zu Hause zu sein.

Pünktlich um siebzehn Uhr am Samstag hat Berlin uns wieder, und wir parken das Auto vor dem Haus. Ebenso pünktlich stehen meine Kinder und Schwiegerkinder und zwanzig meiner Freunde vor der Wohnungstür, an der nun einer der Namen fehlt.

Sie kommen mit Akkuschraubern, Bohrmaschinen, Kunstwerken, Liebesbriefen, Kartoffelsalat, Wodka, Blumen und Putzeimern voller Trost. Einige kennen sich nicht, andere haben sich lange nicht gesehen und fallen sich um den Hals. Die Männer beklopfen einander die Rücken und meinen, so ein Lebensereignis habe doch nicht nur Nachteile, was ich nicht unbedingt kommentieren will.

Gemeinsam betreten wir die Wohnung und sichten die Lage. Mein Mann hat wirklich nur seine persönlichen Dinge, Bücher und einige wenige Möbel mitgenommen, wie ich dankbar bemerke. Dass unter den zurückgelassenen Dingen auch viele meiner Geschenke an ihn sind, tut dagegen erstaunlich weh.

Schlaf- und Gästezimmer zu tauschen, um gewohnten Blickwinkeln zu entgehen, scheint eine gute Idee. Damit fangen wir an. Mit dem Anblick von zerlegten Möbeln, Wollmäusen, offenen Bohrlöchern und zurückgelassenen Fotos nicht allein zu sein ist tröstlich.

Der Bierkasten leert sich, die Stimmung steigt. Zum Umräumen der verbliebenen Bücherregale bildet sich eine Menschenkette durch den langen Flur, was ein bisschen an Fluthilfe erinnert.

Sebastian allerdings hat es sich im verbliebenen Sessel gemütlich gemacht und kräht, er müsse nichts tragen, er sei seit gestern mein Chauffeur und zum persönlichen Assistenten für die Reise in grausame Städte befördert.

Mir bleibt die Rolle der Dispatcherin beim Verstauen all meiner Besitztümer und der Kuratorin für die Neuhängung der Bilder. Jola bildet mit meinen Kindern und Freund Hannes eine Art Geburtstagskutsche um mich herum, und so juckeln wir von Zimmer zu Zimmer. Hannes, Maler und überzeugter Alleinwohner, raunt mir ins Ohr: »He, Süße. Luft zum Atmen! Jetzt kannst du die Wohnung genau so einrichten, wie du sie haben willst.«

Als alles geschafft, verstaut, aufgegessen, leer getrunken, gefegt und gelüftet ist, machen wir etwas, das zu den Ikonen meiner Trauerzeit gehört: ein Gruppenbild mit den Meinen, mit meinem Rudel.

Am nächsten Morgen stehe ich, nun wieder allein, denn meine Tochter schläft bei Freunden, in meinen vier Wänden. Still schaue ich mich um. Die Räume wirken leer. Und offen. Plötzlich finde ich, Freund Hannes hat recht. Der *horror vacui* wird sich auflösen in Vorfreude, die Räume neu zu besetzen. Ich werde mir nicht ewig von den Dingen meines alten Lebens mein jüngstes Unglück erzählen lassen. Mut zur Leere und ein paar schöne neue Möbel werden helfen, es zum Schweigen zu bringen.

7. Keiner will sie. Die Wut

»Denn es hat ja nichts mit dir zu tun und auch nichts mit uns zwei'n. Und es ist ja nicht pervers, ich denke oft an Uruguay. Uruguay. Uruguay.« Liedtext von Funny van Dannen

Wie gerne hätte ich mich um die Wut herumgedrückt! Hätte vornehme Contenance bewahrt, um mich nicht ins Unrecht zu setzen, mich nicht zu blamieren. Die sogenannten negativen Gefühle sind die Schmuddelkinder in der Familie der Emotionen. Keiner will sie. Schon als Mädchen werden wir belohnt, wenn wir das Sonnenscheinchen geben, und wenn schon nicht bestraft, so doch hilflos separiert bei Zorn und Heulkrämpfen.

Was für ein Bild haben wir vor Augen, wenn wir das Wort WUT hören? Geballte Fäuste, rote Ohren, Ausraster aller Art? Oder eher die stillere Variante, die Magenschmerzen produziert und gezischte Gemeinheiten? Gibt es typische Worte, Symbole, Embleme dafür?

Die Wutanfälle meiner damals vierjährigen Schwester setzten immer zum Ende eines Spazierganges in der Nähe unseres Zuhauses ein. Anlässe sind nicht überliefert, ich bin jedoch sicher, dass sie ihre Gründe hatte. Sehr wohl in der Familienchronik verzeichnet ist der Ort der Vorfälle, die Gottfried-Keller-Straße in einer mecklenburgischen Kleinstadt, seitdem intern Heul-und-hinwerf-Straße genannt.

Meine eigene Heul-und-hinwerf-Straße liegt hingegen in Montevideo, Uruguay.

Vor vielen Jahren trat ich eine Reise nach Buenos Aires, die ich zusammen mit meinem damaligen Freund geplant hatte, unfreiwillig allein an. Es hatte schon länger zwischen uns gekriselt, und bei den Reisevorbereitungen hielt er sich auffällig zurück. Ich aber hegte die Hoffnung, die gemeinsamen Erlebnisse würden uns einander wieder näherbringen. Leider hatte sich mein Freund nicht um die Verlängerung seines Passes gekümmert, was ihm ungefähr zehn Minuten vor dem Check-in auffiel. Zitternd und zagend flog ich allein, es war meine erste Reise nach Lateinamerika, und ich konnte vor Kummer und Angst ein paar Tage kaum das Hotelzimmer verlassen.

Buenos Aires mit seinen Tangopärchen und lachenden Teenagern in den sonnigen Straßen machte es mir nicht leicht. Die Heiterkeit passte nicht zu meiner düsteren Stimmung, und so drückte ich mich mehr bei den schwarzen Madonnen in den Kirchen herum als unter Menschen. Irgendwann aber raffte ich mich auf und bestieg ein Schiff nach Uruguay. Einfach aus Verehrung für Funny van Dannen und weil mir der Satz gefiel, den ich dann auf eine Postkarte würde schreiben können: *On my way to Uruguay.*

Die Überfahrt über den Río de la Plata war ungewöhnlich stürmisch, und mein Magen wurde mehrfach umgedreht. Erschöpft und weißen Gesichts betrat ich Montevideo. Die Innenstadt interessierte mich kaum, ich lief durch stillere Gegenden in Wassernähe.

Und dann geschah es. Aus heiterem Himmel packte mich eine gigantische Wut auf meine Situation, ein heiliger Zorn, eine so gnadenlose Raserei, dass ich große Mühe hatte, nicht aus Leibeskräften loszubrüllen. Ich trat, was nicht empfehlenswert ist, mit meinem nur mit Sandalen beschuhten Fuß gegen die Kaimauer, ich biss mich in den Unterarm, ich warf meine Kette, ein Geschenk meines Freundes, in hohem Bogen ins

Meer. Ich stampfte, weinte und jaulte. Lange. Es half, nun ja, ein bisschen.

Gerne hätte ich noch weiter getobt, aber irgendwann merkte ich, dass bereits einige Leute auf mich aufmerksam geworden waren. Da ich nicht unbedingt erpicht darauf war, in die uruguayische Psychiatrie eingeliefert zu werden, bezähmte ich meine Wut unter Aufbietung all meiner degenerierten Disziplin und lief davon.

Begleitet von unaufhörlichem, starkem Herzklopfen verbrachte ich den Rest der Reise, hatte aber irgendwann sogar großes Vergnügen an ihr und verließ meinen Freund kurz nach meiner Rückkehr, ohne es jemals zu bereuen.

Mein Wutanfall an der Kaimauer war fast schon dem Vergessen anheimgefallen, als Jahre später der aus Uruguay stammende Stürmer Luis Suárez während der Fußballweltmeisterschaft 2014 in Brasilien einem Gegenspieler in die Schulter biss. Ein böses Foul. Alle regten sich auf, ich aber war entzückt von diesem offensichtlichen Kontrollverlust. Suárez, der Beißer mit den wunderbar vorstehenden Zähnen, ist in einem Armenviertel von Montevideo aufgewachsen. Er kam mir – sein Opfer möge mir verzeihen – in dem Moment vor wie ein kleiner Bruder im Schmerz. Ich will damit keinesfalls eine Lanze brechen für Gewalt im Sport und sonst wo. Das Problem ist aber doch, dass wir zwischen dem Unterdrücken von Wut und der unkontrollierten Explosion kaum Strategien erlernen, mit dieser Emotion umzugehen.

Wie gesagt: Die meisten Angehörigen meiner Generation haben in ihrer Kindheit, zu Zeiten tiefschwarzer Pädagogik, die Erfahrung gemacht, dass auf ohnmächtige Wut zunächst mit Spott oder Gleichgültigkeit reagiert wurde. Länger anhaltende Wutanfälle wurden auch gerne mit elterlichem Zorn beantwortet, gefolgt von Bestrafung des tobenden Nachwuchses. Am Ende war der Moment/Nachmittag/Urlaubstag immer im Eimer, und bei allen Beteiligten blieb ein Bodensatz aus Scham oder leisem Restgroll zurück. So haben wir gelernt, unseren Zorn zu beherrschen. Clarissa Pinkola Estés schreibt dazu: »Mit Unterdrückung kommen wir hier nicht weiter, denn das ist, als wolle man eine Feuersbrunst in einen Jutesack stecken.«

Irgendwann fragte ich mich, ob es mir nicht doch helfen würde, meinem Mann meine Wut und Enttäuschung zu zeigen, ihm meinen Zorn zuzumuten. Schließlich hatte seine Art, die Trennung zu vollziehen, durchaus viel mit meinem aktuellen Zustand zu tun. Da ich mich aber noch immer an das Kontaktabstinenzgebot gebunden fühlte, entschied ich mich, vorerst darauf zu verzichten und das Thema anders anzugehen.

Auf den Versuch, sie zu ihrem Umgang mit Wut zu interviewen, reagierten die meisten männlichen Freunde im ersten Moment so pikiert, als hätte ich sie nach abseitigsten sexuellen Vorlieben gefragt. Wut scheint ein so großes Tabu zu sein, dass ein sachliches Gespräch darüber kaum möglich ist.

»Wut ist für mich gesprächsbeendend«, meinte ein gestandener Wissenschaftler mit Karriere in der Wirtschaft.

»Weibliche Wut macht mich so hilflos, dass ich einfach wegrenne«, gestand ein sportlicher Arzt von knapp zwei Metern Körpergröße. »Ich fühle mich zuerst verängstigt wie ein Dreijähriger, dann vereise ich total und breche, wenn das öfter vorkommt, die Beziehung ab.«

Fragen wir den Volksmund. »Wer schreit, hat unrecht«, sagt der. Aber stimmt das denn immer?

Wut ist zunächst ein Gefühl wie jedes andere auch. Nicht gut, nicht schlecht und immer berechtigt, denn ein Gefühl ist ein Gefühl und kein Argument. Wird Wut häufig unterdrückt, kann es zu psychosomatischen Beschwerden kommen. Von mir besonders gefürchtet sind passiv-aggressive Mitmenschen. Ich setze mich lieber einer ehrlichen Erzürnung aus als jemandem, der sich scheinbar immer im Griff hat und sich dann wie aus Versehen rächt.

Einzig mein Freund Sebastian, ein Schriftsteller, zeigte weitergehendes Interesse an dem Thema und schilderte bereitwillig seine Empfindungen gegenüber diesem schwierigen Gefühl: »Bei mächtiger Wut bekommt man ja übermenschliche Kräfte und kann Elefanten umwerfen. Diese ohnmächtige Wut aber – verheerend. Als wollte man geknebelt schreien. Oder gelähmt randalieren. Bei Trauer kann man getröstet werden, bei Hunger essen, aber bei ohnmächtiger Wut – ja was? Es ist ein Gefühl ohne Erlösung.«

Aus dem lateinischen Wort für Wut, Furor, auch als Wahnsinn oder Raserei übersetzbar, ist die gefürchtete Furie abgeleitet – ein weibliches Schreckensbild. »Wüterich« für erzürnte Männer klingt dagegen fast niedlich.

Als bei mir die ersten Wellen des Schocks und der Verleugnung abgeklungen waren, rückte eine Armada von Gefühlen an, die niemand wirklich haben will: außer Ekel, Scham, Neid, Eifersucht eben auch diese unglaubliche Wut.

Wut auf meinen Mann, der meinte, sich von einer Minute auf die andere aus unserem gemeinsamen Leben verabschieden zu können. Wut auf mich selber, weil ich so gelähmt war vor Kummer. Wut auf die Umstände, auf meinen eigenen Anteil am Scheitern unserer Ehe, auf das Schicksal, das ganze Leben.

Meine Therapeutin Dr. F., die inzwischen ohne Probleme eine Kostenübernahme für meine Therapie bei der Krankenkasse beantragt und genehmigt bekommen hatte, fragte mich aus: »Haben Sie Rachephantasien? Welche? Agieren Sie Ihre Gefühle aus? Schreiben Sie ihm nachts Mails?«

Natürlich hatte ich Phantasien, auf die ich nicht stolz war, ich agierte sie aber nicht aus. Ich zwang mich zu Selbstbeherrschung nach außen, umso mehr tobte es in mir. Nur ein einziges Mal schrie ich ins Telefon. Ich wusste, dass mein Mann schon immer die Flucht ergriffen hatte, wenn ich wütend wurde. Dass er meine Wut nicht ertrug und sich mit seiner eigenen schwertat.

Die Wut ist ein Kind der Ohnmacht, sie zeigt sich, wenn wir uns einer Kränkung nicht erwehren und den Schmerz schwer aushalten können. Nicht nur griechische Tragödien sind voll davon. Wir Bildungsbürger pflegen unsere wohligen Schauer angesichts der Qualen und Verbrechen Medeas, die aus Verrat, Kränkung, Verlassensein ja erst entstehen. Kinder- und Gattenmorde sind im Theaterabo reihenweise zu bestaunen, aber wehe, die andere Ehehälfte erhebt auch nur die Stimme.

Selbstverständlich bin ich keine Verfechterin einer wie auch immer gearteten gewalttätigen Kommunikation. Berechtigte Wut sollte möglichst zivilisiert ausgedrückt und vom Gegenüber auch ausgehalten werden, ohne dem anderen an die Gurgel zu springen. Der allseits gefürchtete *Wutanfall* zeigt sich meist dann, wenn ein anderer Ausdruck nicht möglich scheint. Die Frage lautet, was da im Vorfeld passiert ist. Ich plädiere dringend für eine Beschäftigung mit dem Thema Wut, und zwar zu Zeiten, wenn sie nicht akut ist. Man beginnt ja auch nicht erst mit der Zahnpflege, wenn schon alles weggefault ist.

Und nicht nur den eigenen Gefühlshaushalt sollten wir in den Blick nehmen. Die psychologische Forschung beschäftigt sich in den letzten Jahren mehr und mehr mit der genetischen Weitergabe von Emotionen über die Generationen hinweg. Wurde eine Frau extrem gestresst, verletzt, gedemütigt, geängstigt, lässt sich das Trauma auch in der DNS ihres Kindes nachweisen, und zwar sogar dann, wenn die Ereignisse lange vor der Empfängnis liegen. Wir Kinder von Menschen, die den Zweiten Weltkrieg erlebt haben, müssen also davon ausgehen, dass wir auch die Wut und die Angst unserer nicht selten in jungen Jahren traumatisierten Eltern mit uns herumschleppen.

Irgendwann gegen Ende meiner persönlichen Wutsaison beobachte ich eine Szene im Kindergarten meiner Enkelin. Ein sichtlich mitgenommenes, schwitzendes Kind steht schnaufend mit dem Rücken zur Wand und stampft immer wieder so fest mit dem Fuß auf, dass es schon beim Zuschauen schmerzt. Es hat die Augen zusammengekniffen, hält sich die Ohren zu und ist nicht mehr für Argumente zugänglich. In den pädagogischen Einrichtungen meiner Kindheit wäre dieses Kind zur Strafe in einen menschenleeren Raum gesperrt und wahrscheinlich zusätzlich beschämt worden. Hier aber geht die Betreuerin vor ihm in die Hocke, berührt sanft, aber bestimmt seinen Arm und sagt: »Ich sehe, dass du sehr, sehr wütend bist. Ich bleibe hier bei dir, solange es dauert. Sag, was brauchst du jetzt von mir?«

Wer sich beherrscht, gilt als zivilisiert. Dennoch, in diesem Moment würde ich mich am liebsten in die Arme der jungen Kindergärtnerin werfen. Meine Wut ist verschwunden und macht augenblicklich für etwas Platz, das in mir aufsteigt wie dunkle Tinte – die Trauer.

8. Alltag im Säurebad.
Der Waschsalon

»Der Scheiß verwandelt dich. Hege ihn.«
Nadeschda Tolokonnikowa, Pussy Riot

Meine Tochter hatte ihr Abitur in der Tasche und ihren Auszug
für den Herbst geplant, doch unsere Trennung Ende des Som-
mers kam ihr dazwischen.

»Ich kann ja nun wohl nicht auch noch abdampfen?«, hatte sie
liebevoll-trocken bemerkt. Zu schwach für ein schlechtes Gewissen, dass ich ihren Plänen im Wege stand, war ich dankbar für
ihre zumindest temporäre Gegenwart. Wenn sie nicht auf Reisen
oder mit Praktika beschäftigt war, kochte sie für uns beide, kaufte ein und versorgte mich mit herzerweichenden selbstgedrehten
Trostvideos. In dieser Zeit fehlte mir die Kraft, mir über meine
Kleidung Gedanken zu machen. Tagein, tagaus trug ich Jeans,
T-Shirt und eine von ihr geborgte, schlichte blaue Bomberjacke.
Meine Tochter nannte dieses Outfit »Mamas Traueruniform«,
wurde aber nicht müde, mir Komplimente zu machen, dass ich
damit trotz allem ziemlich cool aussähe. Als sie schließlich doch
mit ihrem Freund zusammenzog, ließ sie mir die Jacke da, in der
ausdrücklichen Hoffnung, dass ich sie irgendwann würde ablegen können.

So kam also der Morgen, an dem Katze Mimi meine einzig
verbliebene Mitbewohnerin war. Sebastian vermutete bei ihr
schon länger einen versteckten Fall von Transsexualität. In ih-

rem weiblichen Äußeren wohnt ein mürrischer alter Kater, der zu nichts zu bewegen ist, was liebevoll betreute Wohnungskätzchen normalerweise tun. Spielen, schmusen, schnurrend die Hausherrin begrüßen? Nicht mit Mimi. Sie erhebt sich zum Fressen und sonst eher nicht. Ihr Selbstverständnis gleicht dem eines Teppichläufers: irgendwie daliegen und Stolperfalle sein.

Es wurde still in der Wohnung, und Mimi blieb oft allein – selbst als ich nicht mehr pausenlos kummergeflutet unterwegs war. Zunächst schien das für sie kein Problem zu sein. Aber auch die autistischste Katze zeigt irgendwann Nerven, und so entwickelte sie eine Kultur des Protestpinkelns, die nicht mehr feierlich war.

Den vorläufigen Höhepunkt erlebt Jola eines grauen Herbstabends, als sie bei mir übernachten will. »Hier riecht es komisch«, bemerkt sie und zeigt auf einen großen gelben Fleck auf der weißen Tagesdecke des Gästebettes. Ich jaule auf.

Die schiere Größe des Überwurfs überfordert meine Waschmaschine bei weitem, und so suche ich am nächsten Tag nach langer Zeit mal wieder einen Waschsalon auf. Zaghaft betrete ich das von Gentrifizierung und Kaffeeautomaten unbeleckte Objekt, in dem sich mehrere Personen um die letzten intakten Maschinen balgen. Alle, Menschen wie Maschinen, haben eindeutig bessere Zeiten gesehen und riechen ein bisschen nach Pipi. Aber ich will mich nicht beklagen, denn mich umgibt, nachdem ich die Decke ausgepackt habe, gleichfalls kein Rosenduft.

Meine Lesebrille habe ich vergessen, und so scheitere ich bereits am Kassenautomaten. Einer der anwesenden Waschkumpane eilt mir zu Hilfe, doch dass kein Becher unter der Pulverausgabe steht, bemerken wir zu spät. Die ausgespuckte Ladung landet zur Hälfte auf dem Fußboden, was bei allen außer mir für Heiterkeit sorgt.

»Den Becher hab ick! Sorry!«, kräht ein sichtlich angeschickerter Mittfünfziger in Bauarbeiterklamotten und winkt damit vom anderen Ende des Salons zu uns herüber. Nicht mehr ganz sicher auf den Beinen, navigiert er den Becher durch ein Meer von Kleidertüten, die gerade von drei jungen Frauen hereingetragen werden.

Der Sprache nach zu urteilen, stammen sie aus irgendeiner der versunkenen Sowjetrepubliken. Ich komme aus dem Osten und habe lange Jahre Russisch gelernt, und so höre ich heraus, dass es möglicherweise gleich zu größeren Tumulten kommen könnte. Die Damen sind offenbar der Meinung, dass sich Reinlichkeit bei den übrigen Anwesenden sowieso nicht mehr lohne, und schicken sich an, die sorgsam aufgebaute Warteschlange aufzumischen. Die Zielstrebigkeit brutaler Schönheiten trifft dabei auf Urberliner Phlegma, und so wird nun ein bisschen geschubst und geflucht. Nicht wirklich böse, aber zu viel für meine aktuell extrem dünne Haut. Ich setze mich aufs Fensterbrett und beobachte die Szene aus leicht erhöhter Perspektive.

Der beschwingte Bauarbeiter hockt sich mit dem Becher in der Hand neben mich: »Na? Ooch jeschieden?«

»Noch nicht«, antworte ich vorsichtig.

»Macht nüscht.« Er drückt mir seine Pranke auf den Unterarm. »Dit wird noch.«

Der Trostfaktor dieser Bemerkung hält sich in engen Grenzen. Mir graut vor dem Gedanken an die Scheidung, die ich noch lange nicht als Befreiungsschritt, sondern nach wie vor als amtlich-öffentliches Scheitern empfinde. Vielleicht wäre es leichter, wenn Online-Scheidungen möglich wären. Die gibt es aber noch nicht: Beide Parteien müssen, in Begleitung von mindestens einer Anwältin, vor Gericht erscheinen. Ich verdränge das Bild mit aller Macht und verlasse, in Begleitung meiner patschnassen Decke, den Salon wortlos.

9. So long, Marianne. Die Trauer

»Niemand sollte je so unglücklich sein, dass ein Cohen-Song
nicht den Schmerz etwas lindern könnte.« Ronja von Rönne

Die Trauer löste das Kämpfen ab. Vor meinem inneren Auge
erschienen zwei Fahnen. Eine weiße und eine schwarze. Die
schwarze zu hissen war vergleichsweise leicht. Sie bedeutete,
dass die Strampelei, die die Phasen des Schocks, der Verleugnung und der Wut gekennzeichnet hatte, einer Schwere wich,
die mich zwang, mit allem aktionistischen Unsinn aufzuhören.
Ich war nun nicht mehr jeden Abend unterwegs, chattete nicht
mehr in Trennungsforen, las keine juristischen Beratungsseiten
mehr und fuhr den empörten Unterton, der sich in meine gesamte Kommunikation zum Thema Verlassensein geschlichen
hatte, zurück. Ich begann, die Lage der Dinge immer realisti-
scher zu sehen.

Das bedeutete auch, die allerletzte klammheimliche Hoffnung auf eine wundersame Wendung, also die Rückkehr meines
(geläuterten!) Mannes, aufzugeben, und das machte mich unendlich traurig. Meine Seele morste mir immer wieder die Aufforderung zur bedingungslosen Kapitulation, um endlich Entspannung zu finden, gleichzeitig entdeckte ich neue, erstaunlich
störrische Seiten an mir. Das Hissen der weißen Fahne gestalte-
te sich als sehr mühselige und ruckelige Angelegenheit.

Noch immer versuchte ich, mit dem Schicksal zu feilschen

und mich filmreif an irgendwelche Trümmer meines alten Lebens zu klammern. Als wären sie die berühmte, aus den reißenden Fluten ragende Wurzel, an der sich die Heldin festhält, während bei anschwellender Musik der ganze Rest des Dorfes mit Mann und Maus ersäuft. Es kommt auf den Plot des Films an, wann sie loslässt und entweder ebenfalls untertaucht oder an einen sicheren Ort gespült wird. Da, wo sie im Moment des Festklammerns ist, kann sie jedenfalls nicht bleiben.

Man muss sich klarmachen, dass an allen seelischen Prozessen etwa sieben bis siebenundzwanzig innere Teilpersönlichkeiten beteiligt sind, die samt und sonders verschiedene Interessen vertreten können. Die Tatsache, dass sich Entscheidungsprozesse ziemlich hinziehen können, erscheint dann in einem milderen Licht. Wer jemals ein Plenum in einem besetzten Haus oder in einer Elterninitiativ-Kita miterleben musste, weiß, wovon ich rede.

Denn genau so muss man sich das vorstellen: Die inneren Vertreter verschiedener Aspekte der Persönlichkeit, jeder mit einem anderen Aufgabenbereich betraut, sitzen um einen Konferenztisch und diskutieren die Lage. Die *Realistin* stimmt vielleicht der *weisen Frau* zu, dass es an der Zeit ist, sich endlich aus der Ehe, die faktisch ja nicht mehr besteht, zu lösen. Die *Liebende* liebt stoisch weiter. Die *Religiöse* vertraut auf Gott, während die *Träumerin* bereits die Vision einer neuen, glücklicheren Beziehung heraufbeschwört. Die *Hausmeisterin* zeigt sich genervt von dem ständigen Hin und Her und fordert klare Entscheidungen.

In meinem Fall hielt das Plenumsmitglied *tapferes kleines Mädchen* am zähesten am Altgewohnten fest. Es hatte sich offenbar am meisten Mühe gegeben mit dieser Liebesbeziehung. Fleißig und wachsam hatte es unermüdlich daran gearbeitet zu gefallen. Wie weiland bei Papa hatte es stets automatisch versucht, im Voraus zu ahnen, welcher Stimmung der Gatte denn war, was er brauchte, wünschte, liebte, und auch, welche Themen tunlichst zu vermeiden waren. Es hatte geglaubt, *kraft seiner Wassersuppe*, also durch eigenes Bemühen, ein Vertrauen und eine Öffnung zu erreichen, die tatsächlich aber, wenn überhaupt, nur vom Gegenüber selber kommen können. Und zwar aus vollkommen freier Entscheidung.

Doch wenn ein Pfau ein Rad schlägt, öffnet sich dadurch das Scheunentor? Eben.

Meine Therapeutin war erst auf einer Konferenz und danach krank, was die Zeit bis zu unserem Wiedersehen arg in die Länge zog und mir einmal mehr vor Augen führte, dass auch Helferinnen normale Menschen mit Privatleben und Mandelentzündungen sind.

Ungeduldig und bedürftig habe ich auf ihren Rückruf wegen eines neuen Termins gewartet, stehe dann zehn Minuten zu früh vor ihrem Haus und sitze noch nicht ganz im sonnengelben Klientensessel, als ich auch schon die Fassung verliere.

Dr. F. versucht, die Situation zunächst zu versachlichen: »Am besten, Sie erzählen mir mal, wie und wann Sie Ihren Mann eigentlich kennengelernt haben.«

Ich bin nun gezwungen, mir einzugestehen, dass vor allem das *Mädchen* in mir diese Verbindung eingegangen war und auch aufrechterhalten wollte. Und das, obwohl ich zum Zeitpunkt unseres Kennenlernens stolze sechsundvierzig Jahre alt, geschieden und Mutter zweier Kinder war. Das äußere Alter spielt absolut keine Rolle, wenn wir uns verlieben. Nicht erst im Zustand des Verlassenseins greifen die gewohnten Mechanismen von Todesangst und Abhängigkeit, auch die sogenannten guten Zeiten können geprägt sein von unserer kindlichen Art, Beziehungen zu knüpfen.

Nun saß ich da, mit diesem untröstlichen Kind in mir, das es trotz aller Verrenkungen und Bemühungen und Kopfstände, trotz aller auswendig gelernten Lieder, allen angelernten Wissens, aller Schönheit, Zärtlichkeit und Hingabe nicht geschafft hatte, diesen Mann wirklich zu erreichen und zu halten. Auch nicht mit Zorn, Trotz, Überzeugung, Zauberei, Sex – mit nichts. Die mühsam gepflegte Patchworkfamilie, die drei Enkelkinder, die wir gemeinsam hatten auf die Welt kommen sehen, Pläne, Träume, Bankkonten, nichts von alledem hatte ihn aufhalten können.

Warum? Weil er so toll war und ich so minderwertig? Weil die andere Frau so toll war und ich so minderwertig? Weil andere Familien einfach supertoll waren und meine minderwertig?

»Glauben Sie das wirklich?«, fragt Dr. F. und reicht mir ein Taschentuch.

»Immer mal wieder, ja«, gebe ich zurück.

»Trauern Sie, dann geht dieser Spuk vorbei. Weinen Sie! Geben Sie sich dem Weinen richtig hin! Mit Erklärungen kommen Sie nicht weiter.« Wieder bringt sie mich zur Tür. Ich widerstehe dem Impuls, mich auf sie, die einen guten Kopf kleiner ist als ich, zu stützen.

Jola brachte eine koffergroße Klinikpackung Taschentücher vorbei: »Sonderangebot! Du kriegst die schon alle weggeschneuzt!« Ich fand's nicht lustig, machte mich aber dennoch an die Arbeit. Es tat weh, nicht mehr wütend zu sein, sondern traurig. Und gut.

Dass sich eine Änderung anbahnte, merkte ich daran, dass ich endlich wieder so etwas wie Appetit verspürte. Ich stürmte in die gegenüberliegende Bäckerei und verschlang zwei riesige Zuckerschnecken. Das waren auf einen Schlag mehr Kalorien als an den vorangegangenen drei Tagen zusammen! Ich war stolz.

Die Energie, die mir zufiel, als ich aufhörte, meinen Mann und seine Lebensentscheidungen verstehen und verändern zu wollen, half mir zu trauern. Die weiße Fahne ging hoch. Ich kapitulierte und salutierte ihr zu den einschlägigen Hymnen von Bach über Leonard Cohen bis zu Amy Winehouse. Ich war … *back to black.*

10. Iggy Pop geht zum Tantra

»Schön geboren zu werden und dann zu altern, ist wie reich geboren zu werden und langsam bankrott zu gehen.« Joan Collins

Helene, meine vierjährige Enkelin, hatte bei mir übernachtet und mich mit einer Fröhlichkeit und Rasanz geweckt, wie sie nur kleine Kinder haben. Sie setzte sich neben mir im Bett auf, und ihre Augen leuchteten mich an. Doch schon nach wenigen Sekunden verfinsterte sich ihr Blick:»Du hast Striche im Gesicht, Oma! Und Beulen. Und Flecken. Hier!« Sie pikte vorsichtig mit dem Zeigefinger in einen meiner Tränensäcke und fuhr mit dem Fingernagel zwei Falten um meinen Mund entlang. Prüfend zog sie an einem Ohr und einem Augenlid, um mir sodann erschrocken mitzuteilen, dass sie mein Gesicht nicht glatt bekomme.

Ich hatte zu wenig geschlafen in dieser Nacht und gegen Morgen im Traum geweint, und als wir beide den Badezimmerspiegel erreichten, konnte ich nach einem kurzen Blick den Schock des Kindes verstehen. Wie der späte Iggy Pop sah ich aus. Nur in Weiblich. Und ohne Sixpacks.

In den Dörfern meiner Vorfahren trank man auf einen tiefen Schrecken erst mal einen Schnaps – eine Option, nach der ich mich spontan sehnte, die für diesen Sonntagmorgen aus verschiedenen Gründen jedoch nicht wählbar war. Also verschwand ich unter der Dusche und dann unter einem sorgfältigen Makeup, um für meine Enkelin wiedererkennbar zu werden. Meine Haare zu bürsten, überließ ich ihr, denn sie liebte es, wenn wir die Rollen tauschten. In gespieltem Schmerz quiekte ich herum, damit sie mich dann trösten und beruhigen konnte. Dabei merkte ich, wie sehr mir Berührung fehlte und dass mir mein Körper fremd geworden war. Auf der Stelle beschloss ich, mich nun genau darum zu kümmern.

Bekanntlich hält die Internetgemeinde für alle Wünsche Angebote bereit. Gibt man das Stichwort »Berührung« ein, ploppen auch jenseits der üblichen Dating-Portale unzählige Seiten auf. Von asexuellen Kuschelgruppen bis zu Sex mit toten Kaninchen ist für jeden etwas dabei. Ich schaute genauer hin. Wo wäre ich richtig mit meinen eher diffusen und stündlich wechselnden Bedürfnissen? Zumal als Iggy-Pop-Double? Vielleicht sollte ich mir erst einmal ein Lifting gönnen und dann weitersehen?

Die Umkreisung des Themas machte mich nur rat- und mutloser. Zwar trauerte ich nicht mehr so stark, aber das Eigenmobbing vor dem Spiegel hörte nicht auf, und eines Tages schien es meinem Körper zu reichen. Er entwickelte Taubheitsgefühle, stolperte vor sich hin, schmerzte oder juckte an den unmöglichsten Stellen – kurz und gut, er signalisierte mir deutlich seinen Protest.

Ich hatte die Trennung wie eine Sprengung meines seelischen und körperlichen Zuhauses empfunden, das ich offensichtlich viel zu sehr in mein Gegenüber verlagert hatte. Ob zerstört oder entzogen, auf alle Fälle war ich nicht mehr in mir selber heimisch, und das konnte nicht so bleiben. Die Frage war, welche Art von Berührung nun für mich gut sein würde. Die routinierten Hände von Physiotherapeuten und Wellnessmasseuren hatten mir über die allererste Zeit hinweggeholfen, als ich starr vor Angst war. Aber die Entspannung hatte nicht angehalten.

Jola schlug ein mehr oder minder unverbindliches Sexabenteuer à la Tinder vor. Doch immer, wenn ich mir diese Möglichkeit schmackhaft zu machen versuchte, überfiel mich narkotisierende Müdigkeit. Mit welchem Körper hätte ich das auch anfangen sollen? Mit diesem komischen schmerzenden Ding, das vor allem Erschütterung signalisierte und sich zunehmend malträtiert anfühlte? Beim besten Willen konnte ich mir nicht vorstellen, damit etwas Verwegenes anzustellen.

Sebastian erbot sich, mir alle zwei Tage per Mail ein raffiniertes Kompliment zu schicken. Eine Art Adventskalender der Ermutigung. Hannes meinte, er als ehemaliger Geliebter könnte versuchen, sich etwas zu rekonstruieren, und mir Gutes tun: »Du, ich nehme drei Kilo ab, und schon bin ich wie neu. Und trotzdem vertraut. Und du musst kein großes Kino aufführen. Wie wäre das?« Ich winkte gerührt, aber müde ab. Alte Geschichten soll man nur im allergrößten Notfall aufwärmen. Außerdem wollte ich mich nicht durch noch so freundlich gemeinte männliche Anerkennung aufwerten lassen. Das hatte jahrzehntelang nur so semi bis gar nicht funktioniert.

Nach einigem Gezauder und Gehader war es dann so weit. Ich klebte einen Zettel an meinen Ganzkörperspiegel, auf dem »Under Reconstruction« stand, lächelte mir selber zu und machte mich auf die Suche nach einem Tantra-Studio.

Tantra-Studios kann man nicht einfach so besichtigen wie Küchenstudios, und man spaziert auch nicht hinein wie in ein Bordell. Wobei es natürlich die verschiedensten Spielarten und Ausrichtungen gibt und die Grenzen zum Puff fließend sein können. Deshalb gilt es, sich die eigenen Wünsche vorher so klar und ehrlich wie möglich vor Augen zu führen und die Websites daraufhin genau zu studieren.

Bei den Massagen, so erfuhr ich, kommen sowohl Elemente von Akupressur, Shiatsu, Reflexzonenmassage und Ayurveda als auch der klassischen Massage zum Einsatz, ausgewogen nach dem Yin-Yang-Prinzip alter indischer Traditionen. Der Körper wird zunächst zur Ruhe gebracht, entspannt, zentriert und dann energetisiert. Das klang gut. Auch die Sexualenergie wird geweckt, aus ihrer »Untenrum«-Zone geholt und über den ganzen Körper verteilt. Ich las weiter: »Die Tantra-Massage ist eine ganzheitliche Massage, die jegliche Fixierung überschreitet, auch die genitale. Es handelt sich um keine Therapieform, entsprechend gibt es keine Heilungsabsicht. Die Massage ist ergebnisoffen und absichtslos.«

Genau das wollte ich!

Ich suche mir die Website mit den am wenigsten weichgezeichneten Fotos aus und rufe die angegebene Nummer an. Nach ein paar Minuten habe ich eine dreistündige Tantra-Massage für 240 Euro gebucht und bin mit einer jungen Frau verabredet, deren Stimme am Telefon vertrauenerweckend klingt. Die anderen Masseurinnen und Masseure in dem Studio werben mit Fotos und kurzen Sprüchen für sich. Meine Telefonpartnerin ist nicht dabei, hat dafür aber noch am selben Tag Zeit. Da es mir sowieso etwas halbseiden erscheint, mir meine Tantra-Masseurin anhand eines Fotos auszusuchen, und ich zudem befürchte, sonst gleich wieder meinen Mut zu verlieren, ist mir das ganz recht.

Es gießt, als ich mich an diesem Winterabend – abenteuerlustig und ängstlich zugleich – aufs Fahrrad schwinge, um in einem gutbürgerlichen Wohnquartier gleich um die Ecke nach dem Studio Ausschau zu halten. Wie eine eingemummelte Brabbeloma mir selber Mut zusprechend, bin ich mir der leisen Komik dieser Szene durchaus bewusst.

Ina, Doktorandin der Kunstgeschichte, wie sich später herausstellt, empfängt mich an der Tür einer typischen, ebenerdigen Berliner Ladenwohnung. Sie hat die Haare hochgesteckt und wirkt mit ihrer Brille und der groben Strickjacke eher wie eine Bibliothekarin. Beim besten Willen kann ich mir nicht vorstellen, wie sie sich in eine Tantra-Queen verwandeln soll.

Die meisten Sorgen aber bereitet mir zu meiner eigenen Verblüffung die Frage, was *sie* von mir denken könnte und ob *ich* auch alles richtig machen werde. »Der Witz beziehungsweise das Wesen einer Tantra-Massage ist doch, dass du als Nehmende sowieso nichts falsch machen kannst«, macht Ina mir klar. Neunzig Prozent ihrer Klientinnen hätten allerdings beim ersten Mal dieselben Befürchtungen wie ich. Die Philosophie der Tantriker, allen Körperteilen gleichermaßen Liebe und Aufmerksamkeit entgegenzubringen, gelte bei der Massage besonders, fährt sie fort. »Viele andere Massagen und Behandlungen nennen sich ganzheitlich oder ganzkörperlich und lassen trotzdem entscheidende primärerotische Partien aus. Das ist doch unbefriedigender, verlogener Quatsch!«

Nun kommt sie auf tantrische Begriffe und Regeln zu sprechen. Der Penis werde Lingam genannt, was uns heute aber nicht interessieren müsse. Die Möse heiße Yoni, darauf könnten sich alle am besten einigen. Dieses Tantra-Studio sei weder ein Ort für gegenseitigen Sex noch übermäßig esoterisch angehaucht.

»Ich möchte mich einfach nur hinlegen«, höre ich mich sagen. »Eigentlich wie ein Kotelett. Zum Marinieren – haha! Ich will nichts tun, dir nicht gefallen, nicht gut aussehen müssen. Was auch immer passiert ... wir werden ja sehen. Vor allem möchte ich mich um niemand anders kümmern müssen.«

»Ja, genau. Lass dich einfach anfassen«, sagt Ina schlicht und zeigt mir den Weg zur Dusche.

Nur in ein bereitgelegtes dünnes Tuch, den Sarong, gewickelt, kehre ich ins Zimmer zurück, wo inzwischen Kerzen brennen, leise Musik spielt und goldgelbes Körperöl auf einem Stövchen erhitzt wird. Die Bodenmatte, auf die ich mich lege, ist ebenfalls von unten erwärmt, was mir geradezu fröhliches Vertrauen einflößt. Die Unterlage erinnert mich an die elektrische Wärmedecke im Bett meiner Großmutter.

Wir sprechen nun nicht mehr, ich schließe die Augen. Ina, inzwischen auch ohne Brille und Kleidung, berührt als Erstes meine Hände. Sehr zart und lange. Sie flutet mich mit Öl, wandert um mich herum, streichelt und massiert Gesicht, Füße, Kniekehlen, Rücken, Yoni, alles gleichermaßen aufmerksam und liebevoll. Und dann, sehr, sehr langsam, beginne ich, in einen anderen Zustand hinüberzugleiten. Entspannt, aber sehr wach, genießend, aber nicht auf gewohnte Weise erregt, voller Verwunderung und Freude über niemals gefühlte Gefühle. Es ist ganz erstaunlich, welche Körperstellen wir ständig ignorieren, selbst beim Sex, und zu welchen Empfindungen sie bei entsprechender Berührung fähig sind.

Unter Inas Händen, in der Wärme, dem Öl, der langen Zeit, gehe ich auf wie ein Hefeklops. Körperlich wie seelisch. Ich gleite quasi in einen anderen Aggregatzustand über. Noch Tage später scheinen vor allem mein Bauchraum und meine Vagina, nun Yoni genannt, irgendwie zu flirren, was ganz gewiss von der Zuwendung und Aufmerksamkeit herrührt, die über eine Stunde allein diesem Bereich zuteilgeworden ist. Mein ganzer Körper fühlt sich versöhnt, warm und aufgeweckt an.

Mit der Tantra-Massage tut sich mir ein Weg auf, meinen Körper zurückzubekommen, und zwar nicht nur zur Wiederherstellung des Zustandes von vor dem Crash, sondern für etwas Neues. Das will ich nun nicht mehr missen und, wenn ich's genau besehe, auch selber können.

»Hey! Tantra-Mum!«, kommentiert meine große Tochter, erfreut und amüsiert, meine neuen Pläne. »Andere machen einen Kochkurs oder autogenes Training in der Volkshochschule, du aber gehst richtig los! Ich bin so stolz auf dich!«

11. Reise zu den glücklichen Frauen (1): Biggi H., Lehrerin

Wenn man schwanger ist, sieht man auf der Straße ständig andere Schwangere, obwohl sich deren absolute Zahl unter den Passantinnen eigentlich nicht erhöht haben dürfte, nur weil man selber einen zweiten blauen Strich auf dem Teströhrchen hatte. Auch von akutem Liebeskummer befallene Menschen bemerken einander. Wir erkennen uns in Kneipen, im Bus, im Waschsalon. Plötzlich traf ich viele Frauen und auch Männer, die ähnliche Geschichten erlebt hatten wie ich. Oder sogar noch wüstere.

Diese Gespräche mit Leidensgenossinnen waren lange Zeit tröstlich für mich, milderten sie doch die brennende Scham, sitzengelassen worden zu sein, und das Gefühl, mit diesem Stigma vollkommen allein dazustehen. Verlassene zeichnen sich durch einen erstaunlich hartnäckigen Tunnelblick aus, der einzig und allein auf das immer gleiche Thema gerichtet ist: die Trennung. Da das Schicksal dieser Gemeinde immer wieder frische, neue Schäfchen hinzufügt, hört das auch nie auf, wird nie besser. Die Altgedienten (das sind diejenigen, die nach einem Jahr das Gröbste hinter sich haben) trösten die Neuen, die allerdings untröstlich sind. Man kann das in Internetforen für Trennungsopfer tausendfach nachlesen, und genauso verhielt es sich in meinem Bekanntenkreis.

Obwohl mich jede Crash-Geschichte aufs Neue berührte, trat irgendwann auch eine gewisse Ermüdung ein. Ich hatte nun realisiert, dass das plötzliche Ende meiner Ehe ein Klassiker war, und spürte, dass ich nicht wie eine Delinquentin auf Bewährung immer den gleichen Plot wiederkäuen wollte. Also machte ich mich auf die Suche nach positiven *role models*. Ich hielt nach Frauen Ausschau, die in oder jenseits der Lebensmitte nach einer Trennung glücklich leben – allein oder neu verbunden.

Eine Freundin erzählt mir von Biggi H., mit der ich wenig später telefoniere. Als sie hört, worum es geht, lädt sie mich nach Hamburg ein, und ich breche zu meiner ersten Rechercherereise für dieses Buch auf.

Wie sieht sie aus, die Frau, die mit Ende sechzig einen Mann gefunden hat, mit dem sie erstmals richtig glücklich ist? Als ich aus dem Zug steige, erkenne ich sie sofort: Groß, schön und sehr gerade steht sie da. Ihr leuchtend rotes Kleid hebt sich ab vom Rentnerbeige, das spätestens ab dem Pensionsalter für Frauen wie Männer vorgeschrieben zu sein scheint. Ausnahmslos alle älteren Mitreisenden, die jetzt mit mir den Bahnsteig fluten, sind in dieser Nicht-Farbe verpackt.

Rot ist auch Biggis Auto, das, flott im Halteverbot geparkt (»War ja nur ganz kurz!«), vor dem Bahnhof auf uns wartet. Wir brausen davon und sind, obwohl wir uns noch keine Viertelstunde kennen, sofort beim Thema.

Biggi sieht aus wie Anfang sechzig, ist aber Mitte siebzig. Ich glaube ihr sofort, als sie sagt, sie tue viel für ihre Schönheit, und bemühe mich, sie nicht die ganze Zeit fasziniert anzustarren. Dabei wirkt nichts an ihr künstlich jugendlich. Vielmehr sitzt hier eine Frau, die sich weigert, ihre Weiblichkeit unter Funktionskleidung und einer praktischen Kurzhaarfrisur zu verstecken. Später, während Biggi mir ihre Lebens- und Liebesgeschichten erzählt, überlege ich, wie ich sie am besten beschreiben könnte. Und komme auf ein sehr lange nicht mehr benutztes Wort: sexy! Absolut sexy – in jeder Hinsicht.

Welche Signale wir durch unsere äußere Erscheinung aussenden, ist das entscheidende Thema der Mode, aber auch anderer sozialer Codes. Und in der Tat scheint es, was Kleidung angeht, im Alter immer weniger Vielfalt zu geben. »Jede, wie sie mag«, pflegte meine Großmutter mit fein gespitzten Lippen zu sagen. »Aber eine anständige Frau trägt ab einem bestimmten Alter gedeckte Farben.« Nun war meine Großmutter Jahrgang 1903 ... Biggi jedenfalls scheint sich wohl zu fühlen in ihrem roten Etuikleid, ihrem Haus, ihrem Leben. Was nicht immer so war, sondern eine recht neue Errungenschaft ist, wie sie mir berichtet.

Schwungvoll stellt sie die Cocktailgläser auf den Gartentisch und schaut mich prüfend an. »Wie geht es dir? Du siehst blass aus. Was macht die Scheidung?«

»Noch nicht eingereicht«, gebe ich zurück. »Mir graut so vor dem Papierkram. Und vor der Endgültigkeit.«

»Das verstehe ich gut.« Biggi greift in die Schale mit Nüssen. »Glücklicherweise war ich mit M. nicht verheiratet. Das wäre die Schlacht des Jahrhunderts geworden, so notorisch, wie der gelogen und betrogen hat.«

Es ist Zeit für ein biographisches Update. Ihre Töchter hat Biggi, die Lehrerin war, in einer für die damalige Zeit typischen westdeutschen Ehehölle großgezogen. Der Mann bestimmte, wo es langging, sie gehorchte und musste sich von ihm als dumm und unfähig beschimpfen lassen, gern auch öffentlich. Sich vorzustellen, dass ihr Leben anders aussehen könnte, wagte sie erst, als die Kinder halbwegs erwachsen waren und sie auf einer Fortbildung M. kennenlernte. An Charisma übertrumpfte er Biggis Ehegespons um ein Vielfaches. Was allerdings kein Kunststück war. Biggi war im siebten Himmel und bereit, alles stehen und liegen zu lassen. Da sie sich einen talentierten Charmeur angelacht hatte, der ihrer Schönheit huldigte, Gitarre spielte und Lieder für sie schrieb, schien es zweitrangig, dass er trank, log und auch sonst nicht wenige Züge eines Königs Blaubart aufwies.

»Das ist doch klassisch.« Elegant legt Biggi die langen Beine auf einen Stuhl. »Ich war hin und weg. Zu Anfang sowieso. Aber gerade als der erste Lack ab war, hab ich ihn wirklich sehr geliebt. Allerdings, das muss ich zugeben, habe ich mich auch viel zu sehr angepasst. Wenn einer trinkt, macht das ja Terror, es verändert alles.«

Ich nicke zustimmend, denn auch ich habe vor langer Zeit vier Jahre an das sinnlose Unterfangen verschwendet, die Rettung für einen Trinker sein zu wollen. Ich war so naiv und arrogant zu glauben, *kraft meiner Wassersuppe* stärker zu sein als die Sucht. Immer wenn wieder ein Prominenter vor die Kamera tritt und den beliebten Satz aufsagt: »Durch die Liebe meiner Frau bin ich von meiner Sucht geheilt worden«, bekomme ich Brechreiz. Es ist eine ebenso unwahre wie zähe Legende, dass einer den anderen retten kann. Leider ist die Abkehr von der Sucht etwas, das jeder, wenn er es denn wirklich will, so ziemlich alleine bewerkstelligen muss. Ist jemand süchtig, egal ob nach Alkohol, Arbeit, Sex oder anderen verführerischen Drogen, steht die Beziehung hintenan. Aus Liebe wird wechselseitige Abhängigkeit.

Ich selbst habe drei lange Jahre gebraucht, um das zu begreifen, ein weiteres, um mich loszureißen, und im Grunde bis heute, über ein Jahrzehnt später, um die damaligen Erlebnisse halbwegs zu verarbeiten.

Biggi hört aufmerksam zu, und ich merke an ihrer Körpersprache, dass ihr die Partitur dieses Stückes höchst vertraut ist. »Klar hab ich ihm geglaubt, dass er mir zuliebe trocken wird. Und genauso habe ich es toleriert, als er wieder anfing zu trinken. Immer wenn mir alles zu viel wurde, besänftigte er mich, versprach mir das Blaue vom Himmel. Man will das dann so gerne glauben, und für eine Weile ist es ja auch wieder schön.«

Wir nehmen beide einen großen Schluck von unserem Gin Tonic und bemerken gleichzeitig das Absurde der Situation. »Wenn du was anderes trinken möchtest, ich hab auch Tee oder Saft da.« Biggi will schon in die Küche eilen. Ich winke ab. Wir bleiben beim Cocktail, bis wir nur noch kichern und die Fortsetzung des Gesprächs auf den nächsten Tag verschieben.

»Sechzehn Jahre war ich mit M. zusammen!« Biggi knallt die Kaffeekanne auf den Frühstückstisch. »Und ich war blind – blinde Liebe, blindes Vertrauen. Er hatte seinen Absprung lange vorbereitet, seine Affären immer sorgfältig vor mir versteckt. Aber ich hab es vermutet, geträumt, geahnt. Wenn er untertauchte, dann stets mit der Begründung, alleine trinken, also ... mir den ›Anblick‹ ersparen zu wollen. Welcher Anblick das genau war, fand ich heraus, als ich ihn schließlich zur Rede stellte; das fiel genau in die Zeit meiner Pensionierung. Die andere war schon zwei Jahre am Start und natürlich viel jünger als ich. Ich krachte in ein tiefes Loch ... so tief, das kannst du dir gar nicht vorstellen.«

Leider kann ich das durchaus ...

Wir sitzen im Wintergarten eines schönen Hauses voller Bücher, selbstgemalter Bilder und Musikinstrumente. Biggis neuer Mann, A., ist abwesend: »Nee, das Thema besprecht mal unter euch!« Das Haus gehört ihm, und sie zog ziemlich bald, nachdem sie sich kennengelernt hatten, dort ein.

»Woher hast du bloß die Zuversicht genommen, das mit Ende sechzig noch mal zu wagen?«, frage ich beeindruckt.

»Na, erst mal war da nix mit Zuversicht. Wir reden hier von vier Jahren Krise. Die Beziehung mit M. war am Ende, und ich auch. Ich wollt's gar nicht glauben – frisch pensioniert und allein. Panisch stürzte ich mich in ein Lebensrettungsprogramm, wurde zunächst jedoch sehr krank.«

Auch das ist ja leider ein Klassiker. Mir sind, nicht erst während meiner Recherchen für dieses Buch, viele Frauen begegnet, die nach einer Trennung oder dem Tod eines nahestehenden Menschen Krebs, häufig an der Brust, bekommen haben. Auch meine Gynäkologin hatte mich besorgt betrachtet und energisch eine Extrauntersuchung angesetzt, als ich ihr von meiner Trennung erzählte. »Versuchen Sie es *bitte* anders zu verarbeiten als durch Krankheit! Und wenn Sie sich einen Hund anschaffen!«

Biggi schlägt einen Spaziergang am Wasser vor, das Sommerwetter ist prächtig, Liebespaare flanieren, kleine Kinder wuseln umher. Wir kommen uns vor wie zwei Beziehungsveteraninnen mit fetten Narben an Bauch und Herz. Nur die Orden fehlen, denn Sieger und Verlierer unterscheiden sich auf dem Schlachtfeld der Liebe wohl einzig durch die Perspektive. Ach, wie groß ist die Verlockung, in süßer Selbstgerechtigkeit zu schwelgen ...

»Wie ging es weiter?«, frage ich etwas lahm und merke, dass ich die Idylle des Augenblicks gerne noch aufrechterhalten möchte. Daraus wird erwartungsgemäß nichts.

»M.s Familie ließ mich auf der Stelle fallen. Seine Mutter, zu der ich sechzehn Jahre ein gutes Verhältnis hatte, habe ich nie wiedergesehen.«

»Und die Freunde?«, frage ich. »Wie haben die sich verhalten?«

Biggi rollt die Augen: »Wir waren ja immer in Paaren unterwegs. Die anderen Frauen haben sofort ihre Männer festgehalten, und ich wurde nicht mehr eingeladen. Als würde ich nun, nur weil ich alleine war, über ihre Kerle herfallen. Ich habe mich dann exzessiv abgelenkt. Tanzen, Malen, Hospizarbeit. Du, ich kann dir gar nicht sagen, was es genau war, das mich gerettet hat. Wahrscheinlich alles zusammen und vor allem die Zeit, die erst mal vergehen musste.«

Auf meine Frage, was sie aus heutiger Sicht anders machen würde, zögert Biggi. »Ich weiß nicht ... ich glaube, ich habe mir nicht so viel vorzuwerfen. Sicher war ich zu geduldig und zu gutgläubig. Ich hab eindeutig zu viel Zeit mit M. verplempert, auch, als es schon nur noch anstrengend war. Aber ich bin so im Reinen mit mir, dass ich ruhig und liebevoll geblieben bin.«

Sie erzählt mir noch, wie er reagierte, als sie ihm zum Abschied sagte: »Ich hab dir bis zum Schluss geglaubt.« Er wählte die Standardantwort des Narzissten: »Ich fühle mich geehrt.«

Wir kehren zum Haus zurück, dessen Inneneinrichtung mit dem aus der Mode gekommenen Wort *behaglich* gut beschrieben ist. Man möchte sich auf das Sofa werfen, sich zusammenrollen und einfach bleiben. Und zusammenbleiben, das ist offensichtlich der Plan von Biggi und ihrem neuen Mann, den sie mit Ende sechzig kennenlernte.

»Ich habe mich in Internet-Partnerbörsen gestürzt und hatte komische Begegnungen.« Biggi lacht. »Aber geklappt hat es dann ganz klassisch mit einer Zeitungsannonce. Ich bekam seinen Brief und fand seine Handschrift schön. Männlich. Man sah, dass er sich Mühe gegeben hatte. Das hat mich sehr gerührt.«

Während sie erzählt, hüpft, zappelt und fiept mein Handy, das ich am Vorabend aus- und gerade erst wieder eingeschaltet habe. Die Nachrichten der Nacht treffen ein. Wie lange habe ich keinen Brief auf Papier mehr bekommen? Von wie vielen Freunden kenne ich die Handschrift gar nicht?

»Wir haben uns ziemlich schnell verliebt«, fährt Biggi ungerührt fort. »Es gelang einfach. Bestimmt spielt Dankbarkeit eine Rolle, so etwas noch einmal erleben zu dürfen. Ich meine ... wenn du so viel durch hast wie wir, machst du diese Chance nicht mit Seitensprüngen kaputt. Man tobt nicht mehr so rum, stellt sich aufeinander ein und macht sich schneller klar, was man aneinander hat. Ich fasse A. zum Beispiel unglaublich gerne an. Und er mich auch. Aber wir lassen uns auch Platz. Er pflegt seine Männerfreundschaften, das ist immer ein gutes Zeichen. Du fragtest nach Glück ... Tja, für mich ist das der Höhenflug, etwas, das für den Moment entsteht. Worum es hier geht, ist Zufriedenheit. Geborgen sein. Ich muss bei A. nicht erraten, was er denkt und fühlt, der zeigt mir das freiwillig. Wir haben einfach noch mal ja gesagt, sind dankbar und pflegen das.«

Ich muss ziemlich neidisch oder zumindest sehnsüchtig gucken, denn Biggi streichelt mir nun den Arm: »Vertrau auf die Zeit! Und he! Du musst dich um dich selber kümmern. Aber so richtig, nicht nur, wenn irgendwo Kraft übrig bleibt. Du musst dir selbst die Wichtigste sein.«

Als ich wieder in Berlin bin, fällt mir auf, dass ich eine wichtige Frage nicht gestellt habe, und hole das per Mail nach. Ich schreibe: »Und, Biggi, was fällt dir als Erstes ein, wenn ich dich nach dem Allerschönsten frage, was du bisher erlebt hast?«

Die Antwort kommt sofort: »Meine Enkelkinder. Die letzte große Liebe.«

12. Auf allen vieren übern Berg. Prozessorientierte Körpertherapie

>»Dein Körper kennt eine Wahrheit über dich,
>die dein Kopf ignoriert.« Danièle Muller

Im Frühjahr lernte ich, selber Tantra-Massagen zu geben, und die regelmäßigen Treffen in der Ausbildungsgruppe taten mir unglaublich gut. Außerdem malte ich, schrieb, tanzte, ließ mich durch das warme Wasser von Thermen schieben, sang und wanderte – ich hatte ja nun Zeit. Ich schluckte homöopathische Kügelchen und ging zur Osteopathin. Einmal pro Woche fiel ich in den gelben Sessel meiner Gesprächstherapeutin, und beim Einschlafen hörte ich schlimme Einschlafsuggestionen auf YouTube. Immer mal quälte mich das schlechte Gewissen, dass ich mich ständig um mich selbst drehte, aber was sollte ich machen? Meine Aufmerksamkeitsspanne kam der einer todmüden Dreijährigen gleich, für Weltrettungsprogramme war ich die denkbar mieseste Kandidatin.

Das Trennungstrauma beschäftigte mich immer noch quasi hauptberuflich. Den Pflichten meines Broterwerbs als Kunsttherapeutin kam ich inzwischen zwar wieder zuverlässig nach – da kam mir meine langjährige Routine zugute –, doch Schmerz, Kränkung und Eifersucht auf die andere Frau nagten nach wie vor an mir. An manchen Tagen weniger als an anderen, gänzlich angstfreie Stunden aber gab es nicht. Mein Leben kam mir vor wie eine einzige Rehabilitationsmaßnahme, zumal viele Interventionen nur kurz Wirkung zeigten.

Ermutigt durch das *Mein Körper soll wieder meiner werden*-Programm der Tantra-Massagen, beginne ich eines schönen Tages eine Körpertherapie. Die Methode, für die ich mich entscheide, wurde in den achtziger Jahren von dem Israeli Avi Grinberg entwickelt und ist nach ihm benannt. Grinberg stellte in seiner Arbeit als Physiotherapeut immer wieder fest, wie sehr sich psychische Vorgänge im Körper manifestieren. Er begann genau hinzuschauen und massierte Schmerzen und andere Symptome fortan nicht mehr einfach weg, sondern half seinen Klienten, ihre erlernten Verhaltensmuster zu erkennen und zu verändern, und zwar konsequent mittels ihres Körpers. Was der Körper lernt, kann er auch wieder verlernen; zumindest kann er seine Haltung ändern und Reaktionen auf Lebensereignisse korrigieren. Auf dieser Erkenntnis basiert jede Form von Körpertherapie, und zwischen den verschiedenen Richtungen gibt es viele Überschneidungen.

Die diffuse Angst, die mich nach der Trennung gepackt hatte, korrespondierte sehr lebhaft mit alten Kindheitsängsten, was sich zum Beispiel in einem vollkommen verkrampften Zwerchfell zeigte. Unwillkürlich zog ich mich zusammen, hielt den Atem an und machte den Rücken rund wie ein erschreckter Igel.

Mit Anna K., meiner Körpertherapeutin, die meine Aufmerksamkeit durch Berührung präzise und nicht selten erstaunlich schmerzhaft auf bestimmte Körperregionen lenkt, spüre ich diese Muster auf. Es ist verblüffend, wie viel Energie, wie viele Gefühle im Körpergedächtnis gespeichert und gar nicht so schwer hervorzuholen sind.

Gewohnt, die Dinge über den Kopf laufen und jede Regung durch eine intellektuelle Instanz auf »Rechtmäßigkeit« überprüfen zu lassen, scheint sich mein Körper zunächst zu wundern, wieso die Spielregeln auf einmal verändert werden. Wieso ich mir Erlerntes und Automatisiertes nun so genau anschaue, und zwar unter dem Gesichtspunkt, wie viel davon überhaupt noch sinnvoll und gut für mich ist.

Es beginnt mit dem Alles-richtig-machen-Wollen. In fast allen Bereichen meines Lebens war, wie mir jetzt klar wird, ein seltsamer Leistungsgedanke eingebaut. Selbst in der größten Not, in der ich mich ja nun befinde, will ich eine tolle Klientin sein, die möglichst die Erwartungen ihrer Therapeutin erfüllt. Mal abgesehen von der Sinnlosigkeit eines solchen Unterfangens, funktioniert dieser Trick siebzehn mit Selbstüberlistung auch gar nicht. Oder nur insofern, als dass mir diese Stunden klarmachen, wie sehr ich anderen, sogar meiner Therapeutin, gefallen will und wie wenig ich über meine verborgenen Kräfte weiß.

Anna fragt zu Beginn jeder Sitzung, worum es mir an dem Tag geht, und berührt mich, nachdem ich mich auf die Massageliege gelegt habe, intuitiv. Mir fällt auf, dass ich die Signale meines Körpers bisher eher selten zur Kenntnis genommen habe. Was hat mir dieser steife Nacken zu erzählen, was die stets taube Stelle am Unterbauch? Wieso überfällt mich jedes Mal, wenn Anna auf bestimmte innere Organe zu drücken beginnt, eine bleierne Müdigkeit, und das, obwohl es manchmal ganz schön weh tut? Welche Ereignisse meines Lebens melden sich zur Ansicht und Neueinordnung zurück? Welches Geheimnis versteckt sich dahinter?

Ich bin gespannt, was passiert, wenn ich mir das erlernte Muster, auf Angst mit hochgezogenen Schultern zu reagieren, wieder abtrainiere und eine neue Art des Umgangs mit diesem unangenehmen Gefühl etabliere. Wird sich das Gefühl selbst verändern? Womöglich verschwinden?

Nein, es verschwindet nicht. Aber es findet tatsächlich eine Umbewertung der Angst von *tödlich* zu *aufregend* statt. Was mich vorher in vielen meiner Unternehmungen ausgebremst hat, nämlich die Angst, wird nun allmählich zu einer Energiequelle.

Annas nicht bewertende Berührungen helfen mir, wieder mehr Vertrauen in meine »Körperintelligenz« zu fassen. So war ich zum Beispiel im letzten Jahr meiner Ehe permanent müde. Tests auf Vitamin-, Eisen- und sonstige oft gern gefundene Mängel ergaben jedoch nichts. Nach der Trennung schlug ich mich mit allen möglichen Symptomen herum, anhaltende Müdigkeit gehörte nicht dazu. Vielleicht war sie ein Signal der Ermüdung zwischen meinem Mann und mir? Ein Zeichen, das nun keine Funktion mehr hat, weil die Ehe faktisch nicht mehr besteht?

Nicht die intellektuelle Erkenntnis verändert mein Erleben, sondern die Beschäftigung mit meinem Körper. Ich lerne, tief zu atmen. Wer tief atmet, hört sofort auf, sich zu kasteien, richtet sich auf und entspannt sich. Wer sich genug Luft zum Atmen nimmt, nimmt auch andere Lebensquellen besser an und hört mit dem Unsinn auf, sich selber zu wenig zu gönnen. Das gilt praktischerweise für alles. Für Gefühle, Kraft, Sex, Geld.

Die Körpertherapie ist wie ein Abenteuer. Zunächst fällt es mir schwer, mich darauf einzulassen, dass ich nie weiß, was als Nächstes passieren wird. In jeder Stunde staune ich von neuem über meine Möglichkeiten. Die vielen Facetten stiller Freude überraschen mich. Die dreiundzwanzig Möglichkeiten, den Schmerz einer Zwerchfellblockade zu empfinden, ebenso. Am schönsten sind die Momente der Auflösung in Lachen, Tränen und neuen Mut. Aus »Ich kann nicht« wird über ein zaghaftes »Oh, mal sehen« ein entschiedenes »Ich werde«.

Und es wird! Auf neue Ideen reagiere ich nun nicht mehr automatisch mit Abwehr und Angst, sondern mit Neugier und Freude. Viermal im Monat lege ich mich auf Annas Massagetisch und trete in einen von ihren Händen moderierten Dialog mit meinem Körper. Ohne dass ich sagen könnte, wann genau es passiert, verändert sich mein Körperbewusstsein; wobei es eher ein stetiger Prozess ist als ein triumphaler Knall. Ich traue mir viel mehr zu. Jahrzehntelange Limitierungen werden aufgebogen, und einige wunde Punkte, die mich mein Leben lang zurückgehalten haben, erledigen sich. Nicht von selbst, sondern durch diese spezielle Methode. Ich höre auf, gefallen zu wollen. Ich löse mich von dem idiotischen Glaubenssatz, wenn ich es nur jedem recht mache und niemanden verletze, tut auch mir niemand weh. Gleichzeitig schwächt sich meine Angst, es könnte etwas Schreckliches passieren, wenn ich für mich einstehe, auf verblüffende Weise ab.

Als mich ein gemeinsamer Freund zu einer Ausstellungseröffnung einlädt, kann ich mir beim besten Willen nicht vorstellen, meinem Mann in leutseliger Atmosphäre wiederzubegegnen. Unsicher trage ich Anna meinen Konflikt vor, hadere zunächst mit der Situation und finde schließlich doch eine Lösung. Anstatt auf den Abend zu verzichten, bitte ich – nach verblüffend schmerzhafter Reaktion auf Annas gezielt platzierte Griffe – meinen Mann per Mail, nicht zu der Party zu erscheinen. Aus Rücksicht auf mich. Im Gegenzug überlasse ich ihm die Finissage. Er ist nicht gerade begeistert, stimmt aber zu.

13. Da fällt ein See vom Himmel.
Der Geliebte

»Ich liebe, die mich lieben. Und die mich suchen,
finden mich.« Bibelspruch

Typischer hätte der Berliner Winter nicht ausfallen können als in meinem Trauerjahr. Es regnete und regnete und regnete. Meine hyperaktive Phase, in der ich vor der leeren Wohnung davongelaufen war und keinen Abend zu Hause verbracht hatte, war vorbei. Jola hatte viel zu tun und ganz sicher auch das Bedürfnis, sich gelegentlich mal um ihre eigenen Angelegenheiten zu kümmern. Um zu testen, wie es mir damit erginge, und um mich dem Alleinsein zu stellen, überbrachte ich ihr die frohe Kunde, nun nicht mehr rund um die Uhr betreuungsbedürftig zu sein.

Ich blieb nun oft abends in meiner Wohnung, allerdings war es sehr still und die alte Katze meine einzige Gesellschafterin. Langsam kehrte die Fähigkeit zurück, mich mehr als drei Minuten zu konzentrieren, ich konnte also auch wieder längere Texte lesen. Die Stille blieb trotzdem unheimlich.

Musik hatte mich getröstet, immer, in jeder Lebenslage. Plötzlich funktionierte das nicht mehr. Alles war kontaminiert, egal, was ich versuchte. Jedes mir wichtige Stück, jedes Lied hatte ich in den sieben gemeinsamen Jahren meinem Mann vorgespielt. Wir hatten das gegenseitig getan, uns die musikalischen Tagebücher der vorherigen Jahrzehnte, in denen wir uns noch nicht gekannt hatten, geöffnet. Und neue gemeinsame Musik gefunden. Nichts davon konnte ich mehr hören. Als ich einmal wie ein hysterischer Teenager sogar die U-Bahn verlassen musste, als ein Straßenmusiker eines »unserer Lieder« anstimmte, wurde mir klar, dass sich etwas ändern musste.

Claude war schon da, als ich zu einem Abendessen bei Freunden eintraf. Ich hatte ihn noch nie gesehen und war beeindruckt von seinen roten Haaren, den bernsteinfarbenen Augen und seinem sexy französischen Akzent. Dass er fortwährend, selbst beim Essen, mit seinem Smartphone beschäftigt war, registrierte ich eher verdutzt und verbuchte es unter *Die Jugend von heute ist halt so*, denn Claude war offensichtlich jünger als alle anderen. Und fünfzehn Jahre jünger als ich.

Wir hatten beide, ohne voneinander zu wissen, an einem Hörspiel der Gastgeberin Susanne mitgearbeitet. Diese, bekannt für ihren eher rauen Charme und ihre Direktheit, benannte bei der Vorstellungsrunde umstandslos die anwesenden Trennungsopfer, damit sie sich erkennen mögen – mich, Claude und sich selbst. Das sich nun entspinnende Gespräch drehte sich sehr solidarisch um unsere aktuellen Defizite. Claude hatte seiner Exfreundin die gemeinsame Wohnung überlassen und surfte nun bei Freunden von Couch zu Couch. Susanne war in heftige Streitigkeiten um Urheberrechte an gemeinsamen Kunstprojekten mit ihrem Ex verwickelt. Mein aktuelles Problem wirkte dagegen banal: Mir fehlte Musik.

Zwei Tage später stand Claude vor meiner Tür. Mit Lammfilet, Wein und einer externen Festplatte voller fremd klingender Titel. Kopfschüttelnd entfernte er fast alle Musikdateien von meinem Rechner, zauberte eine Bluetooth-Verbindung zu der altersschwachen Anlage, entstaubte die Boxen und füllte die Räume mit neuen Melodien. Ich war gerührt und dankbar. Mehr nicht.

Gegen Mitternacht begann ich verlegen zu gähnen und schickte ihn weg.

Doch Claude blieb in meinem Alltag hängen. Fast täglich bekam ich kleine Nachrichten, wo er gerade sei, zu welcher Party, welchem Essen, welcher Ausstellungseröffnung ich – theoretisch – jetzt hinzukommen könnte. Ich kam nie, freute mich aber trotzdem.

Irgendwann begann Claude für mich und meine Tochter zu kochen und unsere Rechner zu reparieren. Er bearbeitete meine Fotos und empfing Handwerker, wenn ich zur Arbeit musste. Er fragte nie etwas und erzählte nichts Privates. Fragte ich ihn, wich er aus.

Wir gingen gemeinsam ins Kino, und ich nahm ihn zu Freunden mit. Immer begleitete er mich danach formvollendet heim, und wir verabschiedeten uns, nicht selten unter den neugierigen Blicken der Nachbarschaft, vor der Haustür: bisou, bisou.

Da Claude nichts von dem versuchte, was ich an Anbahnungsspielen kannte, fühlte ich mich vollkommen sicher. Er war ein Mann, auf den eins meiner Lieblingswörter zutrifft: wunderlich. Kleiner, jünger, vollkommen verschlossen und eben wunderlich, schien er keine Gefahr für mein aufgescheuertes, zerknülltes Herz zu sein. Und so merkte ich gar nicht, dass er immer näher kam.

Es hatte, wie üblich in diesen kalten Monaten, gegossen, als wir nach dem Kino ohne Schirm nach Hause liefen und Claude filmreif tropfend zur Verabschiedung ansetzte. Die Wendung war klassisch: »So nass kannst du nicht nach Hause gehen.«

Wir verbrachten eine Nacht voller Lachen, Staunen, Zwitschern und sanfter Bewegung. Claudes Küsse waren lang und so hingebungsvoll, als wollten sie mir alles erzählen, was er am Tag verschwieg. Es schien ihm nicht um sich selbst zu gehen. Er betrachtete und berührte mich innig, und er sah mir in die Augen. Eigentlich die ganze Zeit und so wie noch niemand vor ihm. Meine Überraschung verwandelte sich in Entzücken. Und *entzückt* war ich nun wirklich sehr, sehr lange nicht mehr gewesen. Gäbe es eine kleine, dem Gedenken gewidmete Wunderkammer der Liebe und des Sex, diese außergewöhnliche Nacht gehörte hinein.

Amen.

Doch auch nach dieser Nacht kam ein Morgen. Nach kurzem, federleichtem Schlaf fragte ich ihn, in Erwartung eines Bekenntnisses, einer plötzlichen Öffnung seiner vernähten Seele, wie es sein könne, dass wir einen solchen Höhenflug erlebt hätten. Seine Antwort, sehr lakonisch und typisch Claude: »*Ma belle!* Was denkst du denn – ich bin Franzose!«

Ein Weilchen blieb es noch aufregend. Wir trösteten und überraschten einander. Wir hielten uns die Hände während langer, für Claude schwer verständlicher Kinofilme. Ich nahm ihn mit zu meiner Familie. Alle lächelten und beäugten ihn freundlich. Wie meine Kinder es wirklich fanden, dass mein Liebhaber nicht viel älter war als sie selbst? In diesem Punkt hielt ich es mit einem Spruch, den ich irgendwo gelesen und mir sofort an den Spiegel gepinnt hatte, als sie in die Pubertät kamen: »Wer seinen Kindern nicht ab und zu peinlich ist, amüsiert sich nicht wirklich.«

Ich amüsierte mich ausdrücklich mit Claude und er sich mit mir. Unsere Begegnungen blieben trotzdem seltsam abgetrennt von dem, was wir im *Hauptprogramm* zu erledigen hatten. Meines war mit dem Titel »Blood, Sweat & Tears« weiterhin bestens beschrieben. Verständlich, dass Claude nicht die Absicht zu haben schien, zu diesem Schauplatz dazuzugehören. Über seine Exfreundin sprach er so gut wie nie. Doch womit hatte er – sichtlich – zu kämpfen?

Bis auf wenige biographische Splitter teilte er mir nichts über sein Innenleben mit. Er ließ einfach nicht zu, dass ich mehr von ihm kennenlernte als seinen Körper. Irgendwann, als er immer fahriger und abwesender wirkte, vermutete ich irgendeine Droge oder auch eine andere Frau als zweiten Mittelpunkt in seinem Leben. Nach solchen Dingen befragt, riss Claude immer nur seine Bernsteinaugen auf und zog eine Grimasse à la Louis de Funès: »Moi???? Jamais!«

Ich gab's auf. Das Mittel der Wahl, diesen Winter halbwegs zu überleben, schien eine radikale Konzentration auf den Moment zu sein. Und wenn man da stur bleibt, erübrigen sich Mutmaßungen über das Zweitleben des Liebhabers.

Uns war beiden klar, dass unser Zusammensein einiges von einem Versehrtentreffen hatte. Als er einmal über Tage nicht erreichbar war und mich das erstaunlich verletzte, fragte ich mich selber, ob ich sie noch alle hätte. Die Diagnose »Doppelliebeskummer« war eindeutig zu viel für mich.

Unsere Zeit endete, wie sie begann – mit Starkregen. Claude kehrte nach Frankreich zurück und schaute ein letztes Mal aus meinem Küchenfenster: »*Mon Dieu!* Da fällt ein See vom Himmel!«

14. Runter von der Couch: Hypnotherapie

>Heal before you deal.«
Ewige Weisheit

Ohne zu ahnen, was ich da tat, hatte ich mich schon als Kind in schwierigen Situationen in tranceartige Zustände versetzt. Für eine Fünfjährige kann es sehr schmerzhaft sein, wenn die Freundin aus der Kindergartengruppe sie eine halbe Stunde vor Beginn ihrer Geburtstagsfeier wieder auslädt und vollkommen klar ist, dass jetzt auf gar keinen Fall geweint werden darf. Oder wenn sie, während alle anderen Kinder draußen spielen, aus ihr unverständlichen Gründen im Gruppenzimmer eingesperrt bleibt.

Die endlosen Stunden, die ich vor einem Teller stinkenden Lungenhaschees, das zu essen man mich zwingen wollte, in der Kindergartenküche verbrachte, hatten mich zu einer Mini-Schamanin werden lassen. Kraft meines Willens, meiner Phantasie und einer ausgefeilten Atemtechnik versetzte ich mich in seltsame Zustände. Ich transformierte Anspannung und Ekel in innere Bilder und, nun ja, auch in ausgeprägte Gewaltphantasien. Dass es sich dabei um eine Art Trance handelte, war mir selbstverständlich nicht klar, bis ich, inzwischen Kunsttherapeutin, vierzig Jahre später zu hypnotisieren lernte.

Für eine hypnotische Trance, wie ich sie kenne und anwende, wird man mittels einer sprachlichen Einleitung, die fast einem

Singsang gleicht, in tiefe Entspannung versetzt. Der Körper ist, je nach Intensität der Intervention, so ruhiggestellt, dass sich die Probandin nicht mehr um ihn kümmern muss. Schon das ist für klassisch konditionierte Frauen jeden Alters ein entlastender Zustand. Ganz natürlich geht der Blick nach innen. Mit den Bildern und Szenen, die vor dem inneren Auge der Hypnotisierten auftauchen, wird dann gearbeitet. Unter Hypnose kann man, eine gewisse Bereitschaft und Durchlässigkeit vorausgesetzt, mehr oder minder gemächlich durch seine innere Landschaft spazieren. Man kann sich selber auf die Schliche kommen, und wenn es gut läuft, ersehnte Veränderungen vornehmen.

Am bekanntesten ist die Methode wohl im Zusammenhang mit der Behandlung von Ängsten und der Entwöhnung von Süchten – allen voran dem Rauchen. Und wenn man sich mittels Hypnose das Rauchen abgewöhnen kann, warum nicht auch den Mann?

Um es vorwegzunehmen: Das ist nicht ganz einfach. Zwar können erstaunliche Prozesse in Gang kommen, Wunder aber finden selten statt. Dennoch ist eine gelungene Trance ein wichtiger Schritt in Richtung Selbstermächtigung, die Trennungstraumatisierte dringend brauchen. Der Zugang zum limbischen System und zum Hirnstamm, wo Gefühle verarbeitet werden, ist nämlich unter Hypnose erheblich erleichtert, was es der Klientin ermöglicht, ihr Emotionsgedächtnis zu erreichen. Und wenn hier auch jede Menge Schmerz gebunkert sein mag – das ist der Ort, wo ein Perspektivwechsel gewagt werden kann. Vom Symptom zur Ressource, von Jammer zu Hoffnung, von Schwarz zu ... na, mal sehen.

Schneeweiß ist jedenfalls der Tag, an dem ich mich in die Praxis meines eigenen ehemaligen Hypnoseausbilders begebe. Oder vielleicht sollte ich besser sagen *schleppe*, denn das drohende Weihnachtsfest macht mich fertig. Es gibt zwar wirksame Techniken der Selbsthypnose, aber ich will doch lieber die Hilfe eines erfahrenen Kollegen in Anspruch nehmen.

Miro B., ein stattlicher Mann um die sechzig, führt seine Heilpraktikerpraxis im Berliner Stadtteil Friedenau, einer Gegend größtmöglicher städtischer Idylle, seit über zwanzig Jahren. Wir haben uns lange nicht gesehen, und als er hört, weshalb ich da bin, reißt er die Augen auf. »Verlassen? Dich? Bist du sicher, dass der nicht übermorgen wieder vor der Tür steht?« Ja, das bin ich. Und außerdem entschlossen, mit genau dieser Tatsache umgehen zu lernen.

Bevor ich mich in den Hypnosesessel lege, reden wir. Da in der Trance innere Bilder nicht nur gesehen, sondern auch verändert werden sollen, ist es wichtig, das Ziel der Sitzung vorher so präzise wie möglich zu formulieren.

»Ich möchte mich von meinem Mann lösen«, sage ich, als Miro mir eine Wolldecke reicht. »Die Sehnsucht tut weh, und die Wut tut weh, und überhaupt tut mir alles weh.« Er nickt, und ich schließe die Augen.

Während Miro mich mit Hilfe sehr beruhigender Sätze und einer Technik, die man »Runterzählen« nennt, in Trance versetzt, wird mein Körper erst schwer, dann leicht und verschwindet schließlich aus meiner Wahrnehmung. Ich bin in einer Art realer Traumwelt in meinem Inneren, und zum ersten Mal seit Wochen fühle ich Ruhe und Entspanntheit, wie sie sonst nur unter Zuhilfenahme erheblicher Mengen suchterzeugender Substanzen zu erleben sind.

Dieser Zustand erlaubt es mir, angeleitet durch Miros ruhige Stimme, meinen Mann so realistisch wie möglich zu visualisieren. Das ist nun etwas, das ich in den zurückliegenden Wochen im Wachbewusstsein tunlichst vermieden habe, um den Schmerz nicht zu befeuern. Und ich kann nicht sagen, dass in dem Moment, da er vor meinem inneren Auge erscheint, große Wiedersehensfreude aufkommt.

Der Plan ist, die Tatsachen, wie sie nun mal sind, in meinem Unterbewusstsein zu verankern und mir so die Chance zu geben, aus meiner Passivität herauszufinden.

Der Plan ist auch, Gefühle unzensiert ausdrücken zu können, obwohl oder gerade weil der Adressat nur als inneres Bild anwesend ist.

Der Plan ist, Verbindungen, die nicht mehr gewünscht werden, zu lösen.

Der Plan ist, durch die Loslösung freier zu werden.

Der Plan ist richtig gut – aber wird er gelingen?

Während des tranceartigen Abstiegs in mein seelisches Wohnzimmer stehe ich also nach etwa fünfzehn Minuten meinem Mann gegenüber. Es ist eine sehr realistische Wahrnehmung. Miro fordert mich auf, die Verbindung zwischen unseren Köpfen und Körpern zu visualisieren. Ich sehe sie als breite, tiefrote Bänder, die sich (wen wundert's, denn es ist ja *mein* inneres Bild und nicht seins) überaus robust ausnehmen. Ich spüre sie wie eingewachsen unter meiner Haut, unmöglich, sie einfach herauszureißen. Miro fragt mit sanfter Stimme, ob ich sie durchschneiden möchte. Von *möchten* kann nicht die Rede sein. Es tut weh, und ich weine. Aber ich muss es tun, wenn ich mich jemals wieder frei bewegen will, und das will ich durchaus.

Um die Bänder zwischen uns als Paar zu lösen, muss ich sie durchtrennen. Da die Schere, die ich mir dafür vorstelle, kläglich versagt, greife ich zu einer Art Sägemesser, das unserem häuslichen Brotmesser verdächtig gleicht.

Als die letzten Bänder mit viel Mühe durchschnitten sind, fühle ich mich besser. Befreit. Leichter.

Miro, dessen Stimme mich während der ganzen Sitzung ermutigt, fordert mich auf, dieser neuen Leichtigkeit entsprechende Bewegungen zu machen. Da ich noch immer tief in Trance bin, ist es mir möglich, ganz cool davonzufliegen, fort von Schwere, Mann und Trauer. Das Gefühl, fliegen zu können, haben viele Menschen unter Hypnose; ich kann dieses Erlebnis nur empfehlen, und günstiger als ein Flugschein ist es allemal.

Miro verankert das angenehm optimistische Gefühl in mir, nicht hilflos an jemanden gebunden zu sein, der das nicht mehr wünscht. Er tut dies mit Hilfe einer suggestiven Formel, die es mir erlaubt, mir die neue Freiheit bei Bedarf auch im Wachzustand ins Gedächtnis zu rufen. Wenn mich das nächste Mal Schmerz und Sehnsucht anfallen und ich im Begriff bin, einen Beziehungsrückfall zu erleiden, werde ich mich an die Flugszene erinnern.

Ich bezahle, verabschiede mich und atme vor der Tür tief durch. Es ist das erste Mal seit Wochen, dass das geht, ohne dass mein Herz rast.

15. Reise zu den glücklichen Frauen (2): Claudia K., Journalistin

An einem sonnigen Wochenende reise ich nach Österreich, um eine weitere Frau zu besuchen, die von sich sagt: *Ich bin glücklich.* Claudia K., Mitte fünfzig, und ihren zehn Jahre jüngeren Mann Andreas hatte ich auf Sylt bei einem Seminar zur Familienforschung kennengelernt. Vollkommen fasziniert und auch etwas neidisch schaute ich eine Woche lang zu, wie liebevoll sie miteinander umgingen. Beide hatten schon mehrere Trennungen hinter sich, doch inzwischen waren sie seit über sechzehn Jahren zusammen und schienen das zu sein, was man »angekommen« nennt. Um zu ergründen, wie es sein kann, dass selbst nach langjähriger Ehe keine Ermüdung eintritt, sage ich mich zu einem Recherchebesuch bei ihnen zu Hause in Wien an.

Claudia K. wartet bereits in dem nach Karamell duftenden Kaffeehaus und umarmt mich herzlich. Ich werde mit Strudel gefüttert und über die Wiener Kaffeebezeichnungen aufgeklärt, die ich mir nie merken kann.

Claudia ist Journalistin und braucht keine Anlaufzeit. Lebhaft beginnt sie, aus ihrem Leben zu erzählen, und kommt umstandslos auf den Punkt: »Mein Vater starb, als ich fünfzehn war, und meine Mutter kam danach nie wieder auf die Beine. Dieses Unglück, und natürlich die Folgen, waren so einschneidend, dass ich ab dem Zeitpunkt immer vermieden habe, mir Trennungen aufzwingen zu lassen. Ich bin dem Verlassenwerden stets zuvorgekommen. Das war meine Strategie, meine Parole: Mich verletzt niemand mehr. Das musst du dir ganz wörtlich vorstellen. Ich war der Master of Desaster. Auge um Auge, Zahn um Zahn. Gruselig eigentlich, aber so fühlte ich mich lebendig und gleichzeitig geschützt. Und nicht so ausgeliefert wie nach dem Tod meines Vaters.«

Sie hielt dieses Muster eine Ehe und unzählige Affären lang durch. Bis sie sich so sehr verliebte, dass es nicht mehr funktionierte. Da war sie Mitte dreißig. Der Mann, Journalist wie sie, lebte allerdings nicht in Wien, sondern in München.

Zuerst war sie skeptisch. Da sie schon einen Sohn hatte, kam ein Umzug nicht in Frage. Zu wackelig schien die Beziehung, zu wackelig der Mann. Auch trank er, ähnlich wie ihre früheren Freunde, mehr Alkohol, als ihm und seinem Umfeld guttat. Aber sie sahen sich regelmäßig, pendelten, wann immer sie konnten. Claudia fasste Vertrauen. Und nicht nur das.

»Ich hab diesen Mann bis zum Umfallen geliebt! Das war mir sehr lange nicht mehr so gegangen. Niemand von denen, die mich zu warnen versuchten, konnte irgendetwas bei mir ausrichten.« Alles schien gut, und sie machten Pläne, wollten zusammenziehen. »Dann schien es so weit zu sein. Es war an Weihnachten! Er kam mit einem Berg von Geschenken. Schöne Geschenke! Sorgsam ausgesucht, kostbar ...«

In Erwartung der nun schon zu ahnenden dramatischen Wendung in Claudias Erzählung bestelle ich vorsichtshalber Rotwein. Am Nebentisch sitzt eine Frau, die der österreichischen Literaturnobelpreisträgerin Elfriede Jelinek verblüffend ähnlich sieht und unser Gespräch intensiv zu verfolgen scheint. Auch sie bestellt Wein.

Claudia senkt die Stimme: »Und stell dir vor, am Weihnachtsmorgen wacht er auf und schweigt so komisch. Wir liegen im Bett, ich sag ihm was Liebes, aber er schweigt. Und beim Frühstück eröffnet er mir, dass er mich verlässt. Dass er niemals umziehen wird. Dass er gemerkt hat, dass
er das alles nicht kann. Dass es *aus* ist.«

Eine leise Übelkeit kriecht in mir hoch, denn die Szene kommt mir schrecklich bekannt vor. Und leider auch das, was Claudia als Nächstes berichtet.

»Zuerst hab ich das gar nicht ernst genommen! Ich glaubte an einen bitterbösen Scherz. Und dass er sich wieder einkriegt. Aber als er dann wirklich die Wohnung verlassen hatte, sich nicht mehr meldete und nicht erreichbar war, dachte ich, ich sterbe. Ich konnte nicht aufstehen, lag tagelang auf dem Boden, nichts ging mehr. Überhaupt nichts. Freunde mussten mich versorgen. Ich weinte und weinte und konnte nicht mehr damit aufhören. Zuerst ging es nur um ihn. Aber dann wurde das größer, umfassender. Die ganze Trennungstrauer meines Lebens kam da an die Oberfläche.«

Ich nicke, und die jelinekhafte Frau am Nebentisch nickt ebenfalls, zumindest scheint es so.

»Es ging mir so schlecht«, fährt Claudia fort, »dass ich nicht mehr arbeiten und kaum das Kind betreuen konnte. Ich halt's kaum aus, an die Zeit zurückzudenken. Aber eigentlich kann ich ihm dankbar sein. Wer weiß, wie viel härter ich noch geworden wäre und ob ich jemals freiwillig an diese Vater-Trauer herangekommen wäre. Die Ereignisse haben mich ja dazu gezwungen. Irgendwann rappelte ich mich auf. Es ging vorbei. Am schlimmsten sind die ersten Monate, dann lichtet sich das Dunkel. Aber erst nach der verdammten bedingungslosen Kapitulation. Ich hatte einen echten Schmiss abgekriegt, kann ich dir sagen. Das führte dazu, dass ich mich erst einmal rigoros von allen meinen

Liebesbildern verabschiedete. Ich beschloss, allein zu leben und mir Zeit zu lassen.«

Inzwischen ist eine Gruppe Japaner ins Kaffeehaus eingefallen, und es wird laut. Unsere Zuhörerin vom Nebentisch setzt sich näher an uns heran, ihre Ohren scheinen zu wachsen. Verständlich, denn Claudia erzählt immer lebhafter. »Mit Männern hab ich dann erst mal zwei Jahre lang nur noch gespielt. Als Andreas mich auf einer Weihnachtsfeier angequatscht hat, dachte ich: Was will denn der von mir? So 'n Testo-Schnucki, und dann noch zehn Jahre jünger?!«

Ich kann mir die Szene lebhaft vorstellen. Beide, Claudia wie Andreas, sind das, was man, eigentlich unschön, *Alphatiere* nennt: charismatisch, klug, aufmerksam und temperamentvoll. Bei ihnen weiß man nicht schon nach kurzem Gespräch, wer von beiden die Führung übernommen hat.

Als wir uns später zum Abendessen mit Andreas in der gemeinsamen Wohnung treffen, frage ich die beiden, wer dominanter ist in ihrem Zweierkajak.

»Ich kann's dir nicht sagen ...« Andreas wirkt nachdenklich und schaut auf seine Frau. Erleichtert nehme ich zur Kenntnis, dass dieses Paar nicht von der Krankheit langjähriger Beziehungen befallen ist, über den Zustand ihrer Liebe in einer Art Presseerklärung Auskunft zu geben. Es gibt nicht den Worthülsensalat, der meist aus einer Mischung von Dichtung und Wahrheit besteht. Claudia und Andreas fallen einander weder ins Wort, noch scheuen sie sich, dem anderen freundlich zu widersprechen. Als Gesprächspartnerin habe ich das Gefühl, mit meinen Fragen, auch den heiklen, willkommen zu sein.

Nach einer Ouvertüre, die sich um das tückische Thema sexuelle Treue dreht und von Andreas mit dem epochalen Satz »Monogamie ist scheiße, aber es gibt nichts Besseres« abgeschlossen wird, will ich von Claudia wissen, was das Mutigste ist, das sie in Bezug auf Andreas je getan hat.

»Das Mutigste ist, dass ich überhaupt mit ihm zusammengegangen bin! Ich war zehn Jahre älter, hatte mehrere Trennungen hinter mir und einen zehnjährigen Sohn an der Hand. Ich wollte Schmerz schon im Vorfeld vermeiden und sah gleichzeitig ein, dass das nicht möglich ist. Er war auch gar nicht frei zu diesem Zeitpunkt. Seine Affäre zu sein kam aber nicht in Frage, und so forderte ich eine klare Entscheidung.«

Andreas ist inzwischen mit dem Hund vor die Tür gegangen, aber ich habe keinen Moment das Gefühl, dass Claudia in seiner Abwesenheit anders über sich und ihn redet.

»Erobern kann jeder. Da haben wir uns nichts genommen, wir wussten beide, wie's geht. Aber sich dann für die Liebe zu entscheiden und nicht abzubiegen, wenn es schwierig wird, auch nicht, wenn es *sehr, sehr* schwierig wird, das war mutig von uns. Entscheidend war auch, dass wir von Beginn an gleichberechtigt waren. Ich bin auf seinen Wunsch sehr schnell mit Anfang vierzig noch mal schwanger geworden. Andreas ist mit der Kleinen ein ganzes Jahr zu Hause geblieben. Erst ich ein Jahr, dann er. Kannst du dir vorstellen, was das bedeutet hat – vor vierzehn Jahren? Als Führungskraft?«

Das kann ich durchaus. Auch heute bleibt kaum ein Mann länger als drei Monate wegen eines Babys der Arbeit fern.

»Mal abgesehen davon, dass Andreas ein wirklich toller Mann ist«, frage ich, »was ist passiert, dass du dich ausgerechnet mit ihm getraut hast? Lag es wirklich allein an ihm, oder ist in der Zeit, in der du ohne festen Partner warst, neben deinen Abenteuern noch was anderes passiert?«

»Ich hab zwar rumgezappelt und zunächst Affären gehabt, aber ich hab mich schließlich dem Alleinsein gestellt.« Claudia sucht jetzt nach Fotos und zeigt mir Bilder ihrer Patchworkfamilie. »Erst war es Trotz, aber dann habe ich gemerkt, dass ich nicht weniger wert bin, nur weil ich keinen Ehering am Finger habe. Klar habe ich eine Therapie gemacht, das muss man ja heutzutage kaum noch extra erwähnen. Die hat mich auch weitergebracht, aber mindestens genauso wichtig war, dass ich meine Aufmerksamkeit für eine Weile von den Männern weg- und in Richtung Beruf und Selbstvervollkommnung gelenkt habe. Dadurch habe ich zwei Fliegen mit einer Klappe geschlagen! Meine Ängste wurden weniger – die vor den Männern, die ja eher die vor dem Verlassenwerden war, und die vor beruflichem Versagen, hinter der Verarmungsängste steckten.«

Als wir uns zu Tisch setzen und meine Lieblingsfrage nach dem bevorzugten Kindheitsessen meiner Gesprächspartner beantwortet ist, will ich noch mehr darüber erfahren, was, neben der spürbaren, intensiven Liebe der beiden zueinander, diese Beziehung glücklich macht und fortdauern lässt.

Wir kommen auf die Generation unserer Mütter zu sprechen, die sich noch weitgehend den Lebensplänen ihrer Männer angepasst hat. »Genau so bin ich, ohne dass mir das bewusst gewesen wäre, als ganz junge Frau auch angetreten!« Claudia guckt, als wäre sie noch immer verblüfft über sich selber. »So werden Frauen wie wir todsicher todunglücklich. Heute schaue ich nicht mehr, welchem Mann ich mich anpassen kann, sondern überlege, was *ich* will und welcher Mann dann dazu passt.«

Auch mir erscheint diese Strategie wesentlich erfolgversprechender, was die Glücksausbeute betrifft, selbst wenn man sich dafür von vielen inneren Kitschbildchen verabschieden muss.

»*Bis dass der Tod euch scheidet*, das wissen wir ja nun alle, kommt aus einer Zeit, da die durchschnittliche Lebenserwartung vierzig Jahre betrug. Wir haben das für uns in *Solang die Ehe hält* umgemodelt.« Claudia wird leiser. »Und weißt du was?

Andreas ist großartig. Wir lieben uns sehr. Aber wir sind auch beide lebenshungrig, und wir haben diesen Altersunterschied. Den kann ich nicht ignorieren. Ich habe mich von Anfang an damit auseinandergesetzt, dass Andreas irgendwann gehen könnte. Dass es nicht einmal unwahrscheinlich ist. Das zwingt mich, sehr genau darauf zu achten, dass es mir mit mir selber gutgeht. Natürlich reden wir viel, entwickeln uns weiter, wir wollen's nicht vergeigen. Letztlich muss jeder, ob Mann oder Frau, so für sich sorgen, dass er nicht zusammenkracht, wenn der andere fortwill. Festhalten geht garantiert schief. Mein vollkommen öffentlicher Geheimtip ist also *Selbstfürsorge.* Jede und jeder kümmert sich schön um sein eigenes inneres Wohnzimmer, und gut ist's, wenn der andere im Bilde und möglichst nah ist.«

Zurück im Hotel, schreite ich eilig an den Herren vorbei, die an der Bar hocken, obwohl mir vor dem leeren Zimmer, das mich erwartet, graut. In der Badewanne denke ich über meine Vorstellung von Selbstfürsorge nach, während sich nebenan ein lautstarkes Ehedrama mit anschließender temperamentvoller Versöhnung abspielt.

Da an Schlaf auch später nicht zu denken ist, stehe ich im Morgengrauen auf und bin viel zu früh am Flughafen. Der Bereich hinter der Sicherheitskontrolle ist eine einzige große Quengelzone für Wohlhabende. Seidenschals, Täschchen, Parfüms. Ich leiste mir eine sündteure Augencreme und zahle in dem Bewusstsein, dass Claudia das mit der Selbstliebe wahrscheinlich irgendwie anders gemeint hat.

Als ich die Kreditkarte ins Portemonnaie zurückstopfe, muss ich lächeln. Da steckt die Quittung aus dem Kaffeehaus. Unsere spitzohrige Tischnachbarin hatte im Gehen, von uns unbemerkt, unseren Wein bezahlt. Auf dem Beleg, den der

Ober uns überreichte, steht in schöner, eiliger Handschrift: Nur Mut!

Ich glaube nicht, dass es wirklich Frau Jelinek war, aber ich bilde es mir gern ein.

16. Those years. Der Zauber der Wechseljahre

>»Denn es ist typisch neurotisch, sich auf seine Komplexe oder auf seinen Charakter auszureden und so zu tun, als ob man sich von sich selbst alles gefallen lassen müsste.« Viktor E. Frankl

Kurz nach der Trennung setzten bei mir erste Hitzewallungen ein. Unnötig zu erwähnen, wie taktlos ich es von der Natur fand, mich auf das ohnehin überwältigende Thema des *Wandels* ausgerechnet so und ausgerechnet jetzt aufmerksam zu machen. Dabei hätte mich der Beginn des Klimakteriums eigentlich nicht überraschen dürfen. Mit meinen fast dreiundfünfzig Jahren war ich einfach dran.

Glücklicherweise war es mir durch Jolas weitverzweigte Kontakte schon einige Jahre zuvor gelungen, eine Gynäkologin zu finden, der ich vollkommen vertraute. Mit Grauen denke ich an einige Prachtexemplare dieser Zunft zurück, die mir in meiner Jugend begegnet waren. Meist männlich und unfreundlich bis grob, ließen sie keinen Zweifel daran aufkommen, dass sie Frauen im Grunde verachteten. Unvergessen das verbreitete Setting in den Polikliniken der DDR. Bei meinem ersten Gynäkologen befanden sich gegenüber dem Behandlungszimmer fünf winzige Umkleidekabinen, aufgereiht wie Hasenboxen. Hier hinein wurde man gerufen und hatte, Wand an Wand mit den anderen Delinquentinnen, mit entblößtem Unterkörper zu warten. War man an der Reihe, halbnackt den Weg zum Behandlungsstuhl anzutreten, hob der Doktor nicht mal den Blick. Jedem versoffenen Hilfssanitäter hätte ich mich lieber anvertraut als diesem Mann.

Frau Dr. S., Gynäkologin, Geburtshelferin und Naturheilkundlerin, begegnet ihren Patientinnen aufmerksam, fröhlich und außergewöhnlich zartfühlend. Dafür nehme ich S-Bahn-Fahrten an den Stadtrand und lange Wartezeiten in der Praxis in Kauf. Diese ergeben sich einfach dadurch, dass es für Dr. S. selbstverständlich ist, sich Zeit für die Frauen zu nehmen und ihnen ins Gesicht und dann erst zwischen die Beine zu blicken.

Noch vor nicht allzu langer Zeit hatte sie mir im Ultraschall meine intakten Eierstöcke gezeigt und meine Gebärmutterschleimhaut tipptopp gefunden. Weshalb sie mich auch freundlich ermahnte, nun, nur weil ich kürzlich Großmutter geworden sei, nicht etwa die Verhütung zu vergessen. Warum machte mich das ein bisschen stolz, obwohl meine Familienplanung definitiv abgeschlossen war?

Jetzt, drei Jahre später, haben mich also die ersten, nicht mehr zu ignorierenden Symptome des Wechsels erreicht. Ich frage mich, warum wir überhaupt von Wechseljahren sprechen und wohin genau *gewechselt* wird. Doch die nächtlichen Hitzewallungen plagen mich, und ich fühle mich schwach, verlassen und unübersehbar auf dem absteigenden Ast. Sagen wir mal so: Die Stimmung war schon besser.

Das Wartezimmer ist gut gefüllt. Frauen jeden Alters blättern in Magazinen, deren Auswahl man anmerkt, dass hier nicht an der Intelligenz der Wartenden gezweifelt wird. Freundlich werde ich gegrüßt, ein Baby strahlt mich an. Doch dann fällt mir eine blonde Frau ins Auge, deren Anblick mir einen gehörigen Schreck samt Hitzewallung einjagt. Zu ähnlich sieht sie der neuen Freundin meines Mannes. Und da sitze ich nun, starre auf meine Hände, schwitze vor mich hin und spüre, wie mein Herz gegen die Rippen wummert.

Die Zeit scheint sich ins Endlose zu dehnen, und ich bin vollkommen wehrlos gegen das, was diese Begegnung in mir auslöst. Es ist, also würde ich im Schnelldurchlauf noch einmal die gesamten Gefühlscharts der letzten Monate durchleben: Schock, Ohnmacht, Schmerz, Scham, Trauer. Ich hasse mich und alle Umsitzenden. Irgendwann, quasi als Schlussakkord, packt mich ein geradezu heiliger Zorn darüber, dass ich diese Achterbahnfahrt einfach nicht stoppen kann. Am liebsten würde ich endlich mal ganz gepflegt randalieren und gebe mich Gewaltphantasien hin, die ich hier lieber nicht wiedergeben möchte. Es vergeht eine kleine Ewigkeit, bis es vorbei ist und ich einen Blick in die Runde werfen kann. Die Szenerie könnte friedlicher nicht sein. Niemand in diesem Raum hat mich gedemütigt. Das habe ich ganz allein geschafft. Warum nicht endlich damit aufhören? Als beste Idee des Jahres? Von irgendwoher macht es auf einmal klick ...

Einatmen. Ausatmen.

Als ich wenig später aufgerufen werde, betrete ich das Behandlungszimmer fast heiter. Das hier, die Schwitzerei, die wilden Gefühle, die Trennungssituation, ist keine Krankheit und keine Niederlage, sondern der Beginn meiner neuen Lebenszeit. Zeit, in der ich mich um mich selbst kümmern und mit über fünfzig endlich erwachsen werden kann. Ich habe eine Scheißangst und freue mich trotzdem.

Emanzipation und Feminismus hin oder her: Auch heute noch werden Mädchen von Anfang an stärker auf das Pflegen, das Erhalten und auf größere Zurückhaltung gegenüber Abenteuern konditioniert als Jungen. Erfolgreiche erwachsene Frauen bemerken immer wieder heimliche Versorgungswünsche an sich und tun sich schwer, sie zu- oder aufzugeben. Vor allem, wenn in der Kindheit Mangel an Nähe und bedingungsloser Liebe herrschte und das Entgangene nun durch den Liebsten aufgewogen werden soll – während der seinerseits mit einer langen Liste an Defiziten zu kämpfen hat.

In der Mutterrolle entwickeln wir dann eine ausgeprägte Sorge um das Nest, was uns im Falle einer Trennung oder eines anderen Verlustes auf die Füße fällt. Findet dieses Ereignis in der Lebensmitte statt, kann es uns treffen wie eine Bombe. Bis dahin sind wir ständig so beschäftigt, dass wir nicht vorbereitet sind auf Abschiede aller Art, die Wandel und Wechsel bedeuten, nicht besonders erstrebenswert klingen und Angst machen.

Eltern werden alt, krank und sterben. Kinder ziehen aus. Der Mann, selbst schon leicht angeknittert, gründet eine neue Familie mit seiner Büroleiterin. (Nein, das ist *kein* Klischee, das ist die sich stets und ständig wiederholende Story. Wer möchte, kommt bei mir vorbei und hört sich beliebig viele, nur unwesentlich variierende Einzelgeschichten an.)

In dieser Zeit verändern sich unsere Körper, und spätestens jetzt ist es Essig mit den alten Mustern. Halten wir an ihnen fest und hoffen, dass alles dennoch so bleibt wie immer, verändert sich die Seele also nicht mit, erleben wir nichts als Scheitern. In Wirklichkeit bleibt nämlich kein Stein auf dem anderen, und darauf hat uns die Apothekenrundschau nun eher nicht vorbereitet. Überhaupt wird das Thema des Werdens und Vergehens so tief verdrängt, so sehr mit *Todes*angst verbunden, dass wir an all diese Zyklen nicht ausreichend angepasst sind. Ich zum Beispiel habe vollkommen die Wucht unterschätzt, die die neuen Tatsachen in meiner Lebensmitte entfalteten. Dem kommt man nicht mit Bockshornklee, Botox oder Hormonpflastern bei. Auch dreimal die Woche Yoga ist nicht die Rettung, die Prada-Tasche schon gar nicht. Und vor allem nicht die Einstellung, dass wir an dem festhalten müssen, was uns der neue Lebensabschnitt zu rauben scheint: Jugend, klassische Familie, Sicherheit. Es wird nicht funktionieren.

Akzeptanz und die Hingabe an die unausweichlichen Veränderungen, buchstäblich Lust daran zu entwickeln, ist die einzige Chance, keine tragische Figur zu werden. Warum eigentlich machen viele Frauen jenseits der vierzig auf mädchenhaft – äußerlich wie innerlich? Diffuse oder auch konkrete Unreife? Ist es das allgemeine Ideal, das nur Jugendlichkeit als attraktiv empfindet? Warum bleiben dann faltige Männer, wenn sie charismatisch oder sehr wohlhabend sind, sexuell anziehend und Frauen eher nicht?

Einmal sah ich in einer Ausstellung ein Foto, das die damals achtzigjährige Künstlerin Louise Bourgeois beim Zurückstreichen ihrer langen weißen Haare zeigt, und war überwältigt. Ein Typ um die dreißig trat hinzu, warf einen Blick auf das Bild und meinte zu seiner gleichaltrigen Freundin: »Oh, die sah früher bestimmt mal gut aus ...« Ja genau, du Schnösel, dachte ich, sie sah bestimmt mal gut aus, und jetzt, im Alter, ist sie umwerfend schön. Und sie hat ein Werk geschaffen und eine Tiefe erreicht, die sie unabhängig macht von der Bewertung ihrer Hautstruktur. Und von dir glaube ich leider nicht, dass du jemals auch nur in die Nähe einer solchen Lebensleistung kommen wirst.

Das Klimakterium schubst uns in den letzten großen Wandlungsprozess vor dem Sterben, und der kann zunächst als unfreiwilliges Abenteuer daherkommen. Selbst wenn die langjährige Beziehung zum Partner zu halten scheint oder sich wirklich mitentwickelt: Viele sicher geglaubte Koordinaten stimmen trotzdem nicht mehr. Das kann uns so sehr ängstigen, dass wir versuchen, es geflissentlich zu übersehen. Und uns festklammern an unseren schönen Silberhochzeitsgewissheiten und Festanstellungen. Und so sitzen wir dann in den gut eingerichteten

Wohnungen, die langsam zu Mausoleen der Liebe werden, wie sie früher einmal war.

Ich liebte meinen Mann und sah die Zeichen des Alterns an seinem Körper mit Achtung und Rührung. Leider muss ich sagen, dass es ihm mit mir wahrscheinlich nicht so ging. Er hat sich nie dazu geäußert, sondern mich für eine wesentlich jüngere Frau verlassen. Alles Zufall? Oder Biologie? Für Nachkommen sorgen, Alphatier sein, das ganze Programm? Ich kann nur mutmaßen.

Was ich genau weiß: Ich liebte mich selber ganz und gar nicht, als er weg war, und das ist es, was mir zu denken gab. Mich in Mutmaßungen über die Motive meines Mannes zu ergehen schmerzte, machte mich müde und überforderte mich. Seine knappen Erklärungsversuche überzeugten mich nicht. Dennoch schien mir unsere Geschichte auch klassisch.

Von Belletristik abgesehen, sind die verschriftlichten Versuche von Männern, sich mit den Prozessen dieser Lebensphase auseinanderzusetzen, eher übersichtlich. Warum eigentlich? »Der Markt ist zu klein«, meinte meine Frauenärztin. »Männer lesen keine Ratgeber. Sie leiden auch, aber sie trösten sich eher mit einer neuen Frau als mit einem Buch.«

Wenn eine Beziehung zerbricht, kann man zerbrechen, eine Weile in Scherben liegen und sich dann neu zusammensetzen. Oder man lässt sich gar nicht so weit darauf ein, dass man zerbrechen könnte, sondern geht, wie man ist, einfach in eine neue Liebe. Man denkt praktisch und versucht das Gleiche noch einmal mit dem Nachfolgemodell. Letztere Strategie ist bei Männern und Frauen gleichermaßen beliebt, weil Variante eins zu viel Angst macht und fies weh tut. Nur dass irgendwann der personelle Nachschub ausgeht – bei Männern rund zwanzig Jahre später als bei Frauen. Aber irgendwann kommt die Frage des

Wandels der eigenen Person doch wieder zur Hintertür herein, feixend und pfeifend, und es wird immer schwieriger, abzuhauen und auszuweichen.

17. Und du so? Interviews mit Männern, die verlassen haben

Alle Trennungsgeschichten aus meinem unmittelbaren Umfeld kann ich inzwischen mehr oder weniger auswendig. Es sind so einschneidende Erlebnisse, dass das Gespräch auch bei neugeschlossenen Freundschaften recht schnell darauf kommt. Und die Bilder gleichen sich. Zumindest im groben Ablauf. Auf die Krise folgt der Crash, dann der Schmerz, der Kampf, das Tal der Tränen, die Mühen der Ebene und dann ... ja, was dann?

Ich kenne mehr Frauen als Männer, und unter Letzteren gibt es nicht sehr viele, die wichtige Beziehungen beendet und auch noch Lust haben, darüber zu reden. Also starte ich einen Aufruf über Facebook und schalte eine kleine Annonce, um Männer, die in der Lebensmitte oder später ihre Frauen verlassen haben, kennenzulernen. Die Resonanz ist nicht gerade überwältigend, aber das wundert mich nicht. Es nehmen ja auch deutlich mehr Frauen als Männer in Lebenskrisen therapeutische Hilfe in Anspruch, die ohne das Sprechen über die eigene Person nicht funktioniert. Die meisten Männer, die ich interviewe, wirken zunächst verlegen. Als wären Frauen zuständig für die Statements am Ende einer Liebe. Ich aber lasse nicht locker und darf ihre Geschichten, verfremdet und mit anderen Namen versehen, aufschreiben:

Harry G., Lehrer, 62 Jahre

Wann hast du deine Frau verlassen?

Vor vier Jahren, nach zwanzig Jahren Ehe. Wir sind beide Lehrer, und es war mitten in den Abiturprüfungen. Ich hatte mir eigentlich vorgenommen, bis zu den Ferien zu warten. Ich war mir nicht wirklich unsicher, aber ich hatte natürlich auch ziemlichen Schiss.

Wovor genau hattest du Angst?

Dass meine Frau vollkommen durchdrehen würde. Und dass sie sich was antun könnte. Vor der Reaktion der Kinder graute mir vielleicht sogar am meisten. Weil das alles so nach grobem Undank aussah. Weißt du, dass das sogar eine juristische Kategorie ist? Grober Undank? Meine Frau war ja an meiner Seite, als ich es vor fünf Jahren an der Prostata bekam, und hat das ganze Theater von vorne bis hinten mitgemacht. OP-Vorbereitung, meine schlaflosen Nächte, die Inkontinenz und die Impotenz danach. Ich bin fast verzweifelt daran, hab mich nicht mehr als intakter Mann gefühlt. Wenn du in diesem Alter Windeln tragen musst, das macht was mit einem. Wenn das auf Dauer so geblieben wäre, so mit den Windeln, ich säße nicht mehr hier. Genau weiß man so was ja nicht.

Was geschah dann?

Nach der OP fuhr ich zur Reha an die Ostsee. Und meine Frau, also meine jetzige Exfrau, hat noch gescherzt, dass sie sich ja nun wenigstens keine Sorgen wegen eines möglichen Kurschattens machen müsse. Sie spielte damit auf meine Impotenz an. Das fand ich nicht so irre witzig. Ich war dann aber in der Patientenhierarchie recht weit oben, denn bei mir konnte nervenerhaltend operiert werden. Da stehen die Chancen, dass es annähernd so wird wie vorher, nicht so schlecht wie bei den anderen, wo sie alles wegschneiden. Und natürlich hoffte ich sehr, wieder zu Kräften zu kommen. (grinst)

Und? Bist du?
Ja, kann man so sagen. Ich habe mich nämlich in meine Ergotherapeutin verliebt. Und sie sich in mich. Das durfte natürlich keiner wissen, die haben da ein Abstinenzgebot, aber irgendwie hat es so sehr gefunkt zwischen uns, dass wir uns nicht zusammenreißen konnten. Meine Potenz kehrte zurück, da war ich unfassbar erleichtert, und mein ganzes Leben ... ich weiß auch nicht, es wurde einfach wieder hell. Ich fühlte mich wie mit siebzehn, wie beim allerersten Mal! Die Aufregung der Jugend mit der Erfahrung eines Mannes gemixt, das war schon toll, das war ein Lebenselixier. Heute glaube ich, dass es mir nicht so sehr um die Frau, sondern eher um mich und meine Angst vorm Sterben ging. Aber damals war sie die Schönste und Leuchtendste für mich. Meine Hormone gingen komplett mit mir durch, ich war wehrlos, wirklich. Vor allem morgens hatte ich aber ein irre schlechtes Gewissen meiner Familie gegenüber und brachte es kaum noch über mich, sie anzurufen.

Ihr habt nur telefoniert?
Ja, wir hatten schon zu Beginn der Kur vereinbart, dass sie mich nicht besuchen, wir wohnten ja in Dortmund, das ist ein Stück bis zur Ostsee. Meine Frau hatte auch viel zu tun, sie war Deutschlehrerin an derselben Schule wie ich. Und wir haben Zwillinge. Die waren eh in einer schwierigen Phase der Pubertät und rebellierten und kifften, man konnte sie nicht alleine lassen. Außerdem musste sich meine Frau um ihren alten Vater kümmern. Ich glaub, sie war ganz froh, ein Problem weniger zu Hause zu haben. Aber trotz des ganzen Stresses hat sie sofort

gemerkt, dass ich weniger anrief und fast nichts von der Reha erzählte. Wenn man sich fünfundzwanzig Jahre kennt und nicht völlig verblödet ist, kriegt man jede Nuance mit.

Wann hast du dich zur Trennung entschlossen?
Noch während der Reha kam der Wunsch zumindest auf. Mit aller Macht. Man konnte gar nichts dagegen tun. Ich hab es meiner Freundin dort auch versprochen. Die war Ende dreißig, hatte keinen Partner und war auf der Arbeit nur von alten, kranken Männern umgeben, da stach ich mit Mitte fünfzig schon heraus. Und ich war meinerseits mit meinem Grips so was von komplett in der Hose ... das war nicht mehr feierlich.

Wie hast du es deiner Frau gesagt?
Das Nachhausekommen war der Hammer. Die Kinder, meine Frau, die Kollegen, alle freuten sich, dass ich wieder da war, während mir alles unwirklich vorkam. Und dann war es Frühling, die Abiturprüfungen in vollem Gange, wie sollte ich da mit diesen Neuigkeiten reinplatzen. Andererseits war es demütigend und quälend, heimlich mit meiner Freundin telefonieren zu müssen. Ich konnte sie auch nicht besuchen, wie hätte ich meine Abwesenheit begründen sollen. Als meine Frau dann für die Ferien als Überraschung für mich eine sauteure Urlaubsreise gebucht hatte, zur Feier meiner Genesung, konnte ich nicht mehr warten. Ich hab erst was von Entfremdung und Selbstfindung und Ermüdung und diesem ganzen Quark erzählt, aber sie sagte mir auf den Kopf zu, dass ich eine andere hätte. Da war's raus. Unsere Kinder, gerade siebzehn Jahre, zogen sofort zu Freunden, die wollten sich ihre heulenden Eltern nicht antun. Meine Frau ist eigentlich eher sanft, aber nun war sie so wütend, dass sie mehrmals auf mich einschlug, kratzte, mit Geschirr warf, eine Beule ins Auto fuhr. Sie ließ sich krankschrei-

ben und verschwand für zwei Wochen. Ich hatte solche Angst, dass sie sich umbringen könnte. Letztlich stellte sich heraus, dass sie bei einer Freundin in Paris war und von dort aus das Konto komplett leer geräumt hatte. Sachen, die ich ihr niemals zugetraut hätte. Die auch gar nicht zu ihr passen.

Wie ging es weiter?

Mir tat es natürlich irgendwie weh, was aus uns geworden war, aber ich fand die Trennung auch befreiend. Weil ich nichts mehr wollte als zu meiner Freundin. Ich fuhr bei der allerersten sich bietenden Gelegenheit hoch. Dort angekommen, frisch getrennt, mit Rosenstrauß, versagte ich sexuell komplett. Nichts ging! In der ersten Nacht haben wir noch gewitzelt, so nach dem Motto »Fluch der Ehefrau«, und sie hat mich getröstet. Aber der Zustand änderte sich nicht wesentlich.

Zu Hause stand nach einem Jahr die Scheidung an und der Streit um das Haus. Meine Frau war so verletzt, die drehte nach wie vor fast täglich durch. Sie tat mir leid, aber ich hatte auch etwas Angst vor ihr. Wir hatten sogar zwei, drei Neuanläufe, nur halbherzig, wir waren beide zu kaputt. Irgendwann war da keine Kraft mehr.

Meine Frau bestand auf der Scheidung und benahm sich ganz klassisch, indem sie Haus, Kinder, Auto und so weiter für sich beanspruchte. Und meine Freundin war sehr unzufrieden mit der Situation. Dass ich weiter in Dortmund wohnte, nicht nach Mecklenburg ziehen wollte, also einfach zu Hause nicht wirklich loskam, verstand sie nicht. Und dann spielte ganz gewiss eine Rolle, dass sie sexuell enttäuscht war. Das mit der Impotenz hat sie maßlos genervt. Sie ließ es irgendwie leerlaufen, hatte dann auf einmal andauernd Wochenenddienste und immer weniger Zeit. Wir hatten uns auch nichts mehr zu erzählen am Telefon, das war richtig auffällig. Irgendwann, so nach anderthalb Jahren war das, hat sie endgültig Schluss gemacht. Und ich hatte weder Frau noch Freundin.

Dein Resümee?

Ich war ein Idiot. Oder besser gesagt, ich war ein anderer Mensch als heute. Wir alle waren das. Es ist schade, dass ich meine Selbstwertprobleme nicht anders habe lösen können, und der Preis ist, dass die Familie zerbrochen ist. Vielleicht ist der Mensch aber so. Er muss erst etwas Kostbares verlieren, damit er sich besinnt. Meine Frau fehlt mir oft, aber selbst wenn sie es gestatten würde, ich könnte nicht zurück. Alles in mir sträubt sich und verharrt in so einem Lonely-Wolf-Modus. Ich mache eine Therapie, weil das so nicht bleiben kann, aber das erzähle ich normalerweise nicht. Inzwischen hab ich wieder Hoffnung auf Glück in der Zukunft, aber die ist noch sehr diffus. Manchmal sitze ich da und denke: Was, wenn es das jetzt war? Wenn ich niemals wieder jemanden berühren kann, wenn ich niemals mehr in diesem Leben Sex haben werde? Impotent bin ich immer noch. Ich spreche auch keine Frauen an. Manchmal fürchte ich, das ist die Strafe. Aber so will ich eigentlich nicht denken.

Wolfram P., Fernsehredakteur, 45 Jahre

Wann hast du deine Frau verlassen?

Wir waren Gott sei Dank nicht verheiratet. Unverständlich, warum man heutzutage noch heiratet, das gibt nur Ärger. Ich sehe das in meinem Umfeld ständig. Meiner Meinung nach nehmen die Frauen die Männer in der Ehe aus. Sex gegen Sicherheit. Babys gegen regelmäßigen Sex. Eigentumswohnungen gegen Sex. Aber Sicherheit gibt es nicht. Nirgendwo. Deshalb verstehe ich absolut nicht, wieso sich Männer, zumindest wenn sie gesund und nicht gruselig hässlich sind, auf so etwas einlassen.

Wann hast du deine Freundin denn nun verlassen und warum?
Vor knapp einem Jahr. Wir waren zehn Jahre zusammen, und sie wollte die ganze Zeit ein Kind. Ich hab aber schon Kinder aus einer Studentenehe, und ich zahle mich da dumm und dämlich. Von Anfang an war ich ganz klar zu ihr: Kinder gibt's nicht mit mir. Ich habe kein Interesse und fühle mich auch zu alt dafür. Und sie hat gedacht, sie kriegt mich rum, oder es passiert ein Unfall und sie wird doch schwanger, keine Ahnung. Sicher war sie auch verliebt, aber ich sehe das eben so, dass jeder sein Ding durchziehen muss. Willst du Kinder, such dir doch keinen Mann, der ganz andere Pläne hat als diese Familienkiste.

Sie ist eine schöne Frau, alles klar, als Schauspielerin total erfolgreich, die könnte ein geiles Leben haben, wenn sie nicht diese Kindernummer schieben würde. Und jetzt ist es sowieso zu spät, sie ist dreiundvierzig, ich bitte dich, diese alten Mütter finde ich tragisch. Und das hab ich ihr immer wieder gesagt. Außerdem kann ich nicht gut treu sein, auch das hat sie gewusst.

Sie hat das alles gewusst und toleriert, und trotzdem hast du sie verlassen?
Ja, weil es keinen Spaß mehr gemacht hat, wir haben in den letzten zwei Jahren so oft gestritten. Ich kann das gar nicht ab, wenn Frauen, die vorher so total cool und lustig sind, auf einmal anfangen, zu leiden und vorwurfsvoll zu werden. Das setzt nach meiner Erfahrung todsicher ein, wenn das Kinderthema akut wird. Und wenn es das nicht ist, dann sind es Treuefragen. Ich kann mir vorstellen, dass das bei VW am Band unter Kollegen nicht so die strittigen Themen sind. Aber in der Unterhaltungsbranche?! Wo alle locker drauf sein sollten? Wenn ich seriös hätte werden wollen, hätte ich Mathematik studiert. Aber der Knick

kam dann, als eine Praktikantin sagte, sie sei von mir schwanger. Ich bin fast ausgeflippt. Ich dachte, wenn meine Freundin das mitkriegt, bringt sie mich um.

Also, als Impuls könnte ich das durchaus nachvollziehen ...
Soll ich ganz ehrlich sein? Bullshit! Das ist doch alles besitzergreifende Scheiße! Erwartungen, Lebenspläne, Versprechungen. Geburtenplanung, Paartherapie. Und dann Weihnachten mit der Schwiegermutter. Zeig mir mal ein Paar, wo das wirklich funktioniert. Ein einziges, das mich überzeugt. Ein einziges, das sich nach dem Kinderkriegen nicht sehr bald anödet und am allerliebsten fremdgehen würde oder es sowieso tut. Stell mir diese raren Exemplare vor, und ich schicke dir eine Kiste Champagner, versprochen.

Wie lief eure Trennung ab?
Wir haben ja nicht zusammengewohnt. Ich habe mich erst mal ein paar Tage zurückgezogen und einen auf »viel Arbeit« gemacht. Wenn sie anrief, war ich kurz angebunden, dadurch war sie schon vorgewarnt. Das mit der Schwangerschaft von der Praktikantin hatte sich zwar glücklicherweise erledigt, aber für mich war die Luft raus aus der Beziehung mit meiner Freundin.
Letztlich hab ich sie dann zum Essen eingeladen, richtig schick, und hab es ihr gesagt. Sie konnte da auf offener Bühne nicht so emotional werden. Ich habe ihr meinen Wagen geschenkt, den hatte sowieso meist sie gefahren. Wir haben es dann kurz gemacht. Beim Rausgehen hat sie geweint. Aber weißt du, ganz ehrlich, ohne mich ist sie besser dran. Mich kann man nicht ändern, ich will bitte sehr gern so bleiben. Jetzt nennst du mich sicher beziehungsunfähig, aber ich habe ein spannendes Leben mit jeder Menge Spaß und Abwechslung. Dafür bin ich doch gern das Arschloch vom Dienst.

Otto W., Programmierer, 50 Jahre

Wann hast du deine Frau verlassen?
Das ist knapp zwei Jahre her. Nächste Woche ist Scheidungstermin. Mir graut davor. Die Vorstellung, in einem Gerichtssaal meine Ehe verhandeln zu müssen, ist unmenschlich. Was geht das den Staat an? Wir sind doch nicht kriminell oder so was! Wir streiten ja nicht mal, jedenfalls nicht vor Dritten. Oder meinetwegen sollen die Anwälte sich auseinandersetzen, aber dass man da persönlich erscheinen muss – mir macht das richtig Angst.

Was ist passiert?
Wir haben aus Liebe geheiratet, vor ziemlich genau zwanzig Jahren. Simone war schwanger, das war nicht geplant, aber wir freuten uns total. Wir kommen beide aus großen und leider ziemlich kaputten Familien und wollten es unbedingt schaffen. Wir haben aufgehört zu trinken und zu rauchen, nur noch ganz selten gekifft. Trotzdem war die Schwangerschaft am Anfang kompliziert, andauernd Blutungen und immer die Angst, es könnte was sein. Die letzten Monate gingen aber klar, und so haben wir uns fürs Geburtshaus entschieden. Da kam es nach sieben Stunden zum Geburtsstillstand. Wir mussten ins Klinikum umziehen, mit der Feuerwehr. Ich lasse mal die Einzelheiten weg, aber die Kleine hatte heftigen Sauerstoffmangel. Sie hätte gesund sein können, von der Anlage her. Jetzt ist sie achtzehn und kommt in eine geschützte Werkstatt. Keiner ist da so wirklich schuld, es ist nur ... ach, das ist doch jetzt nicht das Thema.

Aber es hat eure Beziehung wahrscheinlich verändert ...
Ja. Wir drehten uns von Stund an ums Kind. Simone hörte erst mal auf, im Büro zu arbeiten, wurde mit der Zeit so eine Art Behinderten-Aktivistin. Aus den üblichen Kämpfen mit der

Krankenkasse wurde eine ganze Initiative, später mit Website und allem. Zuerst fand ich das gut und verständlich und hab geholfen in IT-Fragen, und dann ging es mir mehr und mehr auf die Nerven. Dieses Monothematische. Die völlige Fixierung auf das Kind und die ganzen Krankheiten. Ich war beruflich total im Stress und konnte nicht mehr schlafen. Von unseren Herkunftsfamilien hatten wir keine Hilfe zu erwarten. Eine Oma zum Babysitten, da konnten wir nur von träumen. Trotzdem, ich fühlte mich Simone immer noch sehr nah. Na, und der Kleinen natürlich. Wenn ich so nachdenke, haben wir das die ersten zehn Jahre doch ganz gut geschaukelt.

Und dann, in diesem verfluchten Sommer, das ist drei Jahre her, hat sie auf Empfehlung unserer Physiotherapeutin einen Yogakurs angefangen. Hab ich mir auch erst nichts dabei gedacht. Aber irgendwas stimmte da nicht, da waren so Tantra-Elemente oder was, jedenfalls hat sie sich da einen von diesen Mattenheinis gegriffen und gemeint, sie brauche das jetzt. Und sie müsse herausfinden, was sie fühlt und was ihr fehlt, und ganz viel nachholen. Sie hat sogar gemeint, ich könne ja dazukommen, und wir könnten uns gemeinsam verändern. Plötzlich sollte meine Art von Liebe reines Besitzdenken sein. Auf einmal!

Aber nicht deine Frau wollte die Trennung ...

Nee, die wollte ich. Aber warte mal, noch war es ja nicht so weit. Ich hab gekämpft und gemacht und getan. Und bin sogar einmal mit in diese Yogabude, aber – ich bitte dich! Als gehörnter Ehemann, und zu Hause ist die Kleine mit einem Au-pair. Das kam mir alles so megaalbern vor. Ich habe sie schließlich vor die Entscheidung gestellt! Und sie hat gesagt, okay, ich bleibe bei dir. Ich hab das zuerst sogar geglaubt. Also, fast. Etwas Misstrauen blieb, es legte sich aber nach ein paar Monaten. Bis zu dem Tag, als Madame ein neues Handy bekam, ein iPhone, und sie kam mit der Einrichtung nicht klar, also hab ich geholfen. Und dann kam eine SMS, mehrere sogar ploppten auf. Sie waren so eindeutig, dass sie gar nicht leugnen konnte. Und sie kamen von dem Typen aus dem Yogastudio. Ich wusste ja auch, wie der heißt. Die haben sich über ein Jahr in Hotels getroffen, zweimal im Monat. Während sie mir gesagt hat, sie hätte sich für mich entschieden.

Wie hast du reagiert?
Ich wollte toben, ich war erschüttert, aber irgendwie konnte ich das alles gar nicht zeigen. Ich saß bloß so da. Wie implodiert irgendwie. Das ging wochenlang. Und Simone versuchte die ganze Zeit, was zu kitten, sich zu erklären, sie wollte mich auf gar keinen Fall gehen lassen. Sie wollte am liebsten mich *und* den Yogatypen, oder wenn ich mir das nicht vorstellen könne, dann eine Familientherapie mit der Tochter und eine Sexualtherapie für uns als Paar. Ich kenne aber Simone, die vögelt nicht monatelang mit jemandem, den sie nicht wirklich mag, das konnte ich nicht ignorieren. Vielleicht war es aber auch so, dass ich einfach nur leer und total gekränkt war. Zurückgewiesen. Irgendwann wurde ich tierisch wütend. Wir hatten ohnehin rund dreiundzwanzig Einzelfallhelfer, Physiotherapeuten, Osteopathen, Seelsorger aller Art um uns herum, die hatten uns auch nicht gerettet. Im Gegenteil. Der Yogalehrer musste sich ja unbedingt an meine Frau ranmachen. Vielleicht war es auch umgekehrt, aber das macht jetzt keinen Unterschied mehr.

Von Frauen höre ich oft, dass sie ihren untreuen Partnern immer wieder verzeihen …
Das kann ja sein. Vielleicht, weil unser Image ein anderes ist, nach dem Motto: »Männer können nicht anders, Männer sind triebhaft.« Außerdem waren Männer früher fast immer die Er-

nährer. Da haben die Frauen vielleicht notgedrungen alle Augen zugedrückt.

Also, du kannst mir glauben, ich habe ebenfalls versucht, noch mal zu verzeihen oder es wenigstens zu verdrängen. Schon weil ich mir auch nicht vorstellen konnte, dass unsere Tochter uns nicht mehr gemeinsam hat. Aber ich habe gemerkt, dass ich begann, sie innerlich immer mehr runterzumachen. Das war ein widerlicher Konflikt: Einerseits liebte ich sie und war ihr total verbunden, andererseits war da was, wogegen ich nicht ankam. Ich gebe zu, ich hab sie regelrecht verachtet. Und dann habe ich mir eingeredet, dass das Körperliche nicht so wichtig ist, das musste ich auch, weil ich nur noch mit Wut mit ihr schlafen konnte. Ich kam mir vor wie ein Vergewaltiger, obwohl ich mich unschuldig fühlte an diesem ganzen Scheitern. Ehrlich, für uns ist es besser so. Ich musste auf der Trennung bestehen, da war ja nur noch Wut.

Ich gebe aber zu, dass ich genau wie Simone glaube, dass wir uns unterwegs schon verloren haben, nicht erst im Yogastudio. Aber soll ich das bei der Scheidungsverhandlung erzählen? Never.

Meine Kollegen sagen, ich könnte jetzt noch mal ganz von vorne anfangen, theoretisch mit einer Dreißigjährigen eine neue Familie gründen. Kann ja sein. Aber noch bin ich zu traurig.

André N., Konstrukteur, 58 Jahre

Wie ist es zu eurer Trennung gekommen?
Meine Exfrau meint, dass *ich sie* verlassen hätte. Wir waren über zwanzig Jahre ein Paar, davon die meiste Zeit verheiratet. Wir stritten regelmäßig, aber das ist wohl nichts Besonderes. Eines Tages sprach sie mal wieder von Trennung. Das war so eine

Art Formel, die den Ernst der jeweiligen Situation verdeutlichen sollte. Es war ernst, aber nicht wirklich wörtlich gemeint. Doch an diesem Tag machte es bei mir klick, und ich nahm sie beim Wort. Denn man sagt so was nicht immer wieder einfach so. Es kamen noch ein paar Monate mit quälenden Gesprächen, mit Wohnungssuche und so weiter. Dann fuhren die Möbelwagen vor, und wir zogen auseinander, wie ich das lange Zeit nannte. Nicht *ich* bin ausgezogen, sondern *wir* sind es, beide in neue Wohnungen.

Das ist eine ungewöhnliche Lösung, was habt ihr damit bezweckt?
»Bezweckt« klingt so vernünftig und planvoll. Es war mehr so der letzte Ausweg. Ich hoffte im Stillen, dass wir durch das Auseinanderziehen, diesen Abstand, wieder entspannter, gelassener miteinander umgehen könnten. Zuerst schien das auch wirklich zu funktionieren. Wir trafen uns mehrmals wöchentlich. Wir unternahmen viel zusammen, schliefen miteinander, verbrachten sogar noch einmal einen Urlaub zusammen. Aber es zeigte sich, dass wir in dieser Zeit ganz verschiedene Hoffnungen hatten. Sie glaubte, wir würden wieder zusammenkommen. Ich bildete mir ein, wir hätten jetzt einen Modus für die Beziehung, der die quälenden Streits wegen unerfüllter illusionärer Erwartungen überflüssig machen würde. Wir wurden beide enttäuscht. Sie erkannte, dass es nie mehr wie früher werden würde. Ich sah ein, dass unsere Beziehung trotz getrennter Wohnungen mit demselben Grundkonflikt weiterlief.

Was meinst du damit genau?
Was passiert, wenn zwei Menschen zusammenkommen, von denen der eine den anderen einfach liebt, ihn nimmt, wie er ist – und der andere von dem einen aber eine Wunschvorstellung hat und liebt, die der nicht erfüllen kann? Ich war nie richtig, immer

sollte ich anders sein. Irgendwas war immer falsch an mir. Es hat sehr lange gedauert, bis ich diesen »Mechanismus« einigermaßen verstanden hatte. Erst war ich verwundert, wenn sie mir nonverbal zu verstehen gab, dass sie mir irgendetwas übelnahm. Später kamen Zorn und Verzweiflung über die unausweichliche, regelmäßige Wiederkehr dieser Situation. Schließlich Resignation, Schmerz. Aber immer noch wollte ich das aushalten, denn unsere Beziehung war »zwischendurch« innig, zärtlich, humorvoll, freudvoll. Ich habe meine Frau nicht nur geliebt und begehrt, sondern auch geschätzt, geachtet und für ihre Eigenschaften und Fähigkeiten, die sie mir voraushatte, bewundert. Sie hat mich einerseits verklärt, idealisiert, überhöht, mit dem Effekt, sich selbst zu erniedrigen. Andererseits wollte sie mich anders haben, als ich bin.

Wie wollte sie dich denn haben?

Das lässt sich nicht so einfach beantworten. Es gab viele konkrete Kleinigkeiten im Alltag, die mir angekreidet wurden. Sex wollen im falschen Moment. Teuren Käse kaufen, aber kein Geld für edle Möbel auszugeben bereit sein. Mal zu oft, mal zu selten ausgehen wollen. Vieles in der Art. Ich bin letztlich fast immer, manchmal nach Streit, auf ihre Vorstellungen eingegangen. Für mich war es nicht so existentiell wichtig, mich bei so was durchzusetzen. Bald danach war es aber wieder etwas anderes, was sie mir übelnahm. Das kam so zwangsläufig wie schlechtes Wetter. Ich begriff, dass das alles nur Anlässe waren, etwas Allgemeineres auszuagieren. Ich hab mir das irgendwann nur noch mit ihrer Vaterbeziehung erklären können. Ihr Vater war ein typischer Vertreter seiner Generation. Kaum erwachsen bei Kriegsende, hat sich hochgearbeitet, einen Akademikerberuf ergriffen, ein Haus gebaut, ein Auto zusammengespart. Ich lernte ihn als einen klugen, lebenserfahrenen, schwer paternalistischen Mann kennen. Seine Tochter hat er vergöttert, aber immer nur so lange, wie sie so war, wie er meinte, dass sie sein müsste. Wich sie ab, gab's Liebesentzug. Dieses Prinzip hat sie dann auf mich angewendet. Sie hat mich behandelt wie ihr Vater sie. Und andererseits sollte ich sie mit meiner Liebe für ihr Wohlverhalten belohnen. Ich wollte gar kein Wohlverhalten. Ich wollte aber selbst auch keines an den Tag legen müssen. Mein Vater war ein gutmütiger, unambitionierter Mann. Zum Glück, denn er hatte keine festen Erwartungen an mich, bloß elementar anständig sollte ich sein.

Ihr kamt aus völlig verschiedenen Elternhäusern, in denen unterschiedliche Formen von Verbundenheit vorgelebt wurden?

Meine Eltern haben mich naiv geliebt, ohne auf die Idee zu kommen, ich müsste mir das mit irgendetwas verdienen. Sie haben mich einfach versorgt, ich durfte mich für alles interessieren. Als es so weit war, haben sie mich ziehen lassen, wohin ich wollte. Meine Exfrau musste feste Erwartungen erfüllen. Sie hat sich dem unterworfen und darunter gelitten. Und ich sollte das dann kompensieren. Das konnte ich nicht. Ich hab lange Zeit nicht mal kapiert, dass das mein Job sein sollte. Das war unser Grundkonflikt von Anfang an. Es stellte sich dann ein labiles Gleichgewicht ein, das seine Zeit hatte. Bei uns waren es halt zwanzig Jahre. Unsere Ehe ist eben nicht am Alltag gescheitert, nicht am kleinlichen Streit um Banalitäten, nicht an sich einschleichender Langeweile, Routine, Gleichgültigkeit oder dergleichen, auch nicht an äußeren Verlockungen. Das sind alles Klischees. Unsere Beziehung war am Ende, als das labile Gleichgewicht von Schmerz und Glück, von Erwartung, Erfüllung und Enttäuschung nicht mehr bestand. Ich denke heute, dass jede Beziehung ihre Zeitspanne hat. Die kann ganz kurz oder sieben Jahrzehnte lang sein.

Oder bis die Kinder groß sind ...

Ja, aber das war bei uns nie eine Erwägung, nur der Kinder wegen zusammenzubleiben. Ich bin mir sicher, wir waren gute Eltern. Unsere Kinder haben von uns beiden vieles mitgenommen, und sie sind mit den besten Voraussetzungen auf ihre Lebenswege gegangen. Ich hab immer gedacht, unsere Bilanz ist ziemlich gut. Denke ich eigentlich immer noch. Sie ist für mich der Beweis, dass unsere Beziehung echt war, dass wir gleichwertige, ebenbürtige Partner waren, jedenfalls hätten sein können, dass wir nichts bedauern müssen. Und dass wir ihre Dauer und ihr Ende akzeptieren müssen.

Wie schaffst du das?

Es ist so eine Art konstruktiver Fatalismus. Oder eigentlich der Abschied von vielen Klischees und Denkmustern, die uns als Kriterien für richtige, gelingende Paarbeziehungen eingetrichtert wurden. Einzigartige Liebe fürs ganze Leben, wer's nicht hinkriegt, hat versagt. Trennungen sind nichts als ein Scheitern, das Unvermögen, einer idealen Norm zu genügen. So in etwa.

Ich hab jetzt auch die Trauer als ständige Begleiterin. Trauer darum, dass die Rucksäcke, die wir ins Leben tragen, uns doch einiges ziemlich schwer machen, sogar schöne Möglichkeiten verhindern. Aber anders geht es nicht. Ich mag die Trauer jetzt. Sie verfeinert das Glück. Heute bin ich traurig über die Verluste und glücklich darüber, dass noch so viel möglich ist. Das Leben beginnt in jedem Augenblick neu. In jedem neuen Augenblick schleppen wir zwar auch den Rucksack mit, der nicht kleiner wird. Aber in jedem neuen Augenblick sind auch die Möglichkeiten da, möglicher Gewinn, möglicher Verlust, immer beides.

18. Eat Pray Love in Litauen.
Bei den Lebenden und den Toten

»Das ist der einzige Augenblick, und er ist schon vorbei.
Das Einzige, was die Zeit in der Schwebe hält, sind Kinder
und Reisen über Land.« Mary-Louise Parker

Mir war so bange gewesen vor dem ersten Sommer nach der Trennung. Und so fuhr ich dorthin, wo es unmöglich ist, sich allein zu fühlen: zu einem litauischen Clan.

Auf dem Friedhof von Zibalai, dreißig Kilometer von Vilnius entfernt, sind die Doppelgräber breit wie Ehebetten. Ich finde das irgendwie folgerichtig und schaue mir die ernsten Gesichter der Leute auf den emaillierten Fotos an. Von der Kirche nur durch einen schmalen Weg getrennt, liegen die Gräber mitten im Dorf, umringt von gelb und blau gestrichenen Holzhäuschen. Gottesacker, üppige Blumen- und Gemüsegärten und Buchweizenfelder gehen ohne größere Begrenzung ineinander über. Als ich eintreffe, hängt über dem Dörfchen ein wilder Abendhimmel: rosa, hellblau, mit schwarzgrauen Wolken, die an den Rändern fast grün glühen.

Mein Sohn hat seine bei Vilnius geborene Frau vor zehn Jahren in Berlin kennengelernt und fünf Jahre später geheiratet. Glücklich fallen seitdem zwei Großfamilien ineinander, die sich immer wieder treffen und, von Todesfällen unter den Alten und seltenen Fluchten von Ehepartnern mal abgesehen, weiterwachsen. Meine beiden Enkelkinder haben deutsch-litauische Doppelwurzeln, die hoffentlich tief genug sind, dass kein Lebenssturm sie umpusten kann. Wann immer wir uns alle treffen, werden sie mit Brandy begossen. Also – die Wurzeln. Nicht die Kinder.

Ganz nach dem bekannten Schema Eat Pray Love besuche ich ziemlich bald nach meiner Ankunft und einem gewaltigen Festessen mit Hirschfleisch und Plinsen die hölzerne Dorfkirche. Als ich eintrete, muss ich an die Diskussion über die weibliche Kleiderordnung in Deutschland denken. Fast alle Frauen im Gottesdienst tragen Kopftuch. Es ist Mariä Himmelfahrt, ein Feiertag in Litauen, und die Kirche ist bis auf den letzten Platz gefüllt. Hell, bunt, voller Blumen und lebendiger Rituale, ist sie zum Heiraten schön. Der Petersdom in Rom strahlt im Vergleich dazu die Spiritualität einer Bahnhofshalle aus. Freundlich wirkt der Katholizismus der Litauer, ich ostdeutsches Heidenkind bin als Gast willkommen. Allerdings ist mir durchaus bewusst, dass ich als bald zweimal geschiedene Frau nicht gerade ein Traumschäfchen in der kleinen Herde Gottes in diesem Dorfe wäre.

Da ich von der Predigt kein Wort verstehe, kann ich meinen Blick schweifen lassen. Über die Gesichter der alten Frauen, die, tiefreligiös, hier echten Trost finden und kleine Gartenblumensträuße in den Händen halten. An Mariä Himmelfahrt werden die Blumen gesegnet und später zu Hause getrocknet, um die Bewohner von nun an ein ganzes Jahr zu beschützen und mit Glück zu versorgen. Auch ich habe ein Sträußchen dabei; es soll dafür sorgen, dass von nun an in Berlin nichts mehr schiefgehen kann.

Als der Frauenchor von der Empore singt und ein sichtlich vom Alkohol gezeichneter junger Mann vor mir zu schluchzen beginnt, ist es auch um meine Fassung geschehen. Allerdings bin ich nicht traurig, sondern einfach weich und unendlich froh, hier zu sein. Hier, wo jetzt, wie inszeniert, ein Sonnenstrahl auf das Gesicht der Madonna fällt, sie mich anzusehen und zu sagen scheint: Steh endlich drüber, Schatz. Lass deinen Kummer hier auf der Kirchenbank liegen. Geh nach Hause und nimm, wie ich, ein Baby auf den Arm!

Was ich dann auch stante pede tue.

Die Stille des sommerlichen Dorfes, die morgendlichen Spaziergänge durch das taufeuchte Gras im Garten, mit meinem staunenden, sechs Monate alten Enkelsohn auf dem Arm, übertreffen in puncto Glücksgefühle sicher jeden Ecstasy-Trip. Die Liebe könnte größer nicht sein. Und ich frage mich, wieso dieses gegenüber Kindern ganz mühelos empfundene Gefühl nicht einfach auch zwischen Erwachsenen entstehen und bleiben kann. Selbst Schwäne und Pinguine schaffen das! Die Sehnsucht nach einer tiefen, lebenslangen Liebe – nur vollkommen trostferne Idioten bestreiten doch, sie zu haben.

Die Taufe des Kleinen und vor allem das dazugehörige Familientreffen werden zu einer Feier des Lebens, auf der mein mickriges, kleinmütiges, gekränktes Ego dann wirklich für viele Stunden komplett das Jammern und Wehklagen einstellt.

Kein Indientrip plus Aschram-Erleuchtung könnte mir so sehr das Gefühl schenken, in einer Gemeinschaft aufgehoben, geborgen und geliebt zu sein.

Die weißgedeckte Tafel unter den Apfelbäumen biegt sich unter dem köstlichen traditionellen Essen, und alle, alle sind gekommen. Der weitläufige litauische Clan sowieso, aber auch mein Exmann aus der ersten Ehe, mit dem ich jetzt ein Großelternpaar bilde und mit dessen zweiter Frau ich besagten Brandy trinke.

Als die Sonne untergegangen und das Feuer entzündet ist, beginnt etwas, das typisch ist für alle Feste mit dieser Besetzung: Die Litauer singen, vielstimmig und vielstrophig, melodiöse Volkslieder. Wir Deutschen schaffen die unsrigen mit Mühe bis zur zweiten Strophe und fallen auch vom stimmlichen Vermögen her nicht gerade durch Brillanz auf. Dennoch ist das gemeinsame Singen das eigentliche Wunder des Festes.

Als alle Kinder eingeschlafen sind und wir Erwachsenen unter dem gigantischen Sternenhimmel still werden, frage ich Aldona, die Gastgeberin und Schwiegermutter meines Sohnes, was ihrer Ansicht nach unsere Familien zusammengeführt hat.

»Liebe, Gott und Schicksal«, antwortet sie, die gut Deutsch kann, lakonisch und nimmt mich in den Arm. »Ulrike! Wir haben solche Glück! Darfst nie vergessen Glück. Und du sollst nicht machen Opfer sein! Du bist starrrrk!«

Das werde ich an langen Winterabenden in Berlin auf einen Wandbehang sticken und über meine Küchencouch hängen: Du sollst nicht machen Opfer sein.

Am nächsten Morgen sind alle mit Aufräumen beschäftigt. Als ich einen Moment mit Aldona allein bin, wage ich es, sie nach echten Opfern zu fragen, danach, ob litauische Familienmitglieder im Zweiten Weltkrieg gewaltsam ihr Leben verloren haben.

Einer meiner Großonkel wurde 1944 als junger Soldat in Litauen von einer Granate getroffen und starb kurz darauf in einem Lazarett. Niemand weiß, wo er begraben ist. Briefe von ihm sind nicht erhalten, ich kann also nur mutmaßen, was er hier getan und erlebt hat. Theoretisch wäre es möglich, dass sich Großväter und Großonkel unserer beiden Familien 1944 an der Front gegenübergestanden haben.

Zu meiner Erleichterung verneint Aldona direkte Kriegsopfer auf litauischer Seite, erwähnt aber einen Onkel, der zur Zwangsarbeit nach Deutschland verschleppt wurde. Dass man ihn dafür je entschädigt hat, ist unwahrscheinlich, denn kurz nach seiner Rückkehr in die Heimat ist er gestorben.

Wir stellen verblüfft fest, wie wenig wir unser historisches

Wissen mit dem Familiengedächtnis verbinden können, und nehmen uns beide vor, genauer nachzuforschen. Zum ersten Mal seit meiner Trennung habe ich das Gefühl, stark genug dafür zu sein. Friede den toten Onkeln!

Doch auch die toten Tanten sollen in Frieden ruhen. Als ich im November mit meiner kaum fünfjährigen Enkelin Helene einen weiteren Besuch in Litauen mache, ist tags zuvor ihre Urgroßtante gestorben. Unversehens finden wir uns in einer winzigen Kapelle wieder, in deren Mitte der offene Sarg steht. Vincenta, so heißt die Tote, wirkt in ihrer hellblauen Tracht geradezu mädchenhaft. Familie und Freunde, alle, die schnell kommen konnten, sind versammelt. Helene ist nicht im Geringsten verunsichert. Sie lauscht lange und aufmerksam den Trauergesängen, die Verstorbene gerade mal eine Armlänge von uns entfernt.

Später, im Vorraum der Kapelle, lässt Helene sich ein paar Geschichten aus dem Leben ihrer eigenwilligen Urgroßtante erzählen. In der Ecke steht der Sargdeckel. Als sie ihn bemerkt, erkläre ich, dass die Tote damit zugedeckt wird, bevor sie in die Erde gesenkt wird. Das Kind guckt traurig. Und repetiert, was es aus einem Kinderbuch weiß: »Jetzt ist sie tot und wird begraben. Aber dann wird sie ja wiedergeboren! Ich auch! Tot – geboren – tot – geboren – tot – geboren. Und immer so weiter. Oma, so ist das eben.« Ich habe dem im Moment nichts hinzuzufügen.

Später im Auto kommt Helene beiläufig auf die Evolution zu sprechen: »Aber *eigentlich*, Oma, waren wir früher Affen. Besonders die Männer ...«

Vor Lachen komme ich leider nicht dazu, das richtigzustellen.

19. Reise zu den glücklichen Frauen (3): Ulla W., Bodyworkerin

Noch bevor mir auffällt, wie klug sie ist, bin ich fasziniert von ihrer Erscheinung. Die Anziehung ist verblüffend. Obwohl Ulla einen guten Kopf kleiner und zehn Jahre jünger ist als ich, möchte ich mich ihr sofort in die Arme werfen und anvertrauen. Stünde ich auf Frauen – ich wäre verloren. Ich würde sie heiraten, ihr jeden Morgen die langen, dunklen Haare kämmen und ihren wundervollen, kurvigen Körper nie mehr missen wollen. Die Gespräche mit ihr haben einen besonderen Rhythmus. Aufmerksam, ohne Zustimmung oder Ablehnung zu signalisieren, hört sie zu, und es vergehen ein, zwei Sekunden, bevor sie antwortet. Besonnen, ruhig, scharfsinnig.

An einem Sonntagnachmittag bin ich zu ihr unterwegs. Der Sturm fegt mich fast vom Rad, als ich ihre Straße in Berlin-Friedrichshain suche. Wir haben uns vorher nur einmal im Café getroffen, und ich bemerke, wie aufgeregt ich immer wieder bin, wenn ich eine fremde Wohnung für ein Interview zum ersten Mal betrete. Die von Ulla ist so einladend wie sie selbst: Am liebsten würde ich sofort einziehen. Es duftet nach Hyazinthen und Amber, die Einrichtung leuchtet in warmen Farben, Kunst bedeckt die Wände. Ich blicke fasziniert auf die lebensgroße naive Zeichnung eines liegenden weiblichen Aktes, die im Arbeitszimmer hängt. Diese runde, im Schlaf wohlig verdrehte Frau, gezeichnet in Schwarz und Gold, wirkt wie die gelassene Herrscherin über Steuerunterlagen und andere Papiere, die den Boden bedecken.

Ulla ist Miteigentümerin eines Tantra-Studios und erzählt, wie viel Arbeit die administrative Seite der sinnlichen Begegnungen macht. Ihr Foto war mir auf einer Website aufgefallen, als ich auf der Suche nach tantrischen Erfahrungen war. Ich hatte sie angeschrieben, und wir stellten fest, dass wir ähnliche Wurzeln haben. Beide sind wir in der DDR aufgewachsen, haben Eltern, die Lehrer waren, und bekamen früh das erste Kind.

»Ich bin auf der Suche nach glücklichen Frauen. Bist du glücklich?«

Ulla lacht. »Ja. Ich denke schon ... Doch, jetzt ja.«

Wir sitzen an ihrem großen Küchentisch mit Blick über den Park. Der Fernsehturm sticht seine Hochantenne in den gelben Frühlingshimmel und blinkt uns mit sanftroten Lichtern an.

»Ich lebe schon länger allein. Ich brauche keinen Mann, um glücklich zu sein. Das ist kein Manifest, versteh mich richtig, ich würde eine neue Liebe nicht verhindern, aber ich würde nicht mehr so viele Kompromisse machen. Ich bin ganz klar geworden. Trinker, Soziopathen, Egoisten und die, denen ihr eigener Körper fremd ist, kommen mir nicht mehr ins Haus. Auch nicht in milden Formen!« Ulla lächelt und wirkt sehr überzeugend.

Mit Anfang zwanzig, in den wildesten Wendewirren, hatte sie den Vater ihrer Tochter, einen Musiker, geheiratet und sich zunächst ganz auf seinen Lebensstil eingelassen. Sie bürgte, wie so viele Frauen in jener Zeit, für seinen Existenzgründungskredit und blieb nach der Trennung prompt auf einem gewaltigen Schuldenberg sitzen. Sicherlich hat diese recht spezielle Erfahrung, für Fehler und Versäumnisse des Exmannes einstehen und übermäßig hart arbeiten zu müssen, Spuren bei ihr hinterlassen. Ich frage nach.

»Weißt du«, sagt Ulla, »ich hatte ein kleines Kind und ganz allein ein Café am Hals, das nicht meine Idee gewesen war. Im Gegensatz zu meinem Ex konnte ich nicht alles stehen und liegen lassen und auf Tournee gehen. Und mit den Schulden im Nacken schied auch jede andere Fluchtmöglichkeit aus. Also habe ich gearbeitet bis zum Umfallen, bis der Kredit abgezahlt war. Ich habe mich mit gierigen Vermietern und der Gastronomiemafia herumgeschlagen. Ich kann wirklich nicht sagen, dass ich auf ganzer Linie gewonnen hätte. Aber es gibt mich noch, ich habe mein Auskommen, ich habe diese Zeit damals bewältigt, was soll mich heute noch schrecken?« Sie schiebt mir einen in perfekter Zeremonie zubereiteten Tee über den Tisch.

»Hast du jetzt vor gar nichts mehr Angst?«, frage ich.

Ulla bleibt lange still. »Doch. Vor dem Tod. Vor dem fürchte ich mich. Vor allem, weil ich dann mein Kind zurücklassen muss. Auch wenn es schon erwachsen ist. Der Tod als Faktum macht mir Angst.«

»Das ist spannend«, sage ich. »Ich hingegen habe tausend Ängste, angeblich sogar so etwas wie eine multiple Angststörung, aber ausgerechnet vor dem Tod fürchte ich mich gar nicht.«

»Dann sind wir ja ein Spitzenteam«, grinst Ulla. »Aber du wirkst gar nicht ängstlich.«

»Ich kann es gut verbergen«, gebe ich zurück. »Das muss ich auch, weil ich sonst meinen Kindern auf die Nerven gehen würde. Um sie ängstige ich mich nämlich am meisten. Und ganz diffus vor einer Zukunft, die ohne Mann zu bewältigen mir bis vor kurzem ein fremder Gedanke war.«

»Das nun wiederum ist überhaupt nicht mein Problem.« Ulla steckt sich ein Stück von ihrem Apfelkuchen in den Mund. »Wenn ich irgendwas ganz sicher weiß, dann, dass ich für mich sorgen kann. Gut, mit der Rente später, das könnte noch putzig werden. Finanziell muss ich mir noch ein bisschen was überlegen. Aber emotional ... also, ich bin gut mit mir, ich fühle mich wohl, ich hab keine Angst vor dem Alleinsein.«

Ich glaube ihr jedes Wort und frage sie weiter nach ihrer Geschichte aus.

Nach dem Abitur machte sie eine Tischlerlehre, eine Ausbildung, die ihr für ein Bühnenbild-Studium an der Kunsthochschule Weißensee nützlich sein würde. Tatsächlich hat sie dieses Studium, nachdem die Ich-rackere-die-Familie-aus-den-Schulden-Phase beendet war, auch angetreten. Abgeschlossen hat sie es nicht. »Ich saß da auf einmal zwischen blutjungen Mädchen, die alte, versoffene Professoren anhimmelten, und kam mir vollkommen fehl am Platze vor. Irgendwie wollte ich nicht noch mehr Zeit mit schwierigen Männern verlieren. Klar war, dass ich mit den Händen arbeiten wollte. Aber das musste nun nicht mehr unbedingt die Herstellung von Bühnenbildern sein.«

Ulla ließ sich zur Tantra-Masseurin ausbilden. Heute ist sie selber Lehrerin, führt ein Tantra-Studio und bietet Kurse zum Erlernen dieser besonders lustvollen Art von Massage und Körperarbeit an. Es läuft gut, die Nachfrage ist groß. Erstaunlicherweise melden sich sehr viele junge Leute an und bringen Zeit, Interesse und die knapp zweitausend Euro auf, die es braucht, um den Kurs zu absolvieren.

»Ich berühre Menschen, indem ich sie nicht nur anfasse, sondern auch seelisch für eine gewisse vereinbarte Zeit mit ihnen zusammen bin. Das Besondere beim Tantra ist ja, dass ich mit meinem ganzen Körper und meiner vollen Aufmerksamkeit in den Kontakt gehe. So was macht man nicht nebenbei und geht insgeheim die Einkaufsliste durch. Jedenfalls nicht, wenn man gut ist und die Intention kapiert hat. Tantra-Massagen sollen absichtslos sein. Als Masseurin steuere ich nicht ausdrücklich auf den Orgasmus eines Klienten oder einer Klientin zu, begrüße, befördere und begleite ihn aber, wenn er denn passiert. Gleichzeitig muss ich eine gewisse innere Distanz wahren, sonst bin ich ja nach drei Wochen total ausgebrannt.« Ulla lacht und fährt fort: »Ich dachte wirklich, ich kenne mich aus und bin mit allen Wassern gewaschen. Aber ich habe meine Lektionen immer auf die harte Tour gelernt. Vor drei Jahren ist mir noch mal so eine Geschichte mit einem Berufslügner passiert.«

Ich horche auf: »Hast du den im Tantra-Studio kennengelernt?«

»Nein, stinknormal auf einer Party. Ein Bilderbuchcharmeur. Echt süß, gutaussehend, hochintelligent. Das musste der auch sein, um seine Lügengeschichten auseinanderhalten zu können. Wie sich später herausstellte, hatte er nicht nur drei ähnlich gestrickte Liebschaften gleichzeitig, sondern auch lange Finger. Ich fragte mich immer, wo mein Geld blieb. Man macht ja abends nicht unbedingt einen Kassensturz im privaten Portemonnaie ... Irgendwann fiel es mir aber auf. Er beklaute und belog mich, ich konnte das erst gar nicht fassen. Dass mir so etwas passiert! Es tröstet mich etwas, dass ich sein Verhalten nicht persönlich nehmen muss. Der hatte einen an der Waffel, aber wirklich, der glaubte sich seine Geschichten sogar selber und war total erstaunt, als ich ihn mit dem Mist konfrontiert habe, den er die ganze Zeit baute.«

»Hast du ihn angezeigt?«, frage ich und kenne im selben Moment die Antwort.

»Natürlich nicht. Das bringt doch nichts. Aber rausgeschmissen. Obwohl – es hat dann noch eine ganze Weile gedauert, bis ich meinen Schlüssel endlich zurückhatte.«

Ich stopfe ein drittes Stück Kuchen in mich hinein und kämpfe eine gewisse Besorgnis nieder, in der Gesamtschau meiner Gespräche mit Frauen wohl ein eher erschütterndes Bild des männlichen Personals zeichnen zu müssen. Andererseits – ist das meine Schuld?

»Es gibt nicht sooo viele wirklich gute Typen«, bemerkt Ulla, als hätte sie meine Gedanken gelesen. »Und irgendwie brennen sich ja die Skandalnudeln, die Süchtigen und die, die Drama machen, besonders ins Gedächtnis ein.«

Damit hat sie auffallend recht. Viele Frauen unserer Generation verbinden – um nicht zu sagen *verwechseln* – intensive Liebe mit intensivem Schmerz.

»Was nicht weh tut, ist nicht echt! Diesem Quatsch habe ich auch sehr lange angehangen. Da ist es kein Wunder, wenn man sich die entsprechenden Männer sucht. Mir passiert das nicht mehr.« Ulla streckt sich, und ich kann sehen, dass sie sich wohl fühlt in ihrer Haut.

»Was macht dich zu einer heute glücklichen Frau?«, frage ich sie, wie schon einige Gesprächspartnerinnen vor ihr, und freue mich, weil man Ulla die Antwort die ganze Zeit schon anmerkt, ansieht.

»Dass ich ganz klar bin in dem, wie ich lebe. Ich sorge dafür, dass es mir gutgeht. Ich fühle mich wohl und sicher und keineswegs unvollständig allein. Ich bin nicht bitter und niemandem böse. Wenn es so sein soll, werde ich an irgendeiner Bushaltestelle oder sonst wo einen neuen Liebsten treffen. Jemanden, der genauso klar ist wie ich und weiß, was er will. Wenn das nicht mehr passieren sollte, ist es auch keine Tragödie. Mein Leben ist schön!«

»Was ist mit Sex, was mit der Idee, gemeinsam alt zu werden?«, frage ich.

Wieder lässt Ulla ein paar Sekunden vergehen, bevor sie antwortet. »Die Zeiten von One-Night-Stands und reinen Sex-Affären sind eindeutig vorbei. Das passt nicht mehr zu mir. Ganz oder gar nicht, ist jetzt meine Devise. Entweder eine verbindliche, feste Beziehung oder ganz bewusst allein im Bett. Und dann gibt es ja noch die Freunde, die Familie. Ganz sicher spielt eine Rolle, dass ich täglich so viel Berührung habe, wie ich will. Sinnlichkeit ist mein Beruf, ich vertrockne schon nicht!«

20. Die schlimmste Furie Europas.
Über die Scham

»Fool me once, shame on you. Fool me twice,
shame on me.« Englisches Sprichwort

Die Kleinlaster der Paketdienste verstopften die Straßen, es ging unübersehbar auf die Feiertage zu. Das war nun schon das zweite Weihnachten seit der Trennung, und diesmal konnte ich es einfach nicht ignorieren. Also beschloss ich in einem lichten Moment, den Baumkauf, dieses heikle, weil eigentlich ja familiäre Ritual, möglichst schnell hinter mich zu bringen. Ich setzte mich ins Auto und fuhr zum »Tannenparadies«, wo ich auf Paare und Familien und ein überraschend intensives Gefühl traf: Scham. Ich *schämte* mich.

Aber warum gerade jetzt? Ich hatte mich doch schon unmittelbar nach der Trennung ausführlich geschämt. Allerdings war dieses peinigende Gefühl damals wohl großenteils von Zorn, Angst und schmerzhafter Trauer überlagert worden. Jetzt, da ein gewisser innerer Frieden eingekehrt war, meldete es sich zurück. Diesmal dergestalt, dass ich mich mit den vermeintlich vollständigen und glücklichen Familien mit ihren Weihnachtseinkäufen und dicken Eheringen an den Fingern verglich. Dass etliche davon sich gerade ausgesprochen giftig über Größe, Preis und Beschaffenheit des Weihnachtsbaumes stritten, tröstete mich keineswegs. Das war normal, *sie* waren normal, ich nicht. Sie waren *zusammen*, da gibt es eben Streit. Ich war allein und also nicht zugehörig.

Wieder einmal fühlte ich mich ohnmächtig und blamiert – und das, obwohl mich niemand auch nur im Geringsten beachtete. Die Umstehenden beschämten mich nicht aktiv, sie zeigten ja nicht mit dem Finger auf mich und lachten über meinen einsamen Versuch, einen kleinen Baum zu erwerben. Sie sahen mich noch nicht einmal. Ich beschämte mich sehr schön selber, indem ich mich verglich. Ich sagte nicht zu mir: »He, toll, du kannst hier ganz allein entscheiden, du nimmst den Baum, den du willst, und streitest dich mit niemandem. Du bist wirklich selbständig und kannst dich wieder auf Weihnachten freuen.« Stattdessen flüsterte eine Agentin der Selbstsabotage in mir: »Schau, die anderen! Wie glücklich sie sind. Sicher, sie streiten sich und verdrehen die Augen, aber sie schaffen es zusammenzubleiben. Sie werden sich unter diesem in Unfrieden erworbenen Baum in die glitzernden Augen blicken und sich Liebeserklärungen machen. Weil sie stärker und liebenswerter sind als du! Geh weg, schäm dich, du Versagerin!«

Scham ist ein unangenehmes Gefühl mit einer Warn- und Straffunktion. Sie erfasst uns, wenn wir irgendeiner verinnerlichten oder äußeren Norm nicht entsprechen. Verstoßen wir selbst gegen ein »Gesetz« (zum Beispiel, indem wir jemanden verletzen, verlassen, bestehlen), kommt sie in Begleitung des schlechten Gewissens; werden wir von anderen beschämt (verlassen, verspottet, vergessen), gesellt sich die Einsamkeit zu ihr.

Schamgefühle erinnern uns also an verinnerlichte Normen, von denen wir vermeintlich oder tatsächlich abweichen. Die Scham ist leise und gemein, und sie kommt nach einer Trennung erst so richtig zum Vorschein, wenn ihre großen, rabaukigen Brüder Zorn und Schmerz langsam müde werden. Das ist ihre große Stunde. Und wenn sie kommt, bringt sie eine Menge Filme aus der Kindheit mit. Erfahrungen von Ausgrenzung, die wir in Elternhaus oder Kindergruppen gemacht haben, nach dem Motto: »Wenn du so bist, gehörst du nicht zu uns.«

Die Scham wird durch die Normabweichung an sich hervorgerufen, aber auch durch die kompromittierende Sichtbarkeit der eigenen Reaktion auf eine Beschämung. Schon Kinder ab drei oder vier Jahren können sich schämen, wenn sie beim Weinen von anderen Kindern beobachtet oder ertappt werden. Und auch als Erwachsene wollen wir unsere verletzten Gefühle, wenn überhaupt, nur nahen Menschen zeigen. Werden wir missverstanden oder gar verleumdet und fehlt die Möglichkeit zur Richtigstellung, bleiben wir nicht nur auf dem Ärger, sondern auch auf der Scham sitzen.

Selbst wenn man das Glück hat, nicht zu übertriebener Selbstkritik zu neigen, und es schafft, sich nicht selbst zu zerfleischen, bleibt doch ein Gefühl von Ohnmacht, denn verlassen zu werden, scheint uns als Person ganz in Frage zu stellen. Die »Urszene«, in der die Trennung ausgesprochen wurde, durchleben wir immer und immer wieder, und die wenigsten schaffen es, sich anschließend gefasst auf ihr Pferd zu schwingen und mit einem coolen »Okay, dann lebe recht wohl!« in den Sonnenuntergang zu reiten. Die meisten weinen, wüten, betteln, brechen zusammen oder versteinern und fühlen sich durch die schlimmste aller Zurückweisungen so verletzt, dass würdevolles Verhalten zunächst kaum möglich ist.

Der Abstieg vom wichtigsten zum ungewollten Menschen ist ein tiefer Fall. Dabei ist es oft gar nicht der Schmerz, der sich als Erster zeigt, sondern die Angst. Deshalb verlieren wir in solchen Momenten manchmal sogar die Kontrolle über unsere Körperfunktionen. Im Rückblick entbehrt es ja nicht einer gewissen Komik, dass ich das letzte Abendessen, das mein Exmann für uns gekocht hatte, nach seiner wenig später erfolgten Verkündigung in hohem Bogen erbrach. Wofür ich mich passenderweise noch lange schämte. Hätte ich nicht stärker, stolzer, irgendwie beherrschter sein können? Sein letztes Bild von mir in unserem gemeinsamen Zuhause: eine in Tränen aufgelöste Frau über der Kloschüssel? Ein stolzer Ritt in den Sonnenuntergang sieht anders aus!

Nach außen, gegenüber dem Rest der Familie, den Freunden und Kollegen, quälte mich später eher die Scham, mein Leben ganz offensichtlich nicht unter Kontrolle zu haben. Wenn auch unfreiwillig getrennt, mussten mich alle für beziehungsunfähig halten, für so schrecklich, dass man mich einfach fluchtartig verlassen kann, ja *muss*. Und obwohl das nicht wirklich meine Meinung über mich selbst war, schämte ich mich für das Bild, das ich bot. Ich schämte mich interessanterweise nicht für meinen Mann, der einen nicht gerade von Reife, Sorgfalt und Besonnenheit geprägten Abgang hingelegt hatte, sondern für mich selber: dass mir das passiert war. Dass man so mit mir umgehen konnte und ich es nicht vorhergesehen hatte. Dass ich darauf vertraut hatte, er würde so etwas einfach nicht tun.

In seiner Hochzeitsrede vor sieben Jahren hatte mein Mann verkündet, er habe vom ersten Moment unserer Begegnung an gewusst, dass ich die Frau seines Lebens sei … Man muss nicht überdurchschnittlich naiv, romantisch oder von sich selbst eingenommen sein, um solche Sätze gerne zu glauben und dann in der Trennungsszene irritiert an sich hinabzusehen und zu fragen: »So. Und jetzt? Was stimmt nun auf einmal an mir nicht mehr?«

Beim Versuch, das Geschehene zu begreifen, ging ich sehr bald dazu über, mich mit meiner Nachfolgerin zu vergleichen – ein ebenso sinnloser wie schmerzhafter Reflex. Google kann ein Folterinstrument sein, wenn sich die Spuren der anderen finden lassen. Ihre Texte. Fotos. Minutenlang starrte ich auf ihr glänzendes Haar. Versuchte, in ihrer Gestalt Antworten auf die müßige Frage zu finden: warum sie? Dabei ist es völlig egal, zu wessen Gunsten der äußere Wettbewerb von Konkurrentinnen ausgeht. Bei uns sprachen die Fakten ohnehin für sich, der Liebste hatte den Austausch ja bereits vorgenommen.

Eine Trennung triggert leider zunächst nur unsere wunden Punkte und erst im späteren Verlauf die eigenen Stärken. (Von Letzteren fühlt man sich so abgeschnitten wie nie, aber die gute Nachricht ist, dass sie, ähnlich wie ein Wald nach einer Brandrodung, nach einer gewissen Zeit umso fruchtbarer sprießen. Glaubt mir, Leute, mein Urgroßvater war Förster.) Die Trennung verstärkt alles, was wir an uns ohnehin in Frage stellen oder bis dahin gnädig verdrängt haben.

Bei mir begann es mit einer veritablen selbstgemachten Altersdiskriminierung. Stand ich in den ersten Monaten vor dem Spiegel, bestand ich in meinen Augen nur noch aus Falten, dreiunddreißig Jahre alten Schwangerschaftsstreifen und einem bitter-ängstlichen Zug um den Mund. »Am Körper ist die beschämende Wirkung vermeintlicher Mängel und Fehler auch deshalb so unmittelbar, weil der Leib jenen Anteil der Person repräsentiert, der mit ihrer Natur am engsten verbunden ist«, erklärt Andrea Köhler in ihrem Essay »Am Online-Pranger. Scham und Beschämung in Zeiten des Internet«.

Nun sind körperliche Tatsachen im Gegensatz zum inneren Befinden so gut wie unveränderlich. Ich kann mir selber sagen, dass ich mich zum Beispiel von meinem Hang zu Abhängigkeit befreien und damit charakterlich verändern möchte. Von der eigenen Gestalt, von Falten und Narben, könnte ich mich höchstens mittels ausufernder Schönheitsoperationen verabschieden; ein Gedanke, der mir glücklicherweise nie ernsthaft gekommen ist. Und ich bliebe ja auch gleich alt. Nichts ist sinnloser, als mit den eigenen Lebensjahren zu hadern.

Doch ging es hier in erster Linie überhaupt um die Konkurrenz von körperlichen Attributen zweier Frauen, zwischen denen mein damaliger Mann sich entschieden hatte? Um den unangenehmen Vergleich? Wissen nicht alle, die älter als zwanzig sind, dass – mit den Augen der Liebe gesehen – auch vermeintliche Makel mit Rührung angenommen und willkommen geheißen werden können? Ich liebte den Bauch und die Falten meines Mannes und sagte ihm das immer wieder. Für mich waren sie die Zeichen seines gelebten Lebens, seiner Geschichte, seiner Eigenheiten, nichts davon hätte ich anders haben wollen. Diese Spuren mochte ich auch deshalb, weil sie davon erzählten, was alles schon gewesen war, und weil sie zu versprechen schienen, dass wir, die wir immerhin schon mehrfache Großeltern waren, gemeinsam alt werden würden.

Vom Intellekt her verweigerte ich den äußeren Vergleich mit der anderen. Aber waren da nicht auch ihre beeindruckende Karriere, ihr Geld, ihre vielen Reisen – alles Dinge, die meinen Mann faszinierten? Er hatte mir das zu einer Zeit erzählt, da die beiden noch Kollegen waren und gerade in den Wir-sind-Freunde-Status übergingen.

Die Evergreen-Frage »Würde er mich noch lieben, wenn ich mich mehr angestrengt hätte?« quälte mich. Diese Frage entsteht jedoch aus dem kindlichen Empfinden, das jedes Tun des anderen auf sich selbst bezieht. Ich glaubte, verantwortlich zu sein für das Verhalten meines Mannes. Selbst schuld. Dass ich irgendwann über diesen Trugschluss hinauswuchs, ist wohl einer der wichtigsten Pfeiler meiner (diesbezüglich recht späten) Reifung.

Damit will ich nicht sagen, dass ich nicht auch genügend Eigenschaften und Verhaltensweisen hätte, die zu Trennungsgründen werden können. Meine Impulsivität und mein ausgeprägtes Nähebedürfnis wurden für meinen Mann offenbar zunehmend bedrohlich. Ich wollte immer wieder über Gefühle reden, forderte ausdrückliche Bekenntnisse zu mir und zu unserer Liebe ein. Als diese nach ein paar Jahren Ehe rarer wurden, zeigte ich mich immer eifersüchtiger, warf ihm nordische Kühle vor.

Er reagierte darauf von Anfang an mit Distanz. Einen anderen Menschen mit einem anderen Hintergrund hätten diese Wesenszüge vielleicht glücklich gemacht, genau wie eine andere Frau als ich vielleicht besser zu seinen Bedürfnissen gepasst hätte. Doch solche Überlegungen anzustellen, ist niemand in der Lage, der in der ersten Raketenstartstufe der Trennung festhängt, sich schämt und sehnt und, noch tränenblind, imaginäre Ruder herumreißen will. Der abgeklärtere, relativierende Blick ist erst viel später möglich.

Zunächst absolvierte ich das volle Schamprogramm, das einem eine blühende Phantasie nun einmal präsentiert: Was wird er der Neuen über mich erzählen? Wird er all meine schlechten Seiten vor ihr ausbreiten, um ihr möglicherweise schlechtes Gewissen, sich in eine Beziehung gedrängt zu haben, zu besänftigen? Wird er ihr suggerieren, dass sie ihn aus einer unerträglich unglücklichen Ehe mit der schlimmsten Furie Europas befreit hat?

Intime – und damit meine ich nicht nur sexuell intime – Beziehungen können nur in der Hoffnung auf Exklusivität gedeihen. Und sie tun das auch durch die vertraulichen Informationen, die sich Liebende zukommen lassen. Zerbricht die Verbindung, entsteht die Gefahr eines unkontrollierbaren Lecks. Ein geliebter Mensch ist immer auch ein Mitwisser. (Und da geht es nicht um die Information, an Silvester vor drei Jahren mal die Zähne nicht geputzt zu haben.) Konnte ich darauf vertrauen, dass dieses Wissen um mich, meine Eigenheiten und meine Geschichte bei dem frischverliebten Ex gut aufgehoben war? Ich wusste es einfach nicht. Wie auch, mit einem Vertrauen, das in Schutt und Asche lag?

Die Scham über viele meiner emotionalen Reaktionen habe ich als übermächtig und sehr hartnäckig empfunden. Psychologen sprechen hier von *Schattenanteilen*. Niemand schaut sich seine eigenen verborgenen Gefühle wie Mordlust, Neid, Bitternis, Hass, Eifersucht, Feigheit, Gier oder Häme freudig an. Es sind auch keine Attribute, mit denen man landläufig für sich wirbt. Dennoch, zu diesen Klassikern der unerwünschten Emotionen kann man notfalls diplomatische Beziehungen aufbauen, an ihnen kann man arbeiten. Es gibt allerdings auch Gefühle und Verhaltensweisen, die so kompliziert zu handeln sind, dass wir dazu neigen, sie im Dunkel gnädiger Verdrängung abzulegen.

Ein Beispiel: Ich war in meinem alten, aus Kindertagen stammenden Beziehungsmuster sehr lange so auf Mangel, Kampf und Schmerz, also auf die Rolle des ewig verratenen Gretchens (allerdings mit Entwicklungsperspektive zur zornigen, sich rächenden Medea) abonniert, dass ich anders gestrickte Angebote überhaupt nicht ernst nahm. Um es vorwegzunehmen: Im Gretchenmodus bekommt keine Frau, was sie braucht; es gibt dort vornehmlich Schmerz zu ernten. Dieses Beziehungsmuster erklärt allerdings, warum wir immer wieder »Bad Boys« oder sonst wie emotional verschlossene Menschen als attraktiv empfinden und in unser Leben lassen. Wir wissen längst um das Potential zur Selbstbeschädigung, das darin steckt, und hören doch erst auf, wenn es gar nicht mehr anders geht. Oder nie. Was dann besonders traurig ist.

Ich selbst registrierte an mir nach Trennungen immer wieder den bekannten Reflex, weitere schmerzhafte Blamagen vermeiden zu wollen und eine neue Liebe erst gar nicht zuzulassen. Zeichnete sich ein Mann durch Wärme, Loyalität, Freundlichkeit, Staunen aus, rührte das an meine geheimen Wunden aus Kindertagen. Automatisch wertete ich solche Männer erst einmal ab. Logisch: Da ich mich selber schrecklich fand, konnten Interessenten ja nur wahlweise blind, doof, unterwürfig oder schlicht unattraktiv und irgendwie übriggeblieben sein. Und obwohl Augenschein und Faktenlage das wirklich nicht bestätigten, war ich gegen diesen Impuls machtlos. Schatten eben. Wider besseres Wissen ließ ich solche Männer nicht näher kommen, tat ihnen beiläufig weh und reckte weiter den Hals nach solchen, die zu keiner Nähe fähig sind. Mit denen kannte ich mich aus. Und selbstverständlich schämte ich mich auch dafür.

»Möchten Sie dieses Muster nun, da Sie es erkannt haben, auflösen?«, fragte meine Therapeutin eines Tages freundlich.

»Yep!«, erwiderte ich und löschte nach der Stunde einige alte Kontakte in meinem Telefon.

Als ich Jola bald darauf die freudige Botschaft überbringe, dass ich meine Zeit fortan nicht mehr in Gesellschaft verschlossener Männer verbringen werde, gratuliert sie mir und stellt mir einen fetten Blumenstrauß in Aussicht.

Jola ist es auch, die mich darin bestärkt, im weiteren Verlauf der Trennung keinerlei rosenkriegsähnliche Zustände aufkommen zu lassen. »Es gibt viel zu wenige Leute«, erklärt sie, »die es hinkriegen, all diese blöden Gefühle zu haben und sich trotzdem nicht gegenseitig die Köpfe einzuschlagen. Manchmal kommt es mir vor, als würden viele in ihren Spielen von ›Romeo und Julia‹ nahtlos zu ›Cowboy und Indianer‹ übergehen.«

»Beides scheint ja lebensgefährlich zu sein«, bemerke ich, finde mich witzig und gestehe mir ein, dass ich aus ebendiesem Grund die mögliche Wiederbegegnung mit meinem Ex seit Monaten vor mir herschiebe. In einem mutigen Moment hatte ich ihm einmal vorgeschlagen, dass wir uns Mails oder besser Briefe schreiben könnten, um einer Klärung unserer Geschichte wenigstens ein Stückchen näherzukommen. Das hatte er nicht gewollt, und ich ahnte auch, warum. Die Versuchung, sich gegenseitig mit Worten zu verletzen, ist in Zeiten von Mails und Messenger-Diensten riesengroß. Mich würde sehr interessieren, wie hoch die Rückholrate von nächtens unbedacht abgeschickten Pamphleten wäre, hätte man morgens die Chance, die Zeit zurückzudrehen. Nach meiner vorsichtigen Schätzung: achtzig Prozent.

So schrieb mir meine Klientin B., die ich als beherrschte, kultivierte Mittfünfzigerin kennengelernt hatte: »Die Möglichkeit, meine mörderische Wut und unendliche Enttäuschung nachts per Mail auszudrücken, und das möglichst stündlich, hatte etwas Verheerendes. Schon Briefe auf Papier zu schreiben, die man zukleben, frankieren und zum Kasten tragen muss, reglementiert ja den Affekt erheblich. Noch mehr reguliert wahrscheinlich, sich leibhaftig zu begegnen, und wenn es gut läuft, kann etwas geklärt und geglättet werden. Das Smartphone macht uns zu Trollen in unserem eigenen Leben. Ich schickte Beschimpfungen raus, mit Attributen, von denen ich bis dahin noch nicht mal geahnt hatte, dass sie zu meinem Wortschatz gehörten. Auf einmal konnte ich verstehen, was in Amokläufern vorgeht, die glauben, nichts mehr zu verlieren zu haben. Heute schäme ich mich dafür und kann nur hoffen, dass mein Ex das irgendwie als zur Situation gehörig einordnen konnte und für sich behalten hat.«

Andrea Köhler beschreibt in ihrem oben erwähnten Essay, warum das direkte Gespräch so wichtig ist: »Empathie ist auch das Produkt von Spiegelneuronen, das heißt von Gehirnfunktionen, die die Mimik des anderen mit dem eigenen Gefühlshaushalt synchronisieren. Ein Schlüssel dazu ist das Gesicht.« Sehen wir das Gesicht des anderen nicht mehr, schmoren wir in unseren eigenen Projektionen wie die Gurke im Gulasch.

Was zu Beginn meines Trennungsprozesses ein Gebot der Selbstrettung war, nämlich der kalte Entzug und der größtmögliche Abstand durch vollständige Kontaktsperre, erschien mir irgendwann albern und kontraproduktiv. Denn es ist ja tatsächlich so: Setzen wir uns der anstrengenden Auseinandersetzung Auge in Auge nicht aus, besteht die Gefahr einer immer stärkeren Verzerrung der Bilder, die wir voneinander haben.

Idealerweise läuft eine Trennung so ab, wie es Katherine Woodward Thomas in ihrem Buch »Lass uns in Frieden auseinandergehen« vorschlägt: gemeinschaftlich, so liebevoll wie möglich, großzügig, zartfühlend. Schon klar, dass das ein Ideal ist, das kaum jemand erreicht. Thomas schreibt: »Gewissensbisse. Reue. Schuldgefühle. Scham. Solche großen Emotionen sollten eigentlich aufgelöst werden. Doch bei einer schlecht orchestrierten Trennung verfestigen sie sich, und was von der Beziehung bleibt, ist ausgerechnet ihr destruktivstes Element.«

Die Energie, die durch das Trennungsereignis frei wird, eröffnet die Chance, uns unsere Gefühlstabus ganz genau anzusehen. Am besten zusammen! Das immer liebe, stille, verständnisvolle, tüchtige Mädchen in uns schmeißt möglicherweise hin und zeigt seinen mörderischen Zorn. Der stets beherrschte, gefühlsdosierte Intellektuelle, der sonst eher durch Analyse und Distanz auffiel, spürt vielleicht endlich seine Angst und quälende Getriebenheit. Beide kommen ihrer Wahrheit jenseits der alten Rollen näher. Was für eine Chance, die Scham hinter sich zu lassen! Wie viel Selbsterkenntnis könnte sich als heilsamer Nebeneffekt einer Trennung einstellen, wären wir nicht auf der Flucht voreinander. Zumal dann, wenn der eine zu allem Unglück auch noch in fremden Armen gelandet ist.

Gründe, sich vor der eigenen Veränderung zu drücken, gibt es in Hülle und Fülle. Krieg oder Frieden, das ist hier die Frage. Ich verordnete mir die Blickrichtung Frieden und Veränderung.

»Solange du ihn nicht mehr verändern willst«, meinte Jola auf meine Ankündigung, nun doch das direkte Gespräch mit meinem Exmann suchen zu wollen, »ist das doch absolut prima.«

21. Reise zu den glücklichen Frauen (4): Ellen v. W., Soziologin

»Mein Zorn ließ an Intensität nichts zu wünschen übrig.« Ellen lacht. »Ich weiß nicht, was für eine Kinderstube du genossen hast – meine hatte derartige Beschimpfungen und Gewaltphantasien jedenfalls nicht im Repertoire.«

Die Frau, die mir nun ihre Geschichte erzählt, funkelt mit den Augen, als wollte sie die uns umgebende Nacht erhellen. Wir sind auf dem Weg in eine kleine Bar, die letzte im Kiez, in der man rauchen kann. Medea im Moment der Raserei wirkt wie ein deprimiertes Gretchen gegen Ellen, wenn sie sich an die Zeit ihrer letzten Trennung erinnert und sich dabei einen Zigarillo ansteckt.

Vor vielen Jahren war sie mir das erste Mal aufgefallen, an einem sehr hellen Sonntagmorgen im Juni, an dem alle außer uns beiden offenbar noch schliefen. Ich kam von einer Reise zurück und versuchte, meinen bollernden Rollkoffer möglichst leise nach Hause zu bugsieren. An einen Stromkasten gelehnt, kauerte eine zarte Person auf dem Bürgersteig, und ich sah schon von weitem, wie es sie schüttelte. Der infernalische Krach meines Koffers war mir so peinlich, dass ich ihn aufnahm und trug, während ich mich ihr näherte. Die Frau war weder krank noch betrunken, sondern offensichtlich todtraurig. Sie saß da in einer

Haltung, als wollte sie sterben, neben sich ein winziges Handy und ein Schlüsselbund.

Auf meine Frage, ob ich ihr helfen könne, schüttelte sie den Kopf und wischte sich Tränen aus dem Gesicht. Sie hatte etwas Elfenhaftes, und ich fragte mich, welcher unglückliche Trottel oder herzlose Idiot es nur geschafft hatte, diese Frau derartig zu betrüben? Oder war vielleicht alles ganz anders?

Nun ist Berlin eine sehr große Großstadt, aber ein Kiez bleibt ein Kiez, und wenn man im selben Block wohnt, begegnet man sich, wenn auch grußlos, immer wieder: beim Einkaufen, beim Joggen, zu Silvester auf der Straße. Ich sah Ellen rund werden und dann mit Kinderwagen. Ich sah sie mit einem gewaltigen Mann, mit einem winzigen Hund und dann eine lange Zeit gar nicht mehr. Und irgendwann hatte ich sie vergessen. Bis zu jener Nacht, in der das Schicksal sie mir erneut zuspielte.

Ich kehre gerade von meiner Wienreise zurück und entsteige gegen Mitternacht einem Taxi. Aus dem Dunkel eilt eine Frau herbei und fragt, ob sie den Wagen übernehmen könne. Der Fahrer nickt erfreut, und ich, sonst durchaus nicht immer so geistesgegenwärtig, ergreife die Gelegenheit: »Wir kennen uns vom Sehen. Und zwar schon ewig, oder?« Ellen nickt verblüfft, und ich fummle eine Visitenkarte aus der Tasche. »Kannst du mich mal bitte anrufen? Es ist dringend.«

Irgendwie hatte ich, als ich sie sah, sofort den Eindruck, dass sie glücklich ist. Aber was wird sie mir erzählen? Wird sie sich überhaupt melden, oder hält sie mich für aufdringlich und wirft meine Visitenkarte in den Papierkorb? Ich bin selber beeindruckt von meiner Chuzpe, sie angesprochen zu haben. Und wirklich, sie ruft an, schon zwei Tage später.

»Worum geht's denn?« Ellen wirkt knapp bis kühl am Telefon. Ich versuche, mein Anliegen so präzise wie möglich zu formulieren, erwähne meine Trennungsgeschichte und das geplante

Buch, und sie hört aufmerksam zu. Als ich sie frage, ob sie sich für glücklich hält, kommt ein spontanes und sehr überzeugendes »Klar! Ich hätte nie gedacht, dass das geht, aber ja, ich lebe schon länger allein und finde das ganz wunderbar, mir ist es nie bessergegangen«.

Und hier sind wir nun. Die Beckett-Bar lässt uns nach längerem Klingeln ein.

»Tut mir leid, dass es hier so verqualmt ist.« Ellen seufzt. »Das ist für dich jetzt wahrscheinlich blöd. Aber ich kann nicht gut reden, ohne zu rauchen, und zu Hause muss ich auf den Balkon, wegen des Kleinen.« Sie erzählt, dass ihre Tochter kurz vor dem Abitur schwanger geworden ist. Der junge werdende Vater habe seine Rolle nicht eben glorios ausgefüllt, sondern sei wortlos nach Australien entfleucht. Die Tochter sei bei ihr wohnen geblieben, zusammen mit dem Enkel, inzwischen bereits ein fröhliches Kindergartenkind. Ellen ist Soziologin, und man hört ihr nicht an, dass sie aus Sachsen stammt.

Wir, zwei fast gleichaltrige Frauen aus dem Osten, sind sofort im Gespräch darüber, wie wir angetreten sind, als wir so alt waren wie unsere Töchter jetzt. Das Thema Heiraten beschäftigte uns damals vorrangig in zweierlei Hinsicht: als Möglichkeit, das Land schneller Richtung Westen zu verlassen, oder als einziges Mittel, nach dem Studium nicht für mindestens drei Jahre in eine Stadt gehen zu müssen, der man von einer staatlichen Lenkungsstelle zugeteilt wurde. War man verheiratet und hatte gar Kinder (was mit Anfang zwanzig vollkommen normal war, denn die Auswahl an sonstigen Abenteuern war bekanntlich übersichtlich auf Honeckers kleiner Farm), konnte der Arbeitsplatz des Ehepartners als Argument herangezogen werden, dass man mit seinem schönen Diplom nicht unfreiwillig in die Pampa entsandt wurde. Was nicht heißt, dass wir nicht auch unter Mitwirkung von Liebe geheiratet hätten, aber Ellen und ich sind uns einig, dass sich die Prämissen, unter denen wir in den achtziger Jahren in Ostberlin ins aktive Beziehungsleben einstiegen, doch sehr von unseren heutigen Möglichkeiten unterscheiden. Aber sollen wir das wirklich begrüßen? Ging es uns damals besser oder heute?

»Dass Geld keine Rolle spielte, empfinde ich im Rückblick als großen Glücksfall. Oder hast du dich jemals bei einem Typen gefragt, ob er welches hat? War doch vollkommen wumpe! Das änderte sich allerdings schnell, als dann Westen war und ich arbeitslos wurde. In den Neunzigern als Soziologin mit Ostdiplom bei Bewerbungsgesprächen: *sehr witzig!* Und diese ganze Verzweiflung, was das Nichtfunktionieren der Liebe betraf, ich weiß auch nicht ... ich war in dieser Zeit ganz gegen meine Gewohnheit völlig durch den Wind. Durch den Wind und dann schwanger.«

Die jungen Barkeeper würdigen uns keines Blickes. Für sie sind wir zwei Frauen, die ihre Mütter sein könnten und hier zur lukrativsten Ausgehzeit, Freitag kurz vor Mitternacht, die besten Plätze an der Bar besetzen.

An jenen Junimorgen am Stromkasten erinnert Ellen sich sogar, an meinen Rettungsversuch nicht. Sie holt aus: »Oh, schreckliche Zeit! Da hatte ich einen unfassbaren Dauerkonflikt mit einem versoffenen Schriftsteller. Ein Bayer! Kannst du dir das vorstellen? Der war noch dazu so hünenhaft, dass ich komplett unter dem verschwunden bin, und zwar nicht nur körperlich. Er fuhr zu Beginn die Prinzennummer, so mit Niederknien im Schnee, Rosen und 'nem Ring aus dem Nachlass seiner Oma. Niemals hätte ich gedacht, dass ich auf so etwas abfahre. Auf einen Zuckerbrot-und-Peitsche-Mann, der auf Versorger machte, weil er das eben so kannte von zu Hause. Und wir Frauen aus dem Osten kannten das nicht. Anstatt dass da jetzt mit der Wiedervereinigung was Neues losgeht, ein anderes Geschlechterverhältnis entsteht und sich beide Seiten verändern, finden wir das wunderschön und fühlen uns *angekommen*. Hättest du das gedacht? Ich meine ... vorher? Bevor die ersten Crashs kamen?«

Ich weiß gar nicht mehr, was ich damals gedacht habe. Wahrscheinlich überhaupt erschütternd wenig in den Phasen beginnender Verliebtheit. Und verliebt war ich oft zu Anfang der Neunziger. In Männer, in Frauen, in die neuen, scheinbar grenzenlosen Möglichkeiten nach dem Mauerfall.

Im Fortgang des Abends versuchen wir, den Geschlechterkonflikt unter Berücksichtigung der Ost-West-Problematik zu Wendezeiten aus soziologischer Sicht zu diskutieren, und scheitern schlicht an der Klobigkeit des Themas. Außerdem geht es rings um uns her nun zur Sache, die jungen Menschen machen jemanden für den Rest der Nacht klar.

Ellen und ich sind, zusammen mit einem vor Stunden im Sessel eingenickten Fettwanst, Typ Immobilienmakler, mit Abstand die Ältesten. Die Männer schauen durch uns hindurch, wir bleiben unbehelligt. Zumindest, bis Fettwanst erwacht, auf uns zuwankt und offenbar meint, in uns ein Two-for-one-Angebot ausgemacht zu haben. Wir flüchten in die kühle Nachtluft und trennen uns für heute. Allerdings weiß ich noch immer nicht genau, wieso Ellen sich als *zufrieden und manchmal glücklich* bezeichnet und es genießt, allein zu leben.

Ich frage sie das, als wir uns wenige Tage später in ihrer Wohnung treffen. Die Bücherregale reichen bis an die Decke, ein riesiger Schreibtisch nimmt die gesamte Fensterfront ihres Arbeitszimmers ein, und auf dem Boden liegt Spielzeug des Enkelsohns verstreut, das sie sportlich beiseitekickt, um den Weg frei zu machen.

»Es ging damit los, dass ich hier saß und über weibliche Sexualität las und schrieb und mir wie eine Lügnerin vorkam, wie eine Hochstaplerin. Mein theoretischer Ansatz und mein Anspruch waren himmelweit von meinem Privatleben entfernt. Die Miete zahlte mein zugezogener Freund aus Bayern. Für ihn kein Problem, preiswerte Ostbutze, der sparte gegenüber einer Wohnung im Westteil sogar noch. Ich aber war arbeitslos, ließ mich versorgen. Ja, also, damit fängt's doch an! Abhängig hab ich mich ganz alleine gemacht, na, und die Verhältnisse natürlich. Mit dieser Ostvita ging es nicht hoch hinaus. Und als ich realisierte, in was ich mich da reingestrickt hatte, war die Kiste schon verfahren. Das hab ich interessanterweise zunächst beim Sex gemerkt. Mein so romantisch angetretener Freund kümmerte sich nämlich bald nur noch um sich selbst.«

Ellen springt aus dem Sessel auf und eilt davon, das Teewasser kocht. »Ich habe wirklich gerne Sex! Und kannst du dir vorstellen, dass jemand wie ich ernsthaft mit einem zusammen war, der mich nicht geleckt hat?« Sie ruft die Frage tatsächlich aus der Küche.

Ich weiß nicht so recht, was ich darauf antworten soll, und versuche es mit einem eher unambitionierten »Nee, natürlich nicht«.

»Natürlich«, schnauft die zurückgekehrte Ellen, »ist das richtige Wort. Hast du mal 'ne Umfrage gemacht, ob es noch Frauen gibt, die ihren Freunden oder Männern keinen blasen? Ich ja! Ergebnis: Alle tun es. Natürlich! Ist ja auch schön und gut, brauchen wir nicht drüber zu diskutieren. Umgekehrt sieht es schon trauriger aus, und weißt du was? Ich finde das wirklich empörend. Mit F. habe ich das drei Jahre lang mitgemacht, immer in der Hoffnung, wenn ich meine Wünsche deutlich genug artikuliere, ändert sich was. Nichts ist passiert. Ich kann aber nicht kommen, ohne dass ich geleckt werde, und während er mit mir ein eigentlich ganz vergnügliches Sexleben hatte, wurde ich immer unwirscher. Das war dann natürlich nicht gerade sein Lieblingsthema.

Ich kann dir gar nicht sagen, wer sich letztlich getrennt hat, vielleicht hab ich es ausgesprochen, jedenfalls hatte er sofort eine Neue. Nein, beneidet habe ich die nicht, ich wusste ja, dass sie im Bett wahrscheinlich auch nicht anders behandelt wird als ich. So viel Selbstbewusstsein hatte ich immerhin, dass ich nicht dachte, es läge an mir.«

Kluge Ellen. Probleme jeglicher Art mit der Liebe nicht immer nur auf meinen eigenen Deckel zu schreiben, musste ich erst mühsam lernen.

Ellen bringt es auf den Punkt: »Es gibt einen Typ Mann, der ist nicht gut für Frauen wie uns. Nach meiner dritten derartigen Beziehung hab ich einfach damit aufgehört. Finito. Ich wollte immer, dass die Männer sich ändern, irgendwie nachreifen, ach Gott, was ich in Bezug auf die alles wollte. Vor allem verstehen wollte ich die. Und irgendwann, da war ich Anfang fünfzig, dachte ich, Ellen, dachte ich, bevor du hier vor lauter Männerverstehen-Wollen zur tragischen Figur wirst, versteh dich doch erst mal selber. Und überleg mal, warum du umgekehrt noch keinem begegnet bist, der *dich* verstehen und ergründen will. Der ähnlich viel Zeit und Energie in die Liebe investiert, wie du das zu tun pflegst. Gibt es solche Männer nicht, oder übersiehst du die immer?« Schwungvoll stellt Ellen ihre Teetasse auf einem Bücherstapel ab.

Nach einem Moment des Schweigens erzählt sie mir, dass sie seit ein paar Jahren keine monogame Beziehung mehr hatte, aber in allerlei Abenteuer verstrickt war. Sie hatte eine aufregende Geliebte und lebte für ein paar Monate in einer Polyamoren-WG auf dem Land. »Und dann, als mein Enkelkind unterwegs war, überkam mich ein übermächtiges Ruhebedürfnis. Oh, dachte ich, werde ich nun endgültig alt?« Sie lacht und macht eine Geste, als wollte sie sich die dritten Zähne herausnehmen. »Was erst so aussah wie Aufgeben, nämlich eine selbstverordnete Abstinenz, war mein Glück! Das Ungebundensein verlor seinen Schrecken. Ich rannte nicht mehr durch die Gegend, sondern blieb zu Hause, las viel, siebte meinen Freundeskreis aus.«

Ellen erzählt, wie sie zum ersten Mal im Leben Ordnung in ihre Finanzen und Papiere brachte. Als der Enkel geboren war, nahm sie Kontakt zu verschollen geglaubten Verwandten auf und begann die Familiengeschichte zu erforschen. Und schließlich fand sie eine Stelle als Soziologie-Dozentin.

»Fast hätte ich auf meine alten Tage doch noch promoviert. Das führt jetzt zu weit, aber Gender Studies und Geschlechterkonflikte, das ist alles immer noch sehr spannend für mich. Ich könnte dir diverse ausufernde und selbstverständlich zutreffende Theorien referieren. Aber letztendlich, Ulrike, wenn ich an mein eigenes Leben denke, mich an meine eigene Nase fasse, kann ich dich nur zum *Forschen* ermutigen. Selbsterforschung, that's it! Und natürlich zu finanzieller wie geistiger Unabhängigkeit. Hör auf, mit den Fehlern anderer zu hadern und irgendwen außer dir selbst verändern zu wollen.«

Auf die Gefahr hin, etwas begriffsstutzig zu wirken und das Offensichtliche nicht zu sehen, frage ich noch einmal nach: »Was ist es, das dich jetzt zu einer glücklichen Frau macht?«

Ellens Blick schweift durch das schöne Arbeitszimmer, als wäre es ein kleines Königreich. Sie lehnt sich zurück, streckt die Beine aus und grinst: »Ich erwarte keine Rettung mehr von anderen, vor allem nicht von Männern. Ich wende meine Kraft für mich, mein Kind und meinen kleinen Enkel auf. Ich bin mir selbst eine gute Gesellschaft. Sicher spielt es eine Rolle, dass meine Tochter bei mir wohnt und wir uns nahe sind. Aber ich weiß auch, dass sie irgendwann ihre eigenen Wege gehen wird. Jedenfalls warte ich nicht mehr auf *den einen* Mann. Ich schließe nicht aus, dass da noch mal einer kommt. Auch bei dir wird wieder jemand reinschneien. Und dann werden wir die alten

Drehbücher nicht zum tausendsten Mal abfilmen. Versprochen?«

Ich antworte mit einem Lieblingswort meiner Oma: *Wollnwirmalhoffen.*

Ellen bringt mich zur Tür und sagt mit einem Augenzwinkern: »Ach, weißt du, und jenseits von diesem ganzen Gerede gilt sowieso immer: Tu dich nie mit jemandem zusammen, der dich nicht liebt. Und der dich nicht leckt.«

Dem habe ich im Moment nichts hinzuzufügen.

22. Feste überstehen.
Vipassana in Österreich

»Flip your broken record and play the B-side.«
The Angry Therapist

Ende des Jahres fühlte ich mich wie ein Computerprogramm kurz vor dem Absturz. Mein mit Plänen vollgestopfter Kopf summte und schmerzte. Zwar war ich inzwischen längst nicht mehr im seelischen Dauerschmerz gefangen, aber noch immer fühlte ich mich, vor allem nachts, ruhelos. Das zweite Weihnachtsfest seit der Trennung verbrachte ich mit meiner Mutter, meinen Kindern, Freunden und besagtem mutig erworbenen Baum zu Hause. Die Tage vergingen schnell, auch wegen der Vorfreude auf das Geschenk, das ich mir selbst gemacht hatte: eine Reise zu einem buddhistischen Zentrum in den Tiefen der österreichischen Provinz. Hier wollte ich fünf Tage Vipassana üben, eine Achtsamkeitsmeditation, bei der man rund um die Uhr schweigt.

Bei der Auswahl des Etablissements war ich ähnlich pragmatisch vorgegangen wie weiland bei der Suche nach einem Tantra-Studio. Ich versenkte mich nicht weiter in die Feinheiten der weitverzweigten buddhistischen Lehre, sondern suchte mir die am wenigsten kitschige Website aus, studierte Angebot und Kosten und meldete mich einfach an. Gleich nach Weihnachten sollte es losgehen.

Ein Schweige-Retreat ist die Lösung für alle Probleme, die Feiertage und vor allem Silvester für verlassene und getrennte Menschen bereithalten. Ich musste mir keine Gedanken machen, auf welcher Party am wenigsten glückliche Pärchen und damit die geringsten Schmerzen zu befürchten wären. Das Warten auf Anrufe würde ebenso entfallen wie deprimierende Sprüche à la »Neues Jahr, neues Glück«. Es würde einen festen Tagesablauf geben und die Möglichkeit, den Jahreswechsel in der Stille der Berge einfach zu verschlafen.

Doch vor die Erleuchtung haben die Götter das Wetter und die Verkehrsmittel gesetzt ...

Es stürmt, und erst mit großer Verspätung fliegen wir ab. Die Chefstewardess beschwört alle, die um ihre Anschlüsse bangen, sich in Gelassenheit zu üben und, so wörtlich, »den Geist der Weihnacht« wieder hervorzuholen. Aber ob dieser die österreichische Bahn dazu bewegen wird, auf mich zu warten?

Der Anflug auf Wien ist turbulent. Ich sitze in der ersten Reihe und bilde mir ein, den Kapitän fluchen zu hören. Die Stewardess hat sich mir gegenüber auf einem Klappsitz angeschnallt und redet begütigend auf eine leichenblasse junge Frau ein, die neben mir sitzt und in ihre Spucktüte würgt. »Du hast es gleich geschafft, Liebes. Es ist nur der Wind. Ganz ruhig! Das ist ein Sturmtief. Es heißt Natalie. Und Natalie ist ein echtes Miststück.«

Ich lache auf.

Mit einem erschrockenen Seitenblick wendet die Stewardess sich mir zu: »Oh! Ich hoffe, Sie heißen nicht Natalie?!«

»Ich nicht«, höre ich mich sagen, »aber die Geliebte meines Mannes!«

»Sag ich doch«, grinst sie. »Ein echtes Miststück!«

Einige Monate zuvor wäre ich in so einem Moment noch in Tränen ausgebrochen. Jetzt bin ich amüsiert.

Das niederösterreichische Örtchen Scheibbs, umgeben von sanft geschwungenen Bergen, scheint noch im Weihnachtsschlaf versunken zu sein, als der Bahnhof uns ausspuckt. Meine Mitmeditierer sind leicht auszumachen, ein ohrenbetäubendes Rollkofferkonzert begleitet unseren Weg in die Stille.

Einige von uns beschließen, einen Imbiss zu nehmen. Die Auswahl an gastlichen Orten besteht aus genau einem solide braungerauchten Bahnhofsbüdchen. Der Wirt serviert uns, was er hat. Als wir die heiligen Hallen des buddhistischen Zentrums endlich erreichen, stinken wir nach Bratwurst, Rauch, Bier und dem Kräuterschnaps, den uns der Wirt mit den Worten »Weil Weihnachten g'schafft is'« ausgegeben hat.

Diesen unbeabsichtigten olfaktorischen Generalangriff auf die zelebrierte Reizarmut im Empfangsraum unseres Domizils kommentiert der Hausvater trocken: »So. Ihr seid's also die Berliner.«

Der erste Tag

5.55 Uhr. Eine Seminarteilnehmerin trägt einen großen Messinggong durch sämtliche Flure des Hauses und schlägt ihn immer wieder sanft an, um uns zu wecken. Wir haben nun eine halbe Stunde Zeit, uns zur ersten Zusammenkunft des Tages im Meditationsraum einzufinden. Draußen ist es stockdunkel, ich habe wild geträumt und komme nur schwer zu mir. Wellen von Selbstmitleid branden an. Was tue ich hier? Wieso schlafe ich nicht zu Hause in meinem Bett bis in die Puppen und genieße diese ruhige Zeit zwischen den Jahren wie alle anderen auch mit Lesen, Kochen und dem Gucken romantischer Komödien? Was will ich hier in der Fremde, und vor allem: Wann gibt es Kaffee?

Noch halb bewusstlos wanke ich in den Meditationsraum

und nehme meinen Platz schräg links vor dem Altar ein. Ein freundlich wirkender Buddha lächelt mit geschlossenen Augen auf uns herunter, Kerzen brennen, Blumen blühen. In meinem Schal hängt noch der Duft der Parfümprobe vom Flughafen. Den ersten Teil der kostbaren Meditationszeit bringe ich mit dem Gedanken herum, dass das Parfüm ausgerechnet *Marquis de Sade* hieß. Von meiner Nachbarin zur Rechten weht ein Hauch von Patchouli herüber, ein Duft, der mir in dieser Umgebung wesentlich passender erscheint.

Durch das stille Sitzen öffnen sich die Sinne. Ich rieche nicht nur mich und alle anderen frisch geduschten Menschen, die eine Armeslänge von mir entfernt auf ihren Bodenkissen sitzen, sondern nehme auch verschiedenste Geräusche von außen wahr, die mir normalerweise entgangen wären. Später werde ich mein eigenes Blut in den Ohren rauschen und mein Herz klopfen hören können.

Vipassana ist eine der ältesten Meditationsformen. Sie stammt aus Indien, wo sie schon vor zweitausendfünfhundert Jahren als »Kunst des Lebens« gelehrt wurde. Und obwohl wir hier vor Symbolen des Buddhismus sitzen, hat Vipassana nicht unmittelbar etwas mit Religion zu tun. Sie ist eine Achtsamkeitsübung, ein geistiges Training, das die Meditierenden anhält, sich von Illusionen zu befreien und die Dinge so zu sehen, wie sie wirklich sind. Und zwar im jeweils aktuellen Moment.

Ziel der Vipassana-Meditation ist die Akzeptanz der persönlichen Realität, ohne jegliche Wertung. Als Praktizierende strebe ich nach Selbstveränderung durch Selbstbeobachtung. Die stille Achtsamkeit wird auf den eigenen Körper und Geist gerichtet, die dabei erforscht, befriedet und geheilt werden. So weit das Versprechen, das meine Hoffnungen geweckt hatte, während der ersten praktischen Stunden aber von Rückenschmerzen, Müdigkeit und hartnäckiger Skepsis überlagert wird.

Die Dinge zu sehen, wie sie wirklich sind, nämlich in ständiger Veränderung begriffen, und sich nicht an sie zu klammern, scheint ein Bedürfnis aller hier zu sein. Aus einem ersten Gespräch vor dem Beginn des Schweigens weiß ich, dass viele von uns schon Erfahrung mit Meditation haben. Hier sind Ärzte, Bankerinnen, Filmemacher, Lehrerinnen, Psychiater, Biologinnen, Programmierer, Geistliche und Therapeutinnen in friedlicher Eintracht und dem Wunsch nach Ruhe und Sammlung zusammengekommen.

Sicher übt diese fernöstliche Praktik auch deshalb so eine große Anziehungskraft auf westliche Heidenkinder wie mich aus, weil ihr und ihren Symbolen jegliche abschreckenden Elemente fehlen. Ich fühle mich zur Teilnahme eingeladen, ohne zunächst eine Taufe oder irgendein anderes Ritual absolvieren zu müssen. Keinem kritischen, strafenden Gott gilt es zu gefallen, keine festgelegten Aufgaben zu erfüllen, Konkurrenzgedanken sind ein Fremdwort. Die Frage, ob etwas »Sünde« ist und wie wir mit den Folgen unerwünschten Verhaltens umgehen, wird in die eigene Verantwortung gelegt und in Liebe, auch und zuerst sich selbst gegenüber, betrachtet.

Mönche in einem strengen tibetischen oder japanischen Zen-Kloster erleben das wahrscheinlich anders, aber hier, zwischen den orangefarbenen Wänden des Zentrums, ist alles erfüllt von Wärme, Liebe, Nachgiebigkeit und Entspannung.

Bei der ersten Meditation nicke ich schon nach ein paar Minuten ein. Geweckt von meinem nach vorne fallenden Kopf, entfährt mir ein erschrockener Seufzer, der in der absoluten Stille des Raumes wie ein kleiner Schrei wirkt. Mir ist das peinlich, aber irgendjemand kichert nur kurz und freundlich, dann herrscht wieder Stille.

Wir schweigen also. Während der stundenlangen Meditationen sowieso, aber auch während der Pausen, während des

Essens und während nächtlicher Spaziergänge. Wir schweigen beim Yoga, beim Gemüseputzen in der Küche und in der Gemeinschaftsdusche. Das Schweigen ist das Beste. Es ist wie eine hochwirksame Medizin gegen Nervosität und seelische Überlastung, es entfaltet seine entspannende Wirkung vom ersten Moment an. Wir geloben in stillen Mantras, uns während der Zeit unserer Unterweisung aller berauschenden Substanzen, sexueller Aktivität und »falscher Rede« zu enthalten, keinem Lebewesen Leid anzutun und »nicht zu nehmen, was nicht gegeben«.

Das heißt, wir trinken, vögeln, lügen, töten und klauen nicht.

Die Regeln sind klar, die Umgebung ist reizarm, und schon am ersten Nachmittag fühle ich mich geerdeter.

Nachts fällt mich, als ich kurz erwache, altbekannter Liebeskummer an. Statt mich darüber zu grämen, sage ich: *Ach, du schon wieder*, drehe mich um und schlafe weiter.

Der zweite Tag

Wir schweigen zwar, die Augen sind allerdings nur während der Meditation geschlossen. Der Anblick einer vierzigköpfigen Gruppe von mehr oder weniger zerzausten Akademikern in Jogginghosen und Wollsocken ist ein spezielles Vergnügen. Auch ich trage irgendetwas Bequemes, während der vielen Stunden stillen Sitzens ist man auf die wohlwollende Mitarbeit jeder einzelnen Naht angewiesen. Drückt oder spannt es irgendwo, klemmt es auch auf dem Weg zur Erleuchtung. Alle Arten von innerem Widerstand beginnen sich ohnehin zu formieren. Nach außen sind wir still, innen bricht der Teufel los.

Es fällt mir, obwohl ich äußerlich unbewegt und mit nur leichten Schmerzen dasitze, sehr schwer, die schwirrenden Gedanken, die wild durcheinanderschnatternden Stimmen in meinem Kopf zu beruhigen und zu befrieden. Stundenlang herrscht blankes Chaos. Ich bin unzufrieden mit mir. Mein Unvermögen, mich länger als eine Minute auf meinen Atem zu konzentrieren und nichts zu bewerten, lässt mich hadern. Weiterhin schlafe ich zwischendurch immer wieder ein, obwohl ich nicht wirklich müde bin, denn das klösterliche Leben hat mir mehr als acht Stunden Nachtschlaf beschert. Das ist ein Wert, auf den ich im Alltag nicht einmal am Wochenende komme.

»Was ist jetzt?«, lautet eine der Fragen unseres Lehrers Androsch, der uns damit geduldig und kontinuierlich daran erinnert, uns nicht in inneren Filmen zu verlieren. Er nennt diese verbreitete Reaktion »in den geistigen Vergnügungspark abbiegen«. Ich ertappe mich immer wieder dabei, entweder über die Vergangenheit zu grübeln oder mich vor einer vermeintlich schwierigen Zukunft zu ängstigen. Es hilft, mich mit liebevoller Nachsicht selber zur Ordnung zu rufen und mich stoisch dem eigenen Atem, vielleicht auch dem sanften, kaum wahrnehmbaren Luftzug zwischen Nase und Lippen zuzuwenden. Androsch fordert uns mit leiser Stimme dazu auf. Die bildhafte Wendung »sich an die eigene Nase fassen« fällt mir ein, und – schwupps – verfange ich mich wieder in Diskursen mit mir selbst. Und so geht es fort und fort.

Androsch, der sich seit über dreißig Jahren vor allem in Sri Lanka und Burma, dem heutigen Myanmar, mit Meditation und Yoga beschäftigt und auch im Buddhistischen Zentrum Wien lehrt, weiß um die Tücken des zweiten Tages. Zu Beginn jeder knapp einstündigen Meditation gemahnt er uns, geduldig und liebevoll mit uns selbst zu sein. Dabei fällt mir auf, dass ich mich unablässig beurteile und es meiner inneren Kritikerin nie recht machen kann. Sie ist eine bösartige Hexe, die sich immer dann zu Wort meldet, wenn ich beginne, ein klein wenig zufriedener mit mir zu sein. Ihre Lieblingspredigt heute: »Wenn du ein liebenswerter Mensch wärst, säßest du hier nicht in der Fremde auf einem Dinkelspreukissen herum. Wenn du hart genug an dir gearbeitet hättest, wärst du jetzt mit deinem Mann und deiner Familie in den Weihnachtsferien, und alles wäre super.«

»Kannst du nicht mal eine andere Platte auflegen?«, wehre ich mich lahm.

»Nein«, gibt sie zurück, und Androsch schlägt den Gong zur Nacht.

Der dritte Tag

Heimlich logge ich mich mit dem Smartphone in das häusliche WLAN ein. Das Passwort hängt in der Bibliothek aus, es scheint also nicht ausdrücklich verboten zu sein. Ein schlechtes Gewissen habe ich dennoch. Ich wollte doch fasten: kein WhatsApp, kein Facebook, kein Spiegel Online, keine Mails! Bei klassischen Zehn-Tage-Vipassana-Meditationen in strengeren Settings müssen alle einschlägigen Geräte für die Zeit des Retreats nicht nur ausgeschaltet, sondern auch abgegeben werden. Hier ist das Abschalten nur ein Ratschlag, den ich nicht durchgehend befolge. Meine Kinder und Enkel sind verreist, und ich will wissen, ob sie wohlbehalten angekommen sind. Ich lese meine in den drei Tagen aufgelaufenen Mails und flirte per SMS mit einem wieder aufgetauchten Freund aus Studienzeiten.

Erste gute Wünsche für das neue Jahr treffen ein. Auch Einladungen zu Silvesterpartys, die mir hier vollkommen absurd erscheinen. Ich bin undiszipliniert und neugierig und besänftige mein schlechtes Gewissen damit, dass ich für meine Verhältnisse elektromedial vergleichsweise enthaltsam bin. Nachrichtenportale rufe ich immerhin nicht auf, und ich poste auch keine Bilder von mir in Yogi-Pose auf Facebook, um mein angeschlagenes Selbstbewusstsein durch Likes zu sanieren.

Für den dritten Tag war uns von Androsch eine gewisse Erleichterung, eine größere innere Ruhe beim Meditieren in Aussicht gestellt worden. Tatsächlich beruhigt sich der Krawall in meinem Kopf etwas. Allerdings beginne ich mich stattdessen zu langweilen.

Mehr als an den vorangegangenen Tagen freue ich mich deshalb auf die sogenannte Gehmeditation, die wir wahlweise auf den langen Fluren des Hauses, einer ehemaligen Hufschmiede, oder draußen im Freien absolvieren können. Inzwischen ist die Umgebung auf das Schönste verschneit, die Sonne wärmt mein Gesicht und zaubert unglaublich intensive Farbflashs hinter die geschlossenen Lider. Der Himmel könnte blauer nicht sein. Achtsam, wie es die Meditation gebietet, staksen wir durch den Schnee, sehr bewusst und konzentriert einen Fuß vor den anderen setzend. Zehn Schritte in die eine Richtung, Pause, umdrehen, zehn Schritte in die andere Richtung. Langsam und gleichförmig. Die Übung steht für Kontinuität, aber auch für die Wendungen, die es in allen Lebenssituationen immer wieder gibt. Und natürlich die bewusste Entscheidung, diese Wendungen zuzulassen und mit zu vollziehen.

Entgegen der Empfehlung, den Blick ungerichtet zu halten oder nach innen zu wenden, muss ich immer wieder auf die verschneiten Berge blicken, deren Schönheit mich rührt. Und da erwischt es mich wieder. Erinnerungen an meinen Mann, an gemeinsame Erlebnisse suchen mich ungebeten heim. Es ist, als wäre er physisch präsent. Neu ist, dass es nicht der kummervolle Trennungsfilm ist, der seit sechzehn Monaten pausenlos in meinem Kopf spielt. Es sind schöne Erinnerungen, aber ich will sie nicht. Auf keinen Fall. Sie machen mich traurig, drohen mich zurückzuwerfen in sinnloses Bedauern. Plötzlich bin ich fast so erschöpft wie ein Jahr zuvor und kann kaum noch einen Fuß vor den anderen setzen. Mir wird schlagartig kalt.

Ich wechsle die Richtung und hefte den Blick auf das Haus, um mich wieder in der Gegenwart zu verankern. Aus dem Vorratsraum tritt der kroatische Koch, eine Gemüsekiste in den Händen. Er ist *unachtsam*, rutscht aus und sitzt im Schnee. Rosenkohl regnet auf ihn herab. Ich muss lachen.

Später wird Androsch die Sitzmeditation mit den Worten einleiten: »Alles ändert sich. Andauernd. Vertraue auf den Wandel und deinen Atem.«

Der vierte Tag

»Hochmut kommt vor dem Fall«, pflegte meine Großmutter zu sagen, und ich weiß noch, dass ich als Kind dann jedes Mal einen Wasserfall vor Augen hatte und nicht wusste, was mit dem Spruch gemeint sein könnte. Der vierte Tag hält eine kleine Lektion dazu für mich bereit.

Wir sprechen zwar nicht, und auch sonst ist jeder in sich gekehrt, aber es haben sich, sehr fein und dennoch spürbar, Sympathien und Antipathien zwischen uns herausgebildet.

Ich zum Beispiel empfinde leisen Groll gegenüber den *Säulenheiligen* unter den Teilnehmern, denen es anscheinend ohne jede Mühe gelingt, sich jeglicher Mimik zu enthalten und stundenlang regungslos zu meditieren.

Dagegen liebe ich die beiden Männer zu meiner Linken und Rechten am Tisch, mit denen mich ein unbezähmbarer Lachanfall verbindet. Eine winzige, komische Geste des einen beim Herüberreichen des Salatbestecks heute Mittag hatte gereicht, uns aus der Fassung zu bringen. Ich habe das Gefühl, seit Jahren nicht mehr so gelacht zu haben.

Um die tägliche Arbeitsmeditation, die in einer einstündigen Mithilfe im Haushalt besteht, abzuleisten, habe ich mich heute für das Bügeln von Bettwäsche eingetragen. Alles dafür Nötige ist im Speiseraum aufgebaut. Jeweils fünf Leute sollen in der angrenzenden Küche helfen und in der dafür recht knapp bemessenen Zeit einen Riesenhaufen Gemüse putzen. Vier von ihnen stehen längst an der Arbeitsfläche, als, gehüllt in eine voluminöse Wolldecke, Nummer fünf erscheint. Betont gemächlichen Schrittes, den Blick nach innen gerichtet und mit einem versonnenen Lächeln auf den Lippen, durchmisst sie den Speisesaal in Richtung Küche. Ihre Teetasse trägt sie vor sich her wie eine Monstranz. Überraschend hasserfüllt denke ich: »Es heißt *achtsam* und nicht *slow motion*, Madame!«, und fasse mit meiner ganzen rechten Handfläche auf das kochend heiße Bügeleisen. Mit einem sehr unflätigen Fluch breche ich das Schweigegebot.

Der Rest des Tages steht unter dem Motto Eismeditation und Feldforschung über das Thema: »Wie lange hält ein Kühlpad die brüllenden Schmerzen einer wachteleigroßen Brandblase in Schach?« Hier mein Forschungsbericht: nicht lange genug!

Abends gehe ich zu einem Vieraugentreffen mit Androsch. Wir dürfen uns, um aufkommende Fragen zu erörtern, zu viertelstündigen Beratungen bei ihm anmelden und während dieser Zeit auch sprechen. Sofort werde ich gefragt, was mit meiner Hand passiert ist, denn Androsch ist schließlich ein achtsamer Mann. Was folgt, ist ein Gespräch über Selbstverletzung und Selbstsabotage als typisches Phänomen vor allem in Krisenzeiten, wenn es an Selbstfürsorge meist mangelt. Nebenbei erfahre ich, dass rund zwei Drittel meiner Mitmeditierer gerade eine Trennung verarbeiten. Androsch berichtet, in Retreats kristallisiere sich häufig ein Hauptthema heraus, und macht höhere Energien dafür verantwortlich. Ein Gedanke, der mir gefällt, andererseits dürfte aber auch die Tatsache, dass Silvester ist, ein Grund für die Teilnahme vieler Menschen mit Trennungshintergrund sein.

»Du willst, dass es anders ist, als es ist, oder? Du haderst mit der Vergangenheit und ängstigst dich vor der Zukunft. Hör, so schnell es geht, auf damit. Lass das Kämpfen sein, sonst passiert überhaupt nichts«, rät Androsch mir. »Und schau dich liebevoll an. Sei gut zu dir! Übe Metta!«

Natürlich hat er recht mit diesen einfachen Weisheiten, die allerdings nicht so leicht zu leben sind. Das christliche Gebot *Liebe deinen Nächsten wie dich selbst* setzt unschuldig voraus, dass man sich selbst liebt. Aber tun wir das?

Ich jedenfalls übe noch …

Die Metta-Meditation gehört zu den vier grundlegenden Übungen in buddhistischer Tradition, die als »himmlische Verweilzustände« bezeichnet werden. Bei Metta geht es um *liebende Güte*, bei Mudita um *Mitfreude*, bei Karuna um *Mitgefühl* und bei Upekkha um *Gleichmut*.

Androsch leitet jeden Tag ausdrücklich mehrmals Metta-Meditationen an, die durch sanfte Öffnung unserer Herzen die Angst vor Verlust, Tod und Schmerz lindern sollen. Mit geschlossenen Augen folgen wir seiner Stimme und wiederholen innerlich Sätze, die tatsächlich beruhigen und das Herz erwärmen.

Wir beginnen mit einer Art Selbstansprache: »Möge es dir wohl ergehen. Mögest du glücklich sein.« Wir reden uns selbst auf die bestmögliche Art gut zu. Zuerst fühlt es sich merkwürdig an, und die innere Kritikerin protestiert, aber nach einer Weile wirkt es beruhigend und hebt die Laune. Nacheinander richten wir unsere guten Wünsche nun an einen geliebten Menschen, eine eher neutrale oder uns nicht näher bekannte Person und schließlich an einen von uns als schwierig empfundenen Menschen. Wenn Letzteres nicht gelingt, dürfen wir den Versuch abbrechen, zum abschließenden Teil kommen und globaler werden: »Mögen *alle* Lebewesen auf der Welt glücklich sein.«

Der *himmlische Verweilzustand* der Metta-Meditation hilft mir wirklich. Ich fühle mich weicher und habe das Gefühl, etwas Sinnvolles zu tun, was während ungerichteter Meditationen nicht unbedingt der Fall und wahrscheinlich auch nicht die Absicht ist. Während ich schweigend versuche, leer zu werden und mich auf meinen Atem und damit auf meine pure Existenz zu konzentrieren, dürfen bei Metta die Gefühle und inneren Bilder kommen und gehen.

Natürlich ist es nicht schwer, einem geliebten Menschen, mit dem man im Reinen ist, liebevolle Gedanken zu schicken und Gutes zu wünschen. Und wenn man nicht ein vollkommen ledernes Herz hat, sollte es auch mit neutraleren Personen und sogar mit »allen Lebewesen auf der Welt« funktionieren. Was aber passiert, wenn der von Androsch als »schwierig« eingeordnete Mensch vor unserem inneren Auge erscheint? In Anbetracht der Tatsache, dass so viele Teilnehmer mit relativ frischen Trennungswunden im Raum sitzen, braucht es nicht allzu viel Phantasie, um sich vorzustellen, welche Personengruppe da aufgerufen wird ...

Bei dem Mantra »Möge es dir wohl ergehen« komme ich noch mit, das kann ich meinem Ex ohne Probleme wünschen. Bei »Mögest du glücklich sein« wird es schon schwieriger. Ich schaffe es knapp, den Satz innerlich aufzusagen, merke aber deutlich, dass ich ihn nicht ganz so meine. Liegt das daran, dass ich selber noch nicht glücklich bin? Falls ja, muss ich deshalb so kleinmütig sein? Und vor allem: *Wieso* bin ich immer noch nicht wieder glücklich?

In einem weiteren Vieraugengespräch warnt Androsch mich davor, Ärger, Verbitterung und Zorn zu pflegen, Gefühle, die entstehen, wenn wir, wie er sich ausdrückt, andere ablehnen, beurteilen und damit aus unserem Herzen verbannen. Ich will protestieren: Nicht ich habe meinen Mann verbannt, er ist freiwillig in die Verbannung gegangen. Meine Idee war das alles nicht! Androsch mahnt mich, nichts zu bewerten und mich nicht mit all diesen Gefühlen selbst zu vergiften. Sein mildes Lächeln macht mich wütend, der mehrfach wiederholte Rat, »nicht anzuhaften«, auch. Und dann gehe ich mir angesichts meiner Kleinmütigkeit selber entsetzlich auf die Nerven.

In der Sitzung zur Nacht jedoch verziehen sich die Wolken von ganz allein, und anschließend klettere ich leichten Herzens in mein Kiefernholzbett und schlafe wie ein Baby.

Der fünfte Tag

Ich übe. Achtsamkeit, Gegenwärtigkeit, Selbstliebe, Nächstenliebe, Stille, Leere. Meinen Futterneid am Frühstückstisch, wenn der knapp bemessene Porridge schon wieder zur Neige geht, registriere ich mit dem wissenschaftlichen Interesse einer Gorillaforscherin: »Interessant! Du frühstückst sonst nicht gern, und schon gar nicht so früh, Hunger hast du auch nicht, aber wenn die Ressourcen knapp werden, wirst du unruhig?«

»Ja!«, gebe ich mir selbst zurück und imaginiere ein mildes Lächeln. »Das ist ganz normal, ich bin das vierte Kind, ich hatte große Geschwister, ich verurteile mich nicht dafür.«

Später auf dem Zimmer frage ich mich, ob ich jetzt am Durchdrehen bin, schalte sicherheitshalber mein Telefon ein und sauge Nachrichten von Freunden aus dem Rest der Welt auf, der sich nun auf diverse Silvesterpartys zubewegt.

Wir dagegen sitzen weiter still. Es ist deutlich schneller ruhig zu Beginn einer Meditation als in den ersten Tagen. Wir kennen nun den Atemrhythmus unserer Nachbarn, die Heizungsgeräusche zu den verschiedenen Tageszeiten, die jeweiligen Stadien der Genesung der Hustenden. Wir wissen, welche Beinstellung die längste Regungslosigkeit erlaubt und ab welchem Stadium der Sitzung die Dämonen zu kommen pflegen. Immer länger kann ich wirklich ruhig sein, meinem Atem folgen und die Erholung spüren, die eintritt, wenn der Geist still wird. Tatsächlich gelingt es heute, die vorbeikommenden Gefühle nur zu registrieren und unbewertet wieder ziehen zu lassen. Die unangenehmen ganz genauso wie die angenehmen. Mir wird feierlich zumute. Für eine Weile bin ich in der Lage anzuerkennen, dass alles eins ist, also auch das eine Gefühl nicht besser oder schlechter ist als das andere.

Aus dem Tal hört man die ersten verfrühten Silvesterböller. Dem Abendbrot ist nichts Festliches anzumerken. Es ist wie an allen anderen Tagen betont einfach und nicht gerade reichlich. Androsch kündigt in der Abendmeditation für die, die bis Mitternacht aufbleiben wollen, ein schlichtes Jahreswechselritual an. Viele von uns winken ab und gehen ins Bett. Das ist etwas, das ich mir seit Jahren vornehme: die Zwangsbelustigung an Silvester einfach zu verschlafen. Obwohl eine große Freundin wiederkehrender Rituale, konnte ich dieser Nacht nie viel abgewinnen. Ich stelle mich unter die Dusche, sehne mich nach meinem Bett, kann dann doch nicht schlafen und ziehe mich wieder an. Im Speiseraum stehen nun Häppchen, deren Anblick mich todtraurig macht. Der Duft von Kinderpunsch zieht durchs Haus, denn eine Ausnahme von der Alkoholenthaltsamkeit gibt es natürlich auch heute nicht.

Die deutlich dezimierte Gruppe sitzt schweigend vor dem anscheinend festlicher als sonst angeleuchteten Buddha. Wir üben

Metta und denken an unsere Lieben. Schließlich wird eine frische Kerze, die das neue Jahr symbolisieren soll, an einer alten, fast heruntergebrannten entzündet. Und dann ist es geschafft. Lärm und Raketen aus dem Tal bezeugen die Ankunft des neuen Jahres. Ich fühle ... nichts. Auch nicht, als wir draußen um eine kleine Feuerschale im Schnee stehen und kurz das Schweigen für gegenseitige Neujahrswünsche brechen.

Erst als ich etwas abseits auf die angrenzende Wiese trete und die in der klaren Nacht funkelnden Sterne betrachte, zum ersten Mal im Winter eine lange Sternschnuppe sehe und es nicht nötig finde, mir etwas Bestimmtes zu wünschen, bin ich mit dem Abend sehr zufrieden.

Die Abreise

Die Sternschnuppe ist das Erste, was mir einfällt, als der Morgengong uns weckt. Ich frage mich, wie es sein kann, dass ich trotz meines sonst so hartnäckigen magischen Denkens die Naturerscheinung nicht mit etwas Persönlichem aufladen musste, sondern einfach als das erinnere, was es war: momentan, vergänglich, schön und vorbei.

Und was ist jetzt? Ein heller Morgen, der mit einer Abschiedsrunde beginnt. Zum ersten Mal seit Tagen höre ich die Stimmen der anderen und nehme erstaunt zur Kenntnis, dass selbst die größten Säulenheiligen von Widerständen und Schwierigkeiten während des Retreats berichten. Dennoch ist die Atmosphäre ziemlich heiter, was nicht nur an dem Stolz, es geschafft zu haben, und an der Aussicht auf die Abreise liegen kann. Haben wir uns verändert?

Automatisch vergleiche ich meinen Seelenzustand von vor der stürmischen Anreise in Scheibbs mit dem nach fünf Tagen intensiver Meditation und Beschäftigung mit meinem höchst unruhigen Geist. Ich registriere eine viel größere Gelassenheit dem Lauf der Welt und dem Lauf meines Lebens gegenüber, und das bereitet mir ausgesprochen gute Laune. In den langen Stunden des stillen Sitzens habe ich intensiv gespürt, wie Kummer und Glück kamen und gingen. Und wie sinnlos es war, die angenehmen Gefühle festhalten und die schmerzlichen verscheuchen zu wollen. Ich habe gespürt und verstanden, dass Gleichmut gegenüber der Veränderbarkeit der Dinge nicht mit Gleichgültigkeit zu verwechseln, sondern ein Weg zur Gesundung ist. Nicht, dass ich das nicht schon vorher gewusst und gern mir selber und anderen gepredigt hätte. Der Schritt vom theoretischen Wissen zur Verinnerlichung macht jedoch in diesem Fall den entscheidenden Unterschied.

Während des letzten gemeinsamen Mittagessens dürfen wir reden, und alle schnattern durcheinander. Unverhohlen strahlen wir uns an, allerlei Religionskitsch aus dem kleinen Laden des Zentrums wird gekauft. Auch ich erwerbe eine Packung »Buddha-Bärchen«. Die spirituelle Transformation der Gummibärchen zu Gummibuddhas hat eine Preissteigerung von rund fünfhundert Prozent mit sich gebracht. Es gibt eben nichts umsonst, nicht mal die Erleuchtung.

Berlin empfängt mich mit müden Menschen in der S-Bahn und dem Feiermüll der letzten Nacht. Die Stadt scheint am frühen Abend noch immer oder schon wieder zu schlafen. Jola, die zur Katzenpflege eingeteilt war, hat mir gelbe Tulpen auf den Tisch gestellt. »Dezenter Hinweis auf den nahenden Frühling«, steht auf dem Zettel, den sie danebengelegt hat. Ich fühle mich seltsam aus der Zeit gefallen, meditiere noch ganz kurz und gehe dann schlafen. Das neue Jahr beginnt.

23. So viel Leben.
Die Bibliotherapie

»My mother was right. When you've got nothing left, all you can do is get into silk underwear and start reading Proust.« Jane Birkin

Ich mag die erste Januarwoche, wenn die Stadt noch im Katerkoma zu liegen scheint und selbst Berliner angenehm kleinlaut und zurückhaltend sind. Zu Weihnachten habe ich diesmal kein einziges Buch bekommen, was ich als Aufforderung verstehe, mich ab jetzt um alles, auch Lektüre, allein zu kümmern. Meine Buchhändlerin Frau H. ist eine kleine, drahtige Frau, die ihren gutsortierten Laden mit ansteckender Begeisterung führt. Als Ehepaar haben wir alle Bücher bei ihr besorgt, gemeinsam, einzeln, vor Feiertagen auch heimlich. Einmal, in der Weihnachtszeit vor ein paar Jahren, zwinkerte sie mir zu und meinte zu dem Buch, das ich ihr gerade über die Ladentheke reichen wollte: »Das hat Ihr Mann gestern gekauft. Möglicherweise liegt das dann doppelt unterm Baum.« Ich fragte mich oft, was sie sich so denkt über die Paare, die ihre Kunden sind. Ob sie sich Geschichten ausmalt und nachvollziehbare Wellen im Kaufverhalten beobachtet, von Liebesgedichten zu Kinderbüchern, von Romanen zu Ratgebern und Steuertipps?

Nach der Trennung verschwanden wir für eine Weile aus ihrem Blickfeld. Mein Mann zog weg, und ich war zu unkonzentriert zum Lesen. Als ich nach etwa sechs Monaten erstmals wieder den Laden betrat, lächelte mich Frau H. fragend an. Anhand meiner Bestellungen konnte sie sich zusammenreimen, was passiert war. Bücher mit Titeln wie »Verlassen und verlassen werden« oder »Fuck it! Loslassen – entspannen – glücklich sein« sprechen schließlich für sich.

Ein Jahr später, als ich die Buchhandlung nun gleich nach den Meditationstagen erneut aufsuche, bin ich mit meinen Lektürevorlieben deutlich weiter, greife nach einem Band mit Gedichten von Mascha Kaléko und lese beglückt:

»Es ist wahr, was sie sagen:
Was kommen muß, kommt.
Geh dem Leid nicht entgegen.
Und ist es da,
Sieh ihm still ins Gesicht.
Es ist vergänglich wie das Glück.«

Ich kaufe das Buch und schleppe es monatelang wie eine Taschenbibel mit mir herum. Die Gedichte sind sanft, sie beruhigen mich.

Mein Sohn war fünf, als ihm die Tragweite des Lesen-Könnens langsam bewusst wurde. Nach zwei Bilderbüchern oder drei Kapiteln einer längeren Geschichte war abends nämlich Schluss, und das Licht wurde ausgeknipst. Das schien vollkommen inakzeptabel für einen wissbegierigen, überaus hedonistischen Jungen, dessen erklärte Lebenseinstellung »Viel von allem und dann noch mal ganz viel dazu« lautete.

Wir reden hier von den Achtzigern des vorigen Jahrhunderts, die wir beide im Wesentlichen im Mütterwohnheim der Humboldt-Universität zu Berlin und in einem Sechsgeschosser am Rand der Energiearbeiterstadt Cottbus verbrachten, beides nicht gerade Orte, die einem als Erstes einfallen, wenn man an Fülle denkt. Doch Bücher hatten wir, Bücher waren der Zugang zur Welt, der inneren wie der äußeren. Und so schwante dem Knirps, dass er würde lesen lernen müssen, um sich von den elterlichen Reglementierungen seiner Abendgestaltung, von der Abhängigkeit von Vorlesern und von fremder Vorauswahl der Lektüre zu befreien.

Mit großer Geste deutete er im Jahr seines Schulantritts auf unsere Bücherwände und sagte: »Das werde ich alles lesen!« Nun ja. Meines Wissens ist er mit der damals kühn ins Auge gefassten Hegel-Gesamtausgabe eher noch nicht durch, obwohl inzwischen alphabetisiert, Anfang dreißig und selbst Vater und Vorleser.

Seine Kindheit war voller Ab- und Aufbrüche. Als Vierjähriger musste er meine Trennung von seinem Vater verkraften, und er war fünf, als nach dem Fall der Mauer sowieso nichts mehr war wie vorher. Wir reisten viel, und überhaupt schleppte ich ihn überallhin mit. Fernsehen und Computer spielten noch keine Rolle, aber ein Kinderbuch war stets dabei. Als er später selber las und wir einmal wöchentlich in die Bibliothek gingen, versuchte ich immer wieder, ihm Bücher unterzuschieben, die zu seiner, zu unserer Situation zu passen schienen. Doch es gab Zeiten, da waren ihm selbst die liebevollen Familiengeschichten von Lindgren, Ende und Nöstlinger zu dramatisch.

»Mama, ich möchte mal ein Buch lesen, wo von Anfang bis Ende alles immer nur schön ist!«

Ich konnte diesen Wunsch verstehen. Und ich erinnere mich heute gut an einen Anruf meines Sprösslings zwanzig Jahre später: Er würde den von mir geborgten Roman »Strahlend schöner Morgen« von James Frey nur dann zu Ende lesen, wenn ich ihm versprechen könne, dass er *gut* ausgehe! Nun gibt es kaum ein mir bekanntes Stück moderner Literatur, das den Zusammenbruch des amerikanischen Traums auf apokalyptischere Weise beschreibt. Die Geschichte spielt in Los Angeles und zeigt Verhältnisse voller Gewalt, Bigotterie und Missbrauch. Das ganze Buch ist ein phantastisch geschriebener, unvergesslicher Alptraum. Natürlich geht es *schrecklich* aus. Es hat meine Sicht auf das sonnige Kalifornien vollkommen verändert. Die Langzeitfolge: Immer wenn ein mir naher Mensch freudig dorthin aufbricht, mache ich mir furchtbare Sorgen.

Literatur kann also verstören, aber sie kann auch trösten. Abschrecken oder Welten öffnen.

Schon früh fiel mir auf, dass sich in meinem Leben stets die Bücher einstellten, die ich »brauchte«, ohne dass ich bewusst danach gesucht hätte. Instinktiv zog ich sie an. Belletristik sowieso, auch Lyrik. Im Gegensatz zu den Männern, mit denen ich zusammengelebt habe, bin ich aber auch ein großer Fan von Ratgebern aller Art. Erziehung, Psychologie, Garten- oder Darmpflege, egal, ich lese alles, gehe eine gewisse Zeit all meinen Lieben mit dem aufgenommenen Wissen auf die Nerven und vergesse es dann wieder. Wirklich geprägt haben mich die meisten dieser Bücher nicht, das hat eher die »echte« Literatur vermocht.

»Wenn du lesen kannst, wirst du alle schlechten Zeiten überstehen. Dann kannst du im Gefängnis sein oder im Kloster oder auf einer einsamen Insel und wirst es überleben«, erklärte ich meiner Tochter, als sie, zwölf Jahre nach ihrem großen Bruder, ins Lesealter kam. Ich kann mich noch genau an den Blick der Sechsjährigen erinnern, der nichts ferner lag, als schlechte Zeiten für ihr Leben in Erwägung zu ziehen. Gut so! Sie kommen trotzdem.

Nachdem mein Mann mich verlassen hatte, las ich monatelang allenfalls SMS oder Mails. Die Tageszeitung hätte ich genauso gut abbestellen können, den Fernseher verkaufen. Ich hatte einen Tunnelblick. Es gab nur mich und mein Problem. Hatte ich mein ganzes bisheriges Leben vor dem Einschlafen gelesen oder mir vorlesen lassen, lullten mich nun mit zweifelhafter Musik unterlegte Wege-zur-Vergebung-Meditationen auf YouTube in den kurzen, fiebrigen Schlaf. Das meiste waren in unsympathischen Dialekten vorgetragene Plattheiten, ich aber war zu erschöpft, um auszuwählen. Ich kann auch nicht behaupten, dass sie mir damals zu irgendeiner Form von Vergebung verholfen hätten, und wenn, dann sehr, sehr unterbewusst. Immerhin durchbrachen sie die Stille und stoppten für eine Weile mein Gedankenkarussell, ohne etwas von mir zu fordern, und das tat gut. Dennoch vermisste ich das Lesen, auch wenn mir dafür die Konzentration fehlte.

Für mich sind Bücher, solange ich mich zurückerinnern kann, lebensbegleitend gewesen, genau wie für meine Eltern. Als um ihre Jugend betrogene Kriegskinder suchten sie in der Literatur Orientierung, Bildung und Freude. In die Wiege war ihnen das nicht gelegt worden. Uns Kindern schon. Die Wohnung war voller Bücher, und denke ich an die Familie meiner Kindheit, sehe ich sie lesend. Reisen in ferne Länder waren in der DDR bekanntlich nicht so das Thema, und so verliefen die Sommerferien immer gleich: Das Badezeug wurde um die jeweilige Gesamtausgabe, die meine Eltern in drei Wochen am See durchzuarbeiten gedachten, herum gestopft. Pro Familienmitglied gab es einen entsprechend bleischweren Koffer, und los ging's. Jeder Sommer trug einen anderen Namen, obwohl wir am immer selben Seeufer lagen. Die »Fontane-Ferien« beispielsweise hätten bei meinem Bruder um ein Haar eine lebenslange Allergie gegen alles Gedruckte ausgelöst. Mit dem Schicksal von Effi Briest konnte er als Fünfzehnjähriger nicht unbedingt mitfiebern.

Den Freuden wie den Kümmernissen meiner Kindheit und Jugend kann ich Bücher zuordnen, die mich begleiteten und trösteten. Geschrieben wurden sie von Erich Kästner, Hans Fallada,

Kurt Tucholsky, Truman Capote – allesamt, wie mir jetzt auffällt, Männer mit Hang zu Alkohol und Polygamie. Und große Sprachkünstler. Beim Umräumen der Regale nach Auflösung unserer ehelichen Bibliothek fielen mir ihre Bücher wieder in die Hände, und ich schaute in jedes kurz hinein. Montaigne in seinem Bücherturm kann sich nicht geborgener gefühlt haben als ich in diesem Moment im staubigen Flur! Auch zwei Kindergeschichten von Peter Hacks fand ich wieder. »Meta Morfoß« und »Der Bär auf dem Försterball« hatten mich als Kind eigentlich alles gelehrt, was man über Familie, Liebe und Männerbünde wissen muss. Jetzt las ich sie, stehend, noch einmal und ließ mir von den Schlusssätzen Hoffnung spenden.

Der Bär sagt am Ende der Geschichte: »Na, macht nichts. Andermal ist auch noch ein Tag.« Und Meta Morfoß schickt mich mit dem schönen Satz »Denn möglich ist ja mehr, als wir oft denken« in den auf der Stelle etwas helleren Tag.

Auf Stufe zwei meiner Trennungsverarbeitung verfiel ich, zu dem Zeitpunkt ungefähr ein halbes Jahr allein lebend, in ein altbekanntes Muster: Ich suchte nach Ratgebern. Es gibt viele davon zum Thema Herzschmerz und Trennung. Frau erkennt sie daran, dass sie ein depressives Cover haben: Zerrissene Herzen oder traurige Frau an regenbetupfter Fensterscheibe sind gern verwendete Motive. Ich kaufte mir bei der diskret lächelnden Frau H. einen ganzen Stapel davon und fing vorsichtig an zu blättern. Die offensiven Amis versprechen *easy going*: »Ich heile dein gebrochenes Herz«. Das war das dünnste Buch unter meinen Neuerwerbungen, und da ich faul bin, fing ich damit an. Im Ton erinnerte es an Diätratgeber, die den angestrebten Gewichtsverlust beziehungsweise in diesem Falle die Heilung vom Liebeskummer in vierzig Tagen versprechen. Doch Obacht! Leidet frau nach Beendigung der Lektüre noch immer, erscheint sie als bedauernswerte Loserin, die es nur nicht *hard enough* versucht hat. Ich war so eine. Ich war nicht so schnell.

Nicht nur in diesem, sondern auch in vielen anderen Ratgebern findet sich der für mich unverständliche psychologische Trick, die in Aussicht gestellte Zeitspanne für den Trennungsprozess eher kurz zu halten. Die Gewalterfahrung, die gegen ihren Willen Verlassene machen, wird auf diese Weise doch arg verniedlicht.

Es gibt Ratgeber für jeden Bildungsgrad, jede religiöse Ausrichtung und jeden Geldbeutel. Je nach Neigung kann man sich in den Geschmacksrichtungen wissenschaftlich-psychologisch bis megaesoterisch beraten lassen. Und in allen, wirklich allen Nuancen dazwischen. Ich las mich durch circa zwanzig einschlägige Titel und fühlte mich nicht sehr oft gemeint. Einige Werke sind von beleidigender Schlichtheit, andere flüchten sich in wissenschaftliche Sprache und einen Ton, der die Ratsuchende auf der Stelle zur Patientin macht. Am meisten störte mich jedoch der Ansatz, den fast alle Bücher unausgesprochen gemeinsam hatten. Nämlich, dass Trennung passiert, doch ja, sicher, aber im Wesentlichen im Alter zwischen zwanzig und vierzig. Nach dem Motto: *Ein Versuch war frei*, die erste Ehe oder feste Beziehung ist gescheitert, jetzt aber hast du ja mich, dieses phantastische Buch, und damit kannst du sogleich deine nächste Ehe ins Auge fassen, die deshalb auch viel besser verlaufen wird.

Ich bestreite ja gar nicht, dass es funktionieren kann, dass die zweite Ehe also manchmal länger hält und/oder besser verläuft als die erste. Lebenserfahrung und eine Revision der Erwartungen spielen da sicher eine Rolle. Doch manchem Zweitverheirateten mag es auch schlicht an Energie fehlen, sich neuerlich zu trennen. Aus Angst vor dem Schmerz, dem Alleinsein, vielleicht auch aus Scham, es »wieder nicht geschafft zu haben«.

Die zweiten Ehen sind also nicht unbedingt glücklicher,

sondern die Paare nur älter und erschöpfter. Ein verzweifelter Freund konfrontierte mich mit folgendem Stoßseufzer: »Wir lieben uns nicht mehr. Aber ich kann einfach nicht noch mal weg. Ich kann nicht noch drei Kinder unglücklich machen. So halte ich jetzt einfach durch. Irgendwie. Es gibt ja die Arbeit und … den Rotwein.«

Eine ältere Klientin, die sich über Jahre hinweg bei mir über ihren komplett abgekühlten Gatten beklagte, antwortete auf meine Frage, wie sie zu einer Trennung stehe, klassisch resigniert: »Ach, das lasse ich jetzt so. Das wird ja in der nächsten Kiste auch nicht besser, nach spätestens zwei Jahren ist überall die Luft raus.«

In keinem der klassischen Ratgeber las ich die ausdrückliche Ermutigung, sich auch einmal die Frage zu stellen, ob die Suche nach dem nächsten Mann, der nächsten Frau wirklich das Richtige für Frischgetrennte ist. Die Zeit des Alleinseins, der inneren Einkehr, der nun möglich gewordenen Experimente wird meist als kurzes Zwischenstadium beschrieben, nach dessen Absolvierung stracks der nächste Hafen anvisiert werden kann und sollte. Der Rat, sich viel Zeit zu nehmen, sich zu entwickeln und vor allem den vollkommen offenen Ausgang dieses Prozesses auszuhalten, findet sich fast nie. Genauso wenig wie Visionen des Zusammenlebens Liebender jenseits der traditionellen Familienform, die zur Kinderaufzucht und Vermögensmehrung erfunden wurde.

Was also, wenn man älter ist? Wenn man die erste Phase hinter sich hat und nach all dem Trennungsschmerz nun der Wunsch aufkommt, sich zu korrigieren, zu verändern, noch mal ganz woanders umzuschauen? Was, wenn man komplett die Nase voll hat von den alten Spielen? Was, wenn sich unsere Erziehung zu Zurückhaltung und Flucht in die Opferrolle als hinderlich beim Glücklichsein erwiesen hat?

Schließlich wurde ich doch fündig: In Christiane Northrups »Weisheit der Wechseljahre« und Katherine Woodward Thomas' »Lass uns in Frieden auseinandergehen« werden all diese Fragen gestellt und viele von ihnen auch beantwortet. Und natürlich in Büchern, die keine klassischen Ratgeber sind. Eva Illouz beispielsweise schreibt in ihrem Essay »Warum Liebe weh tut«: »Die Trennung wird ein heiliger Augenblick, wenn Sie sich dafür entscheiden, sie als Katalysator dazu zu benutzen, ein außergewöhnliches Leben zu führen.« Die Soziologin meint damit auch, dass wir uns von der Person verabschieden, die wir selbst in der Ehe waren, und – wie in einer zweiten Pubertät – die neuerliche Chance nutzen, erwachsen zu werden.

Für mich waren Illouz' Worte der entscheidende Anstoß für das, was Sie hier lesen. Ganz nach dem in meiner Familie stets mit theatralischem Seufzer vorgetragenen Motto »Alles muss man selber machen!«, beschloss ich, das Buch zu schreiben, das ich in meiner Situation vermisste. Zunächst plante ich einen klassischen Ratgeber für verlassene oder sonst wie getrennt lebende Frauen in der Lebensmitte, stellte dann aber fest, dass es in digitalen Zeiten nicht so schwer ist, die zur jeweiligen privaten Situation passenden Fachinformationen zu ergattern. Was wirklich fehlte, war ein Buch wie der Arm einer Freundin, wie ein Wuscheln im Haar, ein freundlicher Klaps mit der Aufforderung, das Selbstmitleid hinter sich zu lassen. Ein gedrucktes First Aid Kit, das über die dunkelsten Zeiten hinweghilft, um die Leserin danach wieder in die uferlosen Bibliotheken dieser Welt auswildern zu können. Aus diesem Grund habe ich hier auf tiefergehende psychologische, medizinische und juristische Tips verzichtet und begonnen, von meinen eigenen Abenteuern zu erzählen.

Betroffene haben oft das Gefühl, mit der Plackerei, die eine Trennung bedeutet, ganz allein auf der Welt zu sein. Und ich machte bei meinen Recherchen noch eine weitere Beobachtung: Allein lebende Frauen mittleren Alters sind vielleicht nicht in der Literatur, aber definitiv in den Medien frappierend unsichtbar. Wo sind wir alle? Wir kommen fast gar nicht vor, dabei sind wir so viele. Das war mir, als ich noch verheiratet war, schlicht nicht aufgefallen. Warum dieses Schweigen und Verstecken? Warum melden wir uns nicht zu Wort, wenn der dreißigjährige Redaktionschef uns geflissentlich zu übersehen geruht?

Ich mag es kaum glauben, aber tatsächlich ist es vielen Frauen *peinlich*, älter und »allein« zu sein. »Ab siebzig, achtzig mag's wieder gehen«, meinte eine fünfzigjährige Freundin zu mir, »da gehst du notfalls als Witwe durch. Aber jetzt?« Sie war es auch, die mich, als ich ihr von meinem Buchprojekt erzählte, ansah, als hätte ich ihr eine hochansteckende Krankheit gestanden. Sie riet mir dringend ab: »Mach das nicht! Damit zeigst du viel zu viel von dir. Du machst dich lächerlich, total angreifbar! Du kriegst nie wieder einen Auftrag und, ganz ehrlich jetzt, auch nie wieder einen Mann.«

Wie Sie sehen, habe ich nicht auf meine Freundin gehört. Mal schauen, was passiert. Ach was: Es ist schon so viel passiert. Allein die Interviews in diesem Buch waren mit wunderbaren neuen Begegnungen und tagelangen Gesprächen verbunden. Ich konnte währenddessen gar nicht anders, als selbst auszupacken, sonst hätte ich viel weniger von anderen erfahren. Auch an Liebe – von Männern *und* Frauen – mangelt es mir nicht. Ich kann Offenheit also nur wärmstens empfehlen. Leute, die ihre Angst, sich zu zeigen, als vornehme Contenance verkaufen, gehen mir entsetzlich auf die Nerven.

Ich habe zeit meines Lebens also eine Art *Bibliotherapie* betrieben, ohne es so zu nennen oder überhaupt den Fachbegriff für den therapeutischen Einsatz spezieller literarischer Texte zur Kenntnis genommen zu haben. Andrea Gerk stellt ihrem umfassenden Werk »Lesen als Medizin. Die wundersame Wirkung der Literatur« ein treffendes Zitat von Daniel Pennac voran: »Richtiges Lesen rettet vor allem, einschließlich vor einem selbst.« Erich Kästner, Schöpfer der bekannten »Lyrischen Hausapotheke«, bemerkte über das Lesen, es sei »bekömmlich, zu erfahren, daß es anderen nicht anders und nicht besser geht als uns selbst«. Lesen (und Schreiben) heilt einfach. Schon über der Bibliothek von Alexandria stand: Psyches latreion – Heilstätte der Seele.

Was in Büchern steht, jedenfalls in den besseren, und was man in ihnen betrachten, erleben und erkennen kann, sind Lebensgeschichten. Wir treffen auf wahrhaftige, unmaskierte Menschen. Die englischen Literaturwissenschaftlerinnen Ella Berthoud und Susan Elderkin haben sich die Suche nach zu bestimmten Lebenslagen und Leiden passenden Romanen zum Beruf gemacht und bieten an der Londoner School of Life Bibliotherapie-Sitzungen an. Zusammen mit Autorin und Kritikerin Traudl Bünger haben sie das überaus anregende Buch »Die Romantherapie. 253 Bücher für ein besseres Leben« herausgebracht, ein echter Quell von Hoffnung und Trost.

Wer liest, hat notfalls vom Bett aus Zugang zur ganzen Welt und zu unendlich vielen Seelen. Gute Literatur lüftet den Schleier des schönen Scheins, macht Klischees, Konventionen und Illusionen sichtbar. Sie ermöglicht uns den nicht immer nur angenehmen Vergleich mit anderen und das Wachsen daran. Sie bereitet uns helles Vergnügen. Oder alles zusammen. Im Alltag, verstrickt in das, was sich um uns herum abspielt, und ohne die Möglichkeit, aus uns herauszutreten und uns mit fremden Augen zu betrachten, blicken wir oft nicht durch. Wir machen einfach immer weiter. In der Literatur aber können wir sehen, wie Leben passiert; was dort geschieht, ist abgebildet und damit für uns nachfühlbar gemacht. Im Lesen proben wir das Durchschauen unseres eigenen Lebensromans.

Die einschlägige Ratgeberliteratur ist im Gestus einer Mitteilung von Wissenden an Unwissende geschrieben. Im Gegensatz dazu kapieren wir mit Hilfe guter Geschichten möglicherweise selber mal was.

Über das Lesen kann man also auch in den einsamsten Momenten mit fremden Lebensgeschichten in Kontakt treten, eine geistige Mini-Selbsthilfegruppe gründen, sich in anderen Menschen wiederfinden und mit ihnen solidarisieren. Meine Umfrage im Freundes-, Bekannten- und Klientenkreis ergab allerdings, das muss ich einschränkend sagen, dass es den meisten Frischgetrennten wie mir erging: Zunächst konnten sie eine Weile gar nicht wie gewohnt lesen.

Als bei mir langsam die Konzentrationsfähigkeit zurückkam, die es braucht, um längere Texte aufzunehmen, griff ich, wer will es mir verdenken, nicht unbedingt zu Liebesromanen. Neben essayistischen Texten der erwähnten Eva Illouz, aber auch von Clarissa Pinkola Estés und Margarete Stokowski, las ich zunächst Lyrik und dann Belletristik, die sich mit Abschied und Neubeginn befasst.

Hier ist also meine literarische Hausapotheke, eine rabiat zusammengestrichene, höchst subjektive Top-Ten-Liste der Bücher, auf die ich schwöre. Damit kommt man über das Gröbste hinweg und ist überdies zu beschäftigt, um allzu früh nach dem nächsten angeblichen *Mister Right* (schon bei dem Ausdruck würgt es mich) Ausschau zu halten:

1 Siri Hustvedt: *Der Sommer ohne Männer*. Roman, Reinbek 2011

2 Jonathan Safran Foer: *Extrem laut und unglaublich nah*. Roman, Köln 2005

3 Jonathan Franzen: *Die Korrekturen*. Roman, Reinbek 2002

4 Nino Haratischwili: *Das achte Leben (Für Brilka)*. Roman, Frankfurt a. M. 2014

5 Clarissa Pincola Estés: *Die Wolfsfrau. Die Kraft der weiblichen Urinstinkte*. München 1997

6 John C. Parkin: *Fuck it! Loslassen – entspannen – glücklich sein*. München 2010

7 Lena Andersson: *Widerrechtliche Inbesitznahme*. Roman, München 2015

8 Christiane Northrup: *Weisheit der Wechseljahre. Selbstheilung, Veränderung und Neuanfang in der zweiten Lebenshälfte*. München 2001

9 Mascha Kaléko: *Gedichte*

10 *I Ging. Das Buch der Wandlungen*

24. Verwildern unter Felldecken.
Eine Schamanenreise nach Finnland

»Spring, dann taucht das Netz auf.«
John Burroughs

Und dann knackt das Eis. Ich stehe mit Banjo, dem fröhlichsten Hund, der mir je begegnet ist, mitten auf dem See und weiß: Wenn ich jetzt einbreche und senkrecht nach unten verschwinde, wird auch er mich nicht retten können. Ich gehe in die Knie, um es nicht zu weit zu haben, falls ich mich schnell lang hinlegen muss, und blicke prüfend zum Ufer. Banjo hält den Kopf schief und jault. Die roten Holzhäuschen sind außer Rufweite. Ob mir eine Rutschpartie auf dem Hosenboden zur nächsten Insel helfen könnte? Allerdings ist der Syväri-See riesig. Der Sage nach hat der Teufel so viele Inseln eingestreut, wie es Sommernächte gibt, um, wenn er sich in der Gegend verlustiert, jede Nacht auf einer anderen schlafen zu können. »Der Teufel ist auch bloß ein Mann«, lacht Reija, als sie mir die Sage erzählt. »Er liebt die Abwechslung.«

Nun aber ist Reija ins Städtchen gefahren, der Teufel macht hier nur im Sommer Ferien, und ich stehe allein auf dem knackenden Eis. Einen Kilometer habe ich mit dem Tretschlitten zurückgelegt, juchzend wie ein Kind auf dem Roller, freie Bahn auf einer unendlichen, sonnenbeschienenen Schneefläche. Es ist Mitte Februar, und Temperaturen um −25 Grad sind in Finnland keine Seltenheit. Seit gestern aber gibt es keinen Frost mehr, die

Sonne wärmt, und das Eis ... knackt. Banjo und ich bleiben einen Moment still, bewegen uns nicht. Dann stehe ich ganz vorsichtig auf, und wir machen uns auf den Heimweg. Mein Herz klopft.

Abends kichert Reija, als ich ihr von dem Erlebnis erzähle. Das Eis sei, obwohl die Tage frostfrei waren, noch immer einen halben Meter dick, erklärt sie. Wieder einmal war es also nur meine eigene Angst, das in meinem Nervenkostüm eindeutig zu kurz geratene Stück zwischen profanem Schreck und Todesgewissheit.

Ich hatte an einen Ort gewollt, wo ich keine Menschenseele kenne, die Sprache nicht spreche und noch niemals war. Allein zu reisen war die Idee, und darüber hinaus nichts zu planen. Nicht gerade meine Stärke. Ich sollte in so wenig alte Muster zurückfallen können wie möglich, und mir war nach echtem Winter zumute. Undenkbar, das kummervolle Fleisch nach Bali zu schleppen und dort an Stränden zu präsentieren. Und so stand das Ziel meiner Winterreise bald fest: das Land der tausend Seen, die Gegend kurz vor Lappland.

»Fahr zu Reija«, hatte Timo, ein Bekannter von Jola, der selbst aus Finnland stammt, mir geraten. »Die wohnt mit ihren Tieren am See, der heilige Berg der Samen ist auch in der Nähe, ich glaub, da findest du, was du suchst.«

Was suche ich denn eigentlich, frage ich mich, während ich mit Timo in einem schicken Berliner Café sitze und besorgt feststelle, dass ich vergessen habe, mir die Lippen nachzuziehen. Ich will mir fremde Leben angucken und herausfinden, ob es an anderen Orten und in anderen Arten von Lebensgemeinschaften leichter ist, einsame Phasen zu überstehen. Als Timo erwähnt, dass Reija Schamanin ist, werde ich ganz aufgeregt. Ich stelle mir eine kraftvolle, geheimnisvolle, mütterliche Frau vor, die mich in die Arme nimmt und unter Verabreichung psychogener Pilze und Kräuter allen meinen Kummer ausräuchert. Das will ich! Ich kontaktiere sie problemlos über Facebook, buche die Flüge, rede bald von nichts anderem mehr als von meiner spirituellen Nordlandreise und habe die wildesten Vorahnungen.

Finnland nimmt mich selbstverständlich entgegen, Reija wartet in Kuopio am Gate. Sie ist eine blonde, kräftige Frau mit schmalen Augen und trägt eine St.-Pauli-Pudelmütze. Auf dem Weg zu ihrer Ranch im Wald halten wir in einem kleinen Städtchen an.

Die Hexen von heute kaufen im Discounter ein. Sie haben klapprige Autos und offene Zahnarztrechnungen. Auf einer Bank vor dem Supermarkt treffen wir eine alte Frau, die wie eine originale Baba Jaga aus den russischen Märchenfilmen meiner Kindheit aussieht. »Das ist Ulla«, ruft Reija aus und fügt hinzu: »Meine Hexenschwester.« Ullas Blick fährt mir bis ins Mark. »Heij!« Sie grüßt eigentlich freundlich, aber das hat Baba Jaga bei ersten Begegnungen auch immer getan. Mir wird bange, alles ist fremd, und ich scheue und kann doch nicht mehr zurück.

Erstaunt registriere ich, dass ich sofort reflexartig meinem Noch-Mann die Schuld gebe, dass ich hier nun allein zwischen wildfremden Menschen (Hexen!) in der finnischen Pampa stehe, verlegen ein paar Plastiktüten in den Händen drehe und nicht weiß, was ich sagen soll. Dafür aber kann ich ihn nun ausnahmsweise nur sehr entfernt verantwortlich machen, und während ich das denke, freue ich mich. Denn *sehr entfernt* trifft es genau. Er hat sich entfernt, er ist sehr entfernt, *ich* werde ihn noch weiter *entfernen*. Die Abenteuer, die mich hier erwarten, kann man sowieso nur allein erleben. Als Paar reist man anders, bleibt immer zu mindestens fünfzig Prozent der Zeit für sich, andere Menschen kommen nicht wirklich näher!

Wir fahren mit Reijas kleinem Bus über Land und verstehen

uns sofort. Nach einer Stunde Fahrt wissen wir über unsere letzten ernsthaften Beziehungspartner, über verschiedene Liebschaften und über die Sterbedaten unserer Väter Bescheid. Eine Tiefe an Informationen, die ich beachtenswert finde.

»Komm erst mal an!«, bestimmt Reija und fährt auf ihr Gehöft zu, das sich als eine Art Gnadenhof für Mensch und Tier erweist, und zwar im allerbesten Sinne. Reija schaut mich an: »Meine Tochter sagt, ich sammle Gestrandete.«

Im Haupthaus herrscht Chaos, und ich habe Mühe, im Halbdunkel zwischen Wäschehaufen, Kartons, Tüten und Tieren die Großmutter auf der Couch auszumachen. Ebenfalls anwesend sind Niilo, ein Mittfünfziger mit todtraurigen Augen, und ein stilles junges Stallhelferpaar. Wie ich später erfahren werde, stammen die beiden aus im Schnaps versunkenen Elternhäusern und sind nun vollständig ineinander verwachsen.

Ziemlich viel Leben für einen Ort, an dem ich lernen wollte, mit Einsamkeit umzugehen ... Oder ging es darum zu lernen, mit Menschen umzugehen?

Zunächst aber fallen mich die Tiere an. Banjo, der große Mischlingsrüde aus Deutschland, springt mir für einen feuchten Begrüßungskuss mitten ins Gesicht. Suza, wegen ihres dunkel umrandeten Auges nach der Schwarzäugigen Susanne benannt, reibt ihren Kopf an meinem Stiefel. Sie ist winzig für eine Katze und eindeutig die Chefin im Haus. Hund Banjo und alle anderen tierischen Mitbewohner werden von ihr mit Tatzenhieben in Schach gehalten. Dazu braucht sie nicht einmal zu fauchen. Selten verliert sie die Contenance, aber wenn, dann fliegt sie wie eine Ninja-Kämpferin durch die Luft.

Ein nächtlicher Rundgang über das Gehöft beschert mir noch die Bekanntschaft mit mehreren schlaftrunken singenden Wachteln, einer nervösen Stute mit Fohlen, einem zahmen Hahn, der mich zu Tode erschreckt, weil ich ihn im Dämmerlicht des Stalles erst registriere, als er im Begriff ist, mir auf die Schulter zu springen. Bis auf den Esel ist das Personal der Bremer Stadtmusikanten in Mehrfachbesetzung vorhanden; statt seiner gibt es Ponys und notfalls Jussuf, den schwarzzüngigen Schafsbock. Sie alle haben nun Hunger, und Reija zeigt mir, wie das Füttern geht. Immer noch in meiner schicken Reisekleidung, befreie ich mit dem Spaten einen Futterheuballen von Eis und Schnee, und mir wird sehr warm, obwohl die Nacht kalt ist und die Sterne glitzern wie Eiskristalle.

Mein Platz für die nächsten Tage ist eine Ecke in Reijas Nebenhaus mit Blick auf Koppel, Wald und See. Die Hausherrin schiebt Pferdedecken, Kartons und Reithelme von der Klappcouch auf den Boden. Es ist kalt im Raum, und so bin ich erleichtert, als Reija neben Laken auch noch einige Felldecken bringt. Aus diesen baue ich mir, als alle Lichter gelöscht sind und nur noch ein scheinwerferheller Mond durchs Fenster scheint, eine dunkle, raue Betthöhle. Sie wird schnell warm, und sie riecht nach Tier. Kaum schließe ich die Augen, bin ich auch schon weg.

Die Träume sind sofort heftig und bescheren mir schnell wechselnde Bilder. Es ist, als wollte sich mein halbes Leben noch einmal im Zusammenschnitt präsentieren. Glücksmomente wechseln mit Zeiten der Verlassenheit. Und ich träume, nicht ganz unerwartet, zum wohl hundertsten Mal jene Abschiedsszene, in der mein Mann mir fristlos kündigt. Als ich gerade zu weinen beginne, weckt mich ein sanfter Stoß. Ich öffne die Augen und blicke in die von Suza, die mir auf die Brust gesprungen ist und mich nun sehr energisch anschnurrt. Gerührt über die Rettung lasse ich sie dort thronen, ziehe nur die Füße unter Banjo hervor, der es sich ebenfalls auf mir gemütlich gemacht hat. Und dann liege ich, hellwach in der Sternennacht nahe Lappland, unter Fellen und freundlichen Tieren und fühle mich wie Joseph Beuys bei den Tataren.

Warum nicht hier gesunden? Ich finde, es ist an der Zeit.

»Wie lange wart ihr zusammen?« Reija wendet den Blick nicht eine Sekunde von der verschneiten Fahrbahn. »Siebeneinhalb Jahre«, antworte ich und habe auf einmal keinerlei Erinnerungen an diese Zeit, außer an die allerletzten Stunden.

»Zwei Jahre dauert die energetische Körpertrennung mindestens«, meint Reija. »Dein Mann ist in deinen Zellen, im Körpergedächtnis, der ist einfach noch nicht weg.«

Ich nicke, denn ich weiß das und frage mich, ob es ihm auch so geht. Ob es diesbezüglich einen Unterschied zwischen Mann und Frau gibt?

Wir parken das Auto am Rande des dick verschneiten Waldes und beginnen den Aufstieg zum Pisa-vouri, dem heiligen Berg der Samen, die schon vor Jahrhunderten weiter in den Norden vertrieben wurden. Eine zunächst sehr sanfte Steigung führt uns tiefer in den Wald, und Reija bittet mich, besonders auf die Spalten und Löcher im Boden zu achten. Erstens wäre es ungünstig, erklärt sie, hineinzutreten und sich den Fuß zu brechen, und zweitens tue es gut, die Eingänge, die Mutter Erde uns anbiete, als tröstliche Vision in sich aufzunehmen. Und tatsächlich finden sich trotz des hohen Schnees immer wieder eindeutig nicht von Tieren stammende Zugänge zur Erde, dunkel, wie von innen abgetaut, geheimnisvoll.

Auf dem Pisa-vouri sind wir dann ein bisschen aus der Puste und vom Aufstieg erwärmt. Eine Kupfertafel markiert die Grenze zwischen Russland und Schweden, die hier im 14. Jahrhundert mitten über den Berg verlief und blutig umkämpft war. Instinktiv bleibe ich auf »schwedischer« Seite und lache über mich selber. Scherzend legen wir den Weg zum Aussichtsturm zurück, der den Blick über die Baumwipfel erlaubt. Oben stehen wir ganz still, und mir kommen Freudentränen, als ich die unendliche verschneite Seenlandschaft in Schwarzweiß rings um den Berg betrachte.

Schönheit kann trösten, heilen und versöhnen. Bestimmt nicht sofort nach einem seelischen Crash, aber ganz sicher später, wenn die Augen langsam wieder von *Weinen* auf *Sehen* umschalten.

Auf einmal bin ich ganz aufgeregt, denn mir fällt ein, dass das schönste aller Trost- und Wiegenlieder, die ich unzählige Male meinen Kindern, Enkelkindern und, ja, auch Männern vorgesungen habe, ein finnisches ist. Vor vierzig Jahren in der Schule gelernt, ist es immer bei mir geblieben, allerdings fast nur noch lautmalerisch. Reija lacht, als ich es anstimme, und singt den Text – natürlich – ein bisschen anders. Aber die Töne treffen wir beide, und so gibt es an einem Montagvormittag im Februar eine Vorstellung für die Vögel des Waldes. Zwei Frauen um die fünfzig, die sich noch keinen ganzen Tag kennen, stehen Arm in Arm auf dem Turm und singen *Kalliolle Kukkulalle*. Warum wundert es mich nicht, als Reija mir verrät, dass es in dem Lied um einen Mann geht, der seine Liebste erst wegschickt und dann vermisst?

Am nächsten Morgen treffe ich Niilo in der Küche. Er ist jeden Tag hier, pflegt seine Stute Nuopo und hilft auf dem Hof. Vor zwanzig Jahren hat er während einer verhängnisvollen Schicht in einer Phosphormine eine vergessene Sprengpatrone angebohrt und lag danach zwei Monate im Koma. Geblieben sind ihm Hunderte von Steinsplittern im Körper, die seither wandern. Mal will einer zum Kiefer hinaus, mal an anderen Stellen seines Körpers. Niilo lässt mich über eine harte Stelle an seinem Arm streichen:

»I'm the stoneman!« Er lädt mich zu einer Schlittenausfahrt mit Nuopo ein, aber daraus wird heute nichts, denn nun hat Oma ihren Auftritt und scheucht Niilo aus der Küche: Frauenarbeit. Wir bereiten karelische Piroggen aus Roggenmehl und buttrigen Kartoffelbrei zu. Ich spreche kein Finnisch und Oma nur Finnisch, also verständigen wir uns mit Gesten oder schweigen. Die Piroggen werden später in den alten, holzbefeuerten Herd geschoben und sind nach wenigen Minuten fertig. Wie immer bin ich zu gierig und verbrenne mir die Zunge.

Am Mittwoch aber ist es so weit. Niilo spannt Nuopo, eine vierzehnjährige Finnpferdstute, an. Sie ist Niilos große Liebe. Er ist ihr völlig ergeben, woraus wiederum folgt, dass sie nicht so recht auf ihn hört. Um sich vor den Schlitten spannen zu lassen, braucht sie viel Zuspruch und einige Bonbons aus den Tiefen meiner Anoraktaschen.

Endlich zuckeln wir los. Ein idyllisches Bild: Niilo und ich auf dem Schlitten, gemütlich durch den Winterwald, miteinander in *very broken English* plaudernd, entspannt. Und dann, ohne dass es einen bestimmten Anlass gegeben hätte, beginnt Nuopo zu traben. Recht schnell für meinen Geschmack, aber ich will nicht zu stadtmädchenhaft wirken und halte mich still an einer Seitenstrebe des Schlittens fest. Eigentlich aber sitzen wir völlig frei und doch recht hoch, und in der nächsten Kurve bekomme ich wirklich Angst. Denn nun galoppiert Nuopo und kennt kein Halten mehr. Sie stiebt geradewegs auf die nahe Fernverkehrsstraße zu. Eis und Schnee, von ihren Hinterläufen aufgeworfen, fliegen uns ins Gesicht, und Niilo macht nicht den Eindruck, als ob er die Situation noch unter Kontrolle hätte. Kurz überlege ich, mich mit einem beherzten Sprung in den Schnee zu retten, bevor die große Straße und damit der Autoverkehr erreicht sind, weiß aber im Grunde meines nun wild hämmernden Herzens, dass ich für so was viel zu unsportlich bin. Wir queren die Straße mit Hilfe von etwa zwei Millionen Schutzengeln ohne Autokontakt. Nuopo rennt, so schnell sie kann, und wird nur kurz langsamer, als es den Schlitten aus der Kurve trägt. Inzwischen klammere ich mich einfach nur noch fest und bete vor mich hin. Ich höre Niilos vergebliche Versuche, sein Tier zu beruhigen, und rieche seinen Schweiß. Auch die letzte Kurve, kurz vor einem steilen Hügel, nimmt Nuopo in vollem Galopp. Käme uns jetzt jemand entgegen, sähe es böse aus. Aber es kommt keiner, und als es den heimischen Hof erblickt, lässt sich das verschwitzte Pferdchen schlagartig in den Schritt zurückfallen.

Niilo und ich blicken uns nicht an. Wir spannen die erschöpfte Stute aus, reiben sie schweigend trocken. Später erst, in der Küche, bei Omas dünnem Kaffee, tauschen wir dann doch einen langen Blick. Überlebt, sagt der.

Der nächste Tag beginnt, zum ersten Mal seit ich hier bin, grau in grau. Erstaunt stelle ich fest, dass ich den Sonnenschein der letzten Tage für selbstverständlich gehalten hatte. Nach einigem Suchen finde ich einen Spiegel im Haus und entdecke an mir, irgendwie zufrieden, eine ziemliche Verwilderung. Frisuren werden völlig überbewertet, von Schminke mal ganz zu schweigen. Schön fände ich, wenn das Kopfjucken sich nicht auf heimlichen Läusebefall zurückführen ließe, aber selbst dagegen könnte ich im Moment nichts unternehmen. Meine Einstellung zu Tieren ist in den letzten Tagen dermaßen ins Liebevolle gekippt, dass mich gar nichts mehr schreckt.

Wieder treffe ich Niilo in der Küche, wir reden nicht über gestern. Und ich denke bei mir, wie vergleichsweise okay es ist, hin und wieder aus einem echten Anlass, zum Beispiel, weil einem das Pferd durchgeht, Angst zu haben.

Das Grundrauschen der Angst aber, das mich seit der Trennung begleitet hat – lästig, anstrengend, fürs Weitergehen so hilfreich wie Scheiße am Schuh –, ist verschwunden. Und deshalb danke ich Niilo jetzt für die Ausfahrt. Erstaunt lächelt er mich an.

Mein Bild von den Finnen ist durch die Filme der Kaurismäki-Brüder geprägt. Meist wird dort geliebt, getrunken und geschwiegen. Hier wird nicht getrunken, gar nicht, und dass kein Schweigen aufkommt, dafür sorgt die kleine Community um Reija.

Mein Tag vergeht mit Lesen, Schreiben und einem langen Spaziergang mit Hund Banjo über den See. Das Alleinsein schreckt mich nicht, ich könnte es kaum mehr genießen.

Um siebzehn Uhr ist es stockdunkel, und Reija kommt von der Arbeit. Zusammen versorgen wir die Tiere. Als alle gefüttert sind, stehen wir lange bei dem Fohlen mit den abgefrorenen Ohren im Stall und reden über die Liebe. Genauer gesagt, über die bekannten Schwierigkeiten mit ihr. Der Kommentar der Mutterstute zum Thema ist deutlich. Sie pinkelt in hohem Bogen, tierisch laut, und wird auch olfaktorisch prägnant. »Wer beim Pinkeln nicht furzt, stirbt, ohne zu ficken! Altes finnisches Sprichwort!«, merkt Reija ungerührt an und zieht mich aus dem Stall: »Lass uns deine Schamanenreise machen.«

Ich hatte wie gesagt erwartet, dass mir nun geheimnisvolle Substanzen, psychedelisch wirkende Pilze und allerlei krautige Zaubertränke verabreicht würden, aber Reija empfiehlt ein schlichtes Glas Wasser. Sie kramt ihre Trommel und eine bunte Strickjacke hervor, in deren Tasche sie eine Handvoll getrockneten Salbei steckt. Ich hatte schon vor Tagen, von ihr beauftragt, etwas Holz zum Ufer des Sees getragen und zu einer Pyramide aufgeschichtet, mir aber nicht vorstellen können, dass das Ganze inmitten von Schnee und Eis zum Brennen zu bewegen wäre.

»Zieh dir was richtig Warmes an, nimm die Isomatte, das Fell und den Schlafsack mit und such dir eine Stelle auf dem Eis.« Reija schickt mich vor, und ich stolpere und rutsche mit meiner Last im Stockfinsteren auf den See. Die Stille ist umfassend, der Sternenhimmel gigantisch. Meine Augen gewöhnen sich schnell an die Dunkelheit, und bald ist es gar nicht mehr vollkommen schwarz. Ich kann sogar verschiedene Schneeformationen erkennen. Um innerlich anzukommen, setze ich mich einen Moment auf die zusammengerollte Isomatte. Es ist so still, dass ich das Blut in meinen Ohren rauschen höre, und wie nicht anders zu erwarten, klopft mein Herz vor Aufregung hart gegen meine Rippen.

Das hier rührt an archaische Ängste. Allein in arktischer Nacht auszuharren und nicht zu wissen, was als Nächstes passieren wird, ist eine Erfahrung, um die man sich nicht unbedingt reißt. Jedes Tierjunge wird unruhig, wenn es im Dunkeln allein ist, und auch unser Instinkt lässt uns solche Situationen möglichst meiden, denn sie bergen imaginäre, aber auch tatsächliche Gefahren.

Schon suche ich nach Vorwänden, dem hier doch noch zu entfliehen. Was will ich hier bloß? Und werde ich nicht mindestens eine Blasenentzündung davontragen, wenn ich mich jetzt – für wie lange eigentlich? – aufs Eis lege? Als meine Füße zu frieren beginnen, beschließe ich, nicht länger mit meinen Bedenken zu jonglieren, sondern endlich mein Lager zu bereiten.

Und so liege ich schließlich, in Hightech-Jacke, Skihose und Felldecke gepackt, blicke zu den Sternen und wünsche mir eine Droge zur Entspannung und Blitzerleuchtung plus umfassender Wunderheilung durch Märchentrolle. Wenigstens ein Placebo hätte Reija mir doch verabreichen können! Oder einen Schnaps! Spart sie an mir, nimmt sie selber etwas ein, ist sie überhaupt eine richtige Schamanin, und wieso muss ich schon wieder aufs Klo? Wo bleibt sie eigentlich, warum sind hier alle so verbummelt, und wann ging noch mal der Flug zurück? Mein Kopf macht mich wahnsinnig, selbst hier auf dem See, nach immerhin schon sechs Tagen Kontemplation. Was, wenn es immer und immer so bleibt? Die Sorgen, das Misstrauen, die Ungeduld, das selbst perfektionierte, ewige Gefühl, im Leben zu kurz gekommen zu sein? Ich komme vom Hundertsten ins Tausendste und kaue darauf herum, so lange, bis ich mir selber auf die Nerven gehe. Doch dann, von einem Moment auf den anderen und ohne dass ich sagen könnte wieso, bleibt das Gedankenkarussell einfach stehen. Es trudelt aus, und ich tauche ein in die vollkommene Stille.

Schamanismus gilt als die älteste Form menschlicher Spiritualität. Naturgeister aller Art spielen darin eine große Rolle. Am bekanntesten sind wohl die Erdgeister, Trolle, Elfen, Zwerge, Kobolde, Wichtel, Krafttiere. Sie und unzählige andere sind nichtmenschliche »Zwischenwesen«, die uns von Kindheit an in Märchen und Sagen als unabdingbares, eigenwilliges Personal vorgestellt werden. Oder wir ihnen? Meist verlieren wir mit der Zeit den Kontakt zu ihnen, wenn wir über ihre Zeugnisse in der materiellen Welt (Märchenbücher, Kuscheltiere) hinausgewachsen sind. Oder sie werden, wie im Christentum, durch die Engelsfiguren ersetzt. Für mich, die ich in einem atheistischen Haushalt aufgewachsen bin, waren Engel fern, fremd und eher Dekoration in Kirchen als hilfreiche Wesen. Wie fröhlich, praktisch und erdverbunden waren dagegen die ruppigen, angeschmuddelten Elfenwesen, die in einer kleinen Horde im Kartoffelkeller meiner Großmutter wohnten und selbstverständlich nur von mir gesehen werden konnten. Und das auch nur im Zwielicht der Abseite, in die niemand außer mir je einen Fuß setzte. Manchmal legte ich ihnen einen kleinen Augustapfel oder etwas Hühnerweizen hin – Gaben, die sie sich sicherlich mit den Mäusen teilten.

Nach schamanischem Verständnis, so hatte mir Reija erklärt, hat jeder Mensch ein oder mehrere Wesen, die für Schutz und Stärkung der Seele zuständig sind: die *Krafttiere*. »Willst du deins finden?«, hatte sie schon vor Tagen gefragt, und ich hatte lachend zugestimmt: »Wenn es hilft?! Ich nehme, was ich kriegen kann.« Krafttiere kannte ich schon aus der Hypnose-Praxis, wo sie seelische Ressourcen symbolisieren und sehr beliebt sind. Verständlicherweise, stehen sie doch für Schutz, Begleitung, aber auch für die Eigenschaften, die das jeweilige Tier mitbringt und die bei allem Möglichen behilflich sein können. Bevor aber nun ein Wettbewerbsgedanke aufkommt: Krafttiere kann man nicht casten. Sie werden in der Geisterwelt nach unbekannten Gesichtspunkten zugeteilt, insofern kann man nur gespannt sein, worauf man trifft, wenn man sich auf die Suche macht. Übrigens ist kein Krafttier besser als das andere, ein Reh nicht schwächer als ein Panther. Auch bezieht sich die Quelle seelischer Unterstützung nicht auf ein spezielles Tier, also zum Beispiel die persönlichen Qualitäten von Wildschweineber Hugo aus der Lüneburger Heide, sondern eher auf den Geist der Spezies. Die Tiergeister ähneln in ihrer Funktion den Totems der amerikanischen Ureinwohner. Sie sind eigenwillig und kraftvoll, passen sich aber den Aufgaben, Wendungen und Wirrungen im Leben »ihres« Menschen an.

Als Reija endlich auftaucht, das bald nach Birke duftende Feuer entzündet, Salbei hineinwirft und zu trommeln beginnt, bin ich schon ein Teil dieser nächtlichen Landschaft und habe meine Alltagsgedanken verscheucht. Unter mir, bedeckt von dickem Eis, weiß ich die vielen Tausend winterträgen Fische des Syväri. Und in den dunklen, stummen Wäldern ringsum Wölfe, Bären, Luchse und Elche, die jetzt, aber dessen kann ich mir nicht sicher sein, schlafen. Ich denke an sie wie an ferne Freunde. Das ist ein Gefühl, das mich, die ich allergisch gegen Kitsch mit Tieren bin, vollkommen überrascht.

Der Trommelrhythmus versetzt mich innerhalb weniger Minuten in Trance. Plötzlich ist alles leicht. Ich habe keine Bitternis, keine Meinungen und keine Angst mehr, sondern spüre eine nicht gekannte tiefe Verbundenheit mit dem Wald, dem Eis, den Sternen und allen Wesen um mich her. Die Zeitlosigkeit dieser nordischen Winternacht lässt meine aktuellen Kümmernisse erst klein und zahm erscheinen, dann vollkommen verschwinden. Der an- und abschwellende Ton der Trommel beruhigt und belebt mich gleichermaßen und scheint mein Herz zu weiten. Das geht eine ganze Weile so: Herztraining zum Abstreifen des gewohnten Umgangs mit dem Kummer ...

Schließlich verlasse ich meinen Körper und sehe mich von oben. Da liegt eine Frau, deren zweiter Vorname Skepsis gegenüber faulem Zauber ist, deren Leben, Wohnort und Probleme urbaner nicht sein könnten und deren Haarschnitt in etwa so teuer war wie der wöchentliche Futteretat von Reijas Ranch. Sie liegt nur da und atmet tief ein. Und aus. Und ein. Als täte sie das zum ersten Mal.

Und tatsächlich fühlt es sich abenteuerlich an. Mein Körper ist ein einziges Ohr für den holprigen Rhythmus der Trommel, die mir die Tür zu etwas Größerem zu öffnen scheint. Das Wort Angst, *anghu*, stammt aus dem Indogermanischen. Im Lateinischen spricht man von *angustus*: Bedrängnis, Enge, Beengung. Was hier gerade beginnt, ist das genaue Gegenteil, nämlich die Aufhebung einer Beengung.

Mein Geist geht auf die schamanische Reise: Ich tauche zu den Fischen hinab und spüre die Kälte des Wassers, aber auch die Fülle der Tiere und Fabelwesen. Sekunden später bin ich in einer Bärenhöhle, und mir wird wieder warm, allerdings stinkt es. Dass mir unterwegs knorrige Waldfeen, grün-durchsichtige Mini-Elfen und andere Mischwesen zwischen Mensch und Tier begegnen, wundert mich ganz und gar nicht. Auch nicht, dass die Luft zeitweise von einem Heulen, Knattern und Sausen erfüllt ist, das nicht von der Schamanentrommel stammen kann. Welche Geister Reija auch immer anruft und zu mir schickt, sie sind nicht stumm. Stocknüchtern, wie ich bin, erlebe ich für eine knappe Stunde eine Art Trip, der mich in die Lage versetzt, mich als schwer beeindruckte Besucherin dieser Geistercombo zu empfinden, und das nicht erst, als Reija mir mein Krafttier präsentiert. Beglückt mache ich seine Bekanntschaft. Einige schamanische Richtungen verbieten es, die Identität des persönlichen Krafttiers preiszugeben. Reija scheint zwar in keiner solchen Tradition zu stehen, aber sicherheitshalber, man weiß ja nie, soll das meine hier inkognito bleiben.

Schamanen sprechen von *Seelenverlust* durch Traumata, und das plötzliche Verlassenwerden ist ein solcher Verlust. Dazu kommt in diesem Fall aber noch die Kränkung als vergiftete Cocktailkirsche obendrauf. Versucht man dann aus falschem Stolz, sich die Verletzung nicht in vollem Umfang einzugestehen und anzuschauen, kann die Heilung nicht recht in Gang kommen oder dauert gar ewig. Auch ich merke im Verlauf der Trancereise, wie erstaunlich weh mir diese verlorene Liebe noch immer tut. Doch ohne dass ich sagen könnte, wie es genau funktioniert, trennt sich plötzlich der echte Schmerz vom beleidigten Ego. Letzteres kapituliert einfach angesichts der Wucht der Natur und der sie bevölkernden Geister. Ich höre auf, mich an die Verletzung zu klammern und eine wie auch immer geartete Entschädigung zu verlangen.

Ursache und Urheber eines Seelenverlusts sind aus schamanischer Sicht sowieso völlig ohne Belang. So etwas passiert schließlich dauernd und jedem. Wichtig ist, die Vergangenheit auch wirklich vergehen zu lassen. Was mich betrifft, so verschmort ein großer Teil der Trümmer gerade im Birkenholzfeuer. Von oben besehen sind Reija und ich nichts als zwei eingemummelte Frauen auf einem nächtlichen, zugefrorenen See. Mir aber kommt es vor, als würde ich mich, je länger es dauert, immer mehr ausdehnen, in die Umgebung hineinwachsen. Das fühlt sich sehr befreiend an. Hier ist ja alles da, in unfassbarer Fülle, und ich bin Teil dieses Ganzen. Was könnte mich noch ängstigen, was könnte fehlen? Im Moment rein gar nichts. Ich blicke zu den Sternen, und Himmel und Erde sind mein.

25. Der eigene Anteil.
Fragen über Fragen

»Die Welt ist groß genug, dass wir alle darin
Unrecht haben können.« Arno Schmidt

Die Art, wie mein Ehemann mich verlassen hatte, war sicher kein Paradebeispiel an Reife und Mitgefühl gewesen. War er aus Scham über sein Verhalten so überstürzt geflüchtet, hatte sieben Jahre Beziehung innerhalb weniger Minuten beenden wollen? Schämte er sich seiner Verliebtheit in die andere Frau (unwahrscheinlich) oder seiner Unfähigkeit, meine Reaktion zu ertragen (hoffentlich)? Schämte er sich überhaupt? Was waren seine Gründe, so zu gehen, wie er gegangen ist? Ich wusste es nicht, denn ich hatte es noch nicht geschafft, ihn zu fragen.

Was aber war mein Anteil am Geschehen? Ich fasste mich also an die eigene Nase und ließ ein gründliches »Selbst schuld?«-Programm durch mein System laufen. Was hatte ich übersehen? Wo lag mein Versagen? Warum war ich nicht offensiver gewesen, als mein Noch-Mann im Frühjahr vor seinem Abflug immer wortkarger und kühler geworden war? Und hatte ich nicht fast von Anfang an Aufmerksamkeit und spätestens im letzten Ehejahr auch Zärtlichkeit vermisst? Warum habe ich zwar gezankt, gejammert, gezerrt, ihn gekratzt, geboxt und stundenlang geheult, aber nicht der Tatsache ins Auge geblickt, dass ich nicht mehr gemeint war, dass er mich nicht mehr liebte und dass genauso gut ich die Konsequenzen daraus ziehen konnte? Schließlich war ich weder abhängig von seinem Gehalt, noch drohten Wohnungsverlust, traumatisierte Kleinkinder oder nationale Unruhen.

Hatte ich vielleicht Angst vor dem Gesichts- und Statusverlust als dann zweifach geschiedene Frau? War es das? Es ist schließlich nicht verboten, zu gehen, wenn man zu versauern (im Sinne von Immer-saurer-Werden) droht, auch wenn man selber noch liebt.

Diesen Mut hatte ich nicht und trug damit höchstselbst dazu bei, mein Leben in Schutt und Asche zu legen. Ich wollte die Konsequenzen nicht ziehen. (Klingt nach Wurzelresektion, ist aber erheblich schmerzhafter.) Und so saß ich viele Monate später da und schämte mich, nicht früher den Datenspeicher unserer Beziehung rigoros aufgeräumt zu haben, denn der Virenscanner ergab nun eine Menge Treffer. Zeit für eine generelle Softwareaktualisierung!

Warum ich mich gerade in diesen Mann so verliebt hatte, dass ich mit Mitte vierzig unbedingt noch einmal hatte heiraten wollen – daran erinnerte ich mich gut. Neben dem unerklärbaren Anteil der Anziehung zwischen Liebenden hatte ich ihn sensibel, belesen, witzig, gutaussehend, weltgewandt und erotisch gefunden. Wir, beide wie gesagt bereits einmal geschieden, hatten eine ganze Weile unseren vermeintlichen Hauptgewinn, unser Glück, kaum fassen können. Die ersten Risse zeigten sich nach der Zeit des Honeymoons zwar erstaunlich schnell, aber ich dachte nicht daran zu gehen. »Man kann doch nicht alle sieben Jahre das Personal seines Lebens auswechseln!«, hatte eine Therapeutin zu mir gesagt, und ich fand, dass sie recht hatte. »Arbeiten Sie zusammen an Ihrer Beziehung – suchen Sie sich eine Mediatorin, bevor es zu spät ist.«

Ja, ich weiß. Sexy klingt anders.

Wir versuchten es nicht.

Mein Mann hatte es sich in der Überzeugung gemütlich gemacht, nicht an Therapien zu »glauben«, und ich bestand nicht darauf.

Wie auch immer: Ich hatte ihn nicht halten können. Warum genau, wusste ich noch immer nicht, als ich mich anderthalb Jahre nach der Trennung im vorweihnachtlichen »Tannenparadies« an unsere vielen gemeinsamen Feste mit der ausufernden Patchworkfamilie erinnerte. Dass Letztere mir schrecklich fehlte, dafür schämte ich mich ganz und gar nicht. Für unser Versagen schon. Im Grunde aber fühlte ich ähnlich wie ein Freund, der von der Mutter seines Sohnes plötzlich verlassen worden war und der mir schrieb: »Ich könnte mich schämen für das lange und z.T. melodramatisch kitschige Leiden, für die Unfähigkeit, einfach lächelnd weiterzugehen. Für die vielen durchschriebenen Nächte, die Momente, wo ich nach Hause komme und erst mal eine Weile weinend im Flur sitzen muss. Aber das ist mein Leben, das ist authentisch, und ich werde ganz sicher nicht an verschluckten und verdrängten Gefühlen sterben.«

Die Vorstellung, meinem Exmann erst wieder in einem Gerichtsgebäude im Beisein von Anwälten zu begegnen, wurde mir zunehmend unheimlich. Sicher, ich hatte Abstand gebraucht und war noch immer sauer. Genau genommen aber hatte ich erstaunlich große Angst vor einem Vieraugengespräch, dennoch stand es nach anderthalb Jahren Funkstille nun dringend an. Es wurde wirklich Zeit, Souveränität zurückzugewinnen, sonst würde ich auch nächstes Jahr Weihnachten wieder im »Tannenparadies« herumhängen wie Gretel allein im Wald. Und mich schämen. Ich beschloss, meinem Noch-Ehemann bald ein Treffen vorzuschlagen. Letztendlich war es die Scham, die mich anschubste.

Ausgerechnet das unbeliebteste Schmuddelkind unter den unangenehmen Gefühlen brachte mich voran.

Freund Hannes allerdings wirkt skeptisch, als er von meinem Plan erfährt. »Willst du das, weil man das eben so macht als kultivierte Frau? Um nicht wie Cindy aus Marzahn einfach nur *fuck you* zu resümieren?« Meine Antwort, ich wisse es nicht genau, bringt nicht gerade den Durchbruch an Klarheit in unser Gespräch. Hannes muss aber eh zur U-Bahn.

In der Nacht erreicht mich eine Mail von ihm:

»Als Rat: Mach dir klar, was du erreichen willst.

Willst du, dass er um Verzeihung bittet?

Willst du sie gewähren?

Willst du den Eindruck gewinnen, dass er bereut? Würde dir das helfen?

Willst du ihn scheiße finden, um es leichter ertragen zu können?

Willst du als moralische Siegerin vom Platz gehen, weil du etwas richtig und er etwas falsch gemacht hat? Willst du einfach Frieden schließen und dich auf eine freundschaftliche Ebene begeben? Nach dem Motto: War doch 'ne schöne Zeit, aber hat nicht sollen sein?

Willst du ein Einvernehmen aushandeln, wie ihr beide das Ganze sehen werdet?

Willst du Mitverantwortung übernehmen und ihm so den moralischen Druck nehmen, damit ihr in Zukunft freier miteinander umgehen könnt?

Willst du, dass er gesteht, er habe sich geirrt, und reumütig zurückkehrt?

Was immer dir da einfällt, du musst alles tun, um dir klarzumachen, was sowohl realistisch als auch von Vorteil für dich wäre. Du musst dich vorher in eine Haltung der Souveränität bringen, eine, in der du nicht so leicht aus der Fassung zu bringen bist.

Oder du meditierst so lange, bis du ganz offen bist, alles zu nehmen, was da kommt, ohne es zu bewerten. Okay, das scheint mir ein bisschen viel verlangt …«

Nach dieser Mail kann ich lange nicht einschlafen, finde keine Antworten und komme dennoch zu dem Schluss, dass die *Fuck-you*-Variante zu feige wäre. Den entscheidenden Schritt schiebe ich dann aber doch noch eine ganze Weile vor mir her.

26. Reise zu den glücklichen Frauen (5): Rita B., Notarin

Jola hatte zu bedenken gegeben, dass Schamanenreisen, Meditationsseminare, Onlinebörsen-Abenteuer, Polyamoren-WGs und Tantra-Massagen vielleicht nicht jedermanns Sache seien.

»Du beziehungsweise die Frauen, die du bisher besucht und interviewt hast, haben ja einen sehr speziellen Stil. Zwar jede auf ihre eigene Art, aber doch eher so in Richtung Spiritualität. Gibt's denn keine, die gesagt hat: ›Schluss jetzt, ich geh auf eine Bohrinsel und mache die Kohle meines Lebens‹? Oder: ›Die Kerle können mich mal, mir steht die Frauenrolle bis sonst wo‹? Und wenn schon keine Heldin, dann vielleicht eine, die berühmt oder meinetwegen kriminell geworden ist?«

»Kriminelle will ich nicht«, murmle ich ein bisschen eingeschnappt. Als eine, die ihre Affekte lange Zeit eher schlecht im Griff hatte, mag ich mir gar nicht so genau vorstellen, wohin aus dem Ruder laufende Trennungskonflikte führen können. Gewalt ist inakzeptabel, und im Internet kursierende Rachevideos à la »*Betrogene Frau demoliert das Auto ihres Mannes*« fand ich schon immer verstörend. Ich gebe zwar zu, gelegentlich ein gewisses Kribbeln im Bereich meiner niedersten Instinkte zu verspüren, aber das Gefühl überwiegt, dass diese Art von Reaktion kein Zeichen von Stärke ist, sondern eher etwas Tragisches hat.

Natürlich weiß ich, was Jola meint. Sie vermisst das Vorbild von Frauen, die nach einer Trennung nicht nur in Therapie, sondern auch zu ihrer Bank gehen. Die nach abgeschlossenen Ehen nicht wie ich über den mickrigen Rentenpunkten des Versorgungsausgleichs meditieren und hoffen, dass ihre drohende Altersarmut ihnen wenigstens ein paar Pluspunkte auf dem Karma-Konto einbringt. Und ich weiß auch, dass das nachträgliche Abzocken der noch immer meist besserverdienenden Männer keine Lösung ist.

Da ich Jola so ungern enttäusche, mache ich mich wunschgemäß auf die Suche nach einer weiteren starken Frau, die ihre Trennung bewältigt hat.

Auf dem Weg ins Erzgebirge, wo Rita B. lebt, spielt mein Navi verrückt. »Wenn möglich, bitte wenden! Wenn möglich, bitte wenden!«, ningelt es mantraartig in mein gestresstes Ohr. Eine Warnung Gottes? Diesen Eindruck hatte ich auch schon kurz hinter Berlin, als mich ein präsuizidaler Porschefahrer durch einen schnittigen Spurwechsel ins Nirwana mitzunehmen versuchte. Im Stau auf der A 13 sehen wir uns wieder. Ich erkenne den Bauherrn der Townhouses in unserer Straße, den Herrscher über die rücksichtsloseste Luxussanierung im Kiez. Er erfüllt gerade jedes Klischee, blockiert die Rettungsgasse und brüllt hektisch rauchend in sein Telefon: »Ick komm hier nicht weg! Ick hab Druck, Mann!« Fast tut er mir leid. Meine plötzliche Milde, registriere ich erschrocken, hat etwas Mütterliches. Das gibt sich sofort wieder, als er das Telefon mit einem deutlich vernehmbaren »Fotze« auf den Beifahrersitz pfeffert. Nun würde ich ihm gerne weh tun. Nur ein kleines bisschen. Hinter Dresden habe ich ihn gnädig vergessen.

Als ich Ritas Haus endlich finde, habe ich, ohne es zu wissen, schon einige ihrer ehemaligen und aktuellen Immobilien passiert. Dabei ist sie keine reiche Erbin, keine Spekulantin, kein weiblicher Mogul. Rita hat in Dresden Jura studiert und, wie so viele Frauen im Osten, während des Studiums ihre Kinder bekommen. Heute ist sie Ende fünfzig, Mutter, Großmutter, geschieden. Ihr Haus am Hang ist gut hundert Jahre alt, groß, einladend. Sie wohnt noch nicht lange hier.

»Komm rein, ich freue mich!« Wir haben uns noch nie gesehen, aber Rita begrüßt mich wie eine alte Freundin. Der Tisch ist liebevoll gedeckt, am liebsten würde ich einfach nur die Beine ausstrecken und den Blick in den Garten genießen. Aber ich bin nicht zu meinem Vergnügen hier, also erzähle ich ihr von meiner Trennung und meinem Buch, und sie nickt zu jedem Satz. Als Notarin in ländlicher Gegend kennt sie viele Leute und Lebensgeschichten: »Wie sich die Bilder gleichen!«

Ich muss an meine schöne Scheidungsanwältin denken, die mir einige Tage zuvor gestanden hat, so manches Mal das Gefühl nicht niederkämpfen zu können, dass es nun auch mal genug sei mit dem Trennungsthema. Rita kennt das auch: »Die Menschen werden so anders in dieser Ausnahmesituation. Viele verlieren die Nerven und streiten, bis der letzte Eierlöffel durchgesägt ist. Sie wissen, dass es nicht um die Löffel geht, sie wissen, dass sie sich möglicherweise finanziell ruinieren. Sie wissen das alles und können doch nicht anders. Das ist bei Erbschaftsstreitigkeiten genauso wie bei Scheidungen. Nicht alle, aber die meisten sind gekränkt und traurig und retten sich deshalb in den Kampf. Und obwohl es ja für alles Gesetze gibt, hängt es auch von uns Profis ab, wie sich die Fälle entwickeln. Ob Streitigkeiten befördert werden oder ob man versucht, die Klienten in versöhnliches Fahrwasser zu lenken. Das ist eine Frage des persönlichen Stils. Ich könnte mich an Krawall bereichern, aber das interessiert mich nicht.«

Viele Leute hier im Erzgebirge besitzen Häuser und Waldstücke. Rückübertragungen seit 1990, Investitionen in den Tourismus, neuer Wohlstand haben das Bild der Region verändert. An jedweder Beurkundung sind Notare beteiligt. Die meisten können sehr gut davon leben.

»Auch Dirk und ich haben ausgezeichnet verdient. Er war als Notar im öffentlichen Dienst angestellt und ich freiberuflich unterwegs. Eigentlich eine geniale Kombination. Allerdings sah der Alltag nicht rosig aus. Während Dirk täglich zu einer sehr moderaten Zeit zu Hause war, kam ich abends angehetzt, oft noch mit Akten im Gepäck.«

»Oh, der berühmte *Mann mit Tagesfreizeit!*«, grinse ich, und Rita tippt mit dem Zeigefinger bestätigend in meine Richtung. »Du sagst es. Seine Affäre ging ewig. Und ich bekam es viel zu lange nicht mit. Eigentlich habe ich nur an seinem Gemuffel gemerkt, dass etwas nicht stimmt.«

Die drei Töchter sind zu dieser Zeit zwar nicht mehr klein, aber auch noch nicht aus dem Haus. Einem Haus, das das Ehepaar gerade aufwendig saniert hat. Mit viel Geld, viel Kraft. Es ist nicht das Haus, in dem wir gerade Kaffee trinken.

Als Dirks Untreue auffliegt, ist die Krise da. Lange ringen sie mit- und umeinander. Schließlich entscheidet er sich für Rita, und die beiden versuchen es mit Hilfe einer bewährten Strategie: mit einem neuen Haus.

»Mein Vater war auch so ein Baumensch«, erzählt Rita. »Er hatte unfassbar viele Talente und eine beängstigende Energie. Wir haben als Kinder praktisch immer auf Baustellen gelebt. Eine nach der anderen. Deshalb schreckt mich auch körperliche Arbeit nicht. Ich kann bohren, mauern, verputzen, schleifen, Holz hacken – eigentlich alles. Diese Kindheitserlebnisse haben mir vielleicht vermittelt, dass man nur bauen muss, und alles wird gut.«

Die neue Baustelle ist anstrengend, aber auch eine Chance. Ein paar Jahre sind Rita und Dirk wieder glücklich miteinander. »Also … zumindest hab ich das so empfunden, und die Kinder auch.« Die Töchter wurden groß, zogen aus, bekamen ihrerseits Kinder.

»Wir begannen zu reisen. Geld genug verdienten wir, ein Haus hatten wir, also warum nicht Bali, Indien, Papua-Neuguinea? Ich wandere unglaublich gern, Dirk allerdings nicht so … und irgendwie begannen wir wieder, uns zu streiten.«

Sein schleichender Abschied kündigt sich durch Nörgeln, bizarre Zwänge und Wortkargheit an. Der Sex trennt sich von der Liebe, wird mechanisch. Rita kämpft um Dirk, beginnt eine Therapie. Sieben Jahre nach dem ersten Mal hat er neuerlich eine Affäre. Eine Paarberatung bricht er mit der Begründung ab, dass sie ihm nichts bringe.

»Ich weiß, ich bin nicht einfach und ganz bestimmt kein Heimchen am Herd. Ich hab das Studium, die Kinder, die Kanzlei und die ewige Bauerei gewuppt. Aber zu Hause fühlte ich mich wie ein altes Sofa, das niemand beachtet. Gescheitert bin ich an Dirks Launen und seiner Unzufriedenheit, die zu dieser Untreue geführt hat. Und irgendwie war vollkommen die Luft raus. Wir hatten das ja schon mal gehabt. Diese Flucht in die Außenbeziehung … und zu Hause dann sein riesengroßes Ruhebedürfnis!«

Schließlich trennt sich nicht Dirk, sondern Rita.

»Dirk war völlig von den Socken. Empört. Die Arbeitsteilung im Haushalt und im Büro, die finanziellen Absprachen – auf einmal galt das nicht mehr. Von einem Tag auf den anderen.«

Ein Zusammenleben im fast noch neuen Haus wird unmöglich. Dirk sieht jedoch nicht ein, dass er ausziehen soll. Schließlich will Rita ja die Trennung.

Und die? Fängt mit Mitte fünfzig wieder zu bauen an.

»Eine Mietwohnung in irgendeiner Kleinstadt konnte ich mir

absolut nicht vorstellen. Das wäre ein solches Bild des Scheiterns gewesen und hätte mir auch nicht entsprochen. Nach einigem Suchen habe ich dieses Haus hier gefunden. Die Erben wollten an jemanden verkaufen, der die Geschichte und den Geist des Hauses erhält. Es war zunächst gar nicht so einfach, sie davon zu überzeugen, dass ich das schaffe, so als ältere Frau, allein.«

Ich frage Rita, woher um alles in der Welt sie die Kraft genommen hat, sofort weiterzumachen, eigene Pläne zu schmieden und umzusetzen.

»Das war meine Art der Verarbeitung.« Rita holt Fotos vom Baugeschehen. Sie sanierte das alte Gemäuer denkmalgerecht, ökologisch, energiesparend, schön.

»Ich war total beschäftigt und abends todmüde. Das hat sehr geholfen, mit dem Abschied klarzukommen. Ein Haus ist wie ein neues Baby. Du bist vollkommen davon eingenommen. Der Partner, oder in dem Fall Expartner, tritt zurück, bekommt einfach nicht mehr so viel Aufmerksamkeit. Ich hab das für mich gemacht. Weil ich ein Zuhause wollte, wo alles genau so ist, wie ich mir das wünsche. Meins. Klar sollte es auch groß genug sein, dass die Kinder und die Enkel kommen können. Und ja, es liegt am Hang und ist alles andere als altersgerecht. Aber weißt du ... und wenn es nur zehn schöne Jahre sind, die ich hier noch verbringen kann! Dafür hat es sich gelohnt.«

Rita zeigt auf ein Rotkehlchenpaar, das zwischen der Wiese und dem Nistkasten im Apfelbaum hin und her fliegt, und grinst: »Passt zum Thema!«

»Das Haus hat dich also gerettet?« Mir klingt das alles noch ein bisschen zu glatt, zu sportlich, zu sehr nach Baumarktwerbung. »Man möchte fast meinen, du hast einfach die Beziehung zu deinem Mann gegen eine Beziehung zu einem Haus ausgetauscht.«

Was als Scherz gemeint war, bringt Rita ins Grübeln. »Nein«, antwortet sie nach einer ganzen Weile. »Es war ein langer Prozess, und Dirk und ich haben gekämpft. Wir waren fünfunddreißig Jahre zusammen und haben drei Töchter. Einen Haufen gemeinsamer Freunde. Da gibt es nichts, wogegen man das austauschen kann. Vielleicht haben wir uns auch immer in Bauhektik gestürzt, um uns nicht zu sehr mit uns selber beschäftigen zu müssen, kann ja sein. Aber ich wollte trotzdem oder gerade deshalb einen Platz für mich, und den habe ich nun, und damit geht es mir richtig gut. Ich bin in der glücklichen Lage, sehr gut zu verdienen und jetzt nicht von Schulden erdrückt zu werden. Mir ist klar, dass es den meisten geschiedenen Leuten anders geht, das erlebe ich ja wöchentlich in der Kanzlei. Bloß: Zugefallen ist mir das auch nicht. Ich arbeite hart und viel. Zum Ausgleich mache ich Yoga und gehe in die Berge.«

»Hör auf!«, lache ich. »Da kriegt man ja Komplexe! Ich wäre glücklich, wenn ich nur die Hälfte deiner Energie hätte!«

Rita guckt so verblüfft, wie es Leute tun, denen ihre eigenen Stärken nicht so ganz gegenwärtig sind. Und sie beantwortet meine unausgesprochene Frage. »Wie es jetzt ist, ist es gut. Ich habe mich richtig entschieden. Trotzdem, ja, sobald ich drüber nachdenke, tut es auch immer noch weh. Vielleicht hört das nie ganz auf. Wahrscheinlich nicht. Ich hätte das schon gerne hingekriegt mit Dirk. Und wenn wir die Energie, die die Trennungskämpfe uns gekostet haben, in die Beziehung gesteckt hätten, wer weiß, vielleicht wären wir noch zusammen.«

Rita hat seit kurzem einen neuen Freund. Er wohnt dreihundert Kilometer entfernt. Die Wochenendbeziehung schlaucht, beide haben durch die Fahrerei zu wenig Zeit, sich von ihren anstrengenden Jobs zu erholen.

»Ich würde dir zutrauen, dass du zu deinem Freund ziehst und mal wieder ein Haus baust. Diesmal für euch beide!«

Und da hält Rita zum ersten Mal in unserem Gespräch etwas nicht für möglich. Sie zeigt mir einen Vogel. »Nein, auf keinen Fall. Ich fühle mich total verwurzelt hier in der Gegend. Wenn da jemand dazukommen möchte, bitte. Aber ich brauche nach alledem einen Ort, der ganz allein meiner ist, egal, mit wem ich gerade zusammen bin.«

Auf der Heimfahrt höre ich sehr laut Musik. Die Autobahn ist voll mit dicken, schnellen Autos, die sich in Richtung Norden bewegen. Als Berlin auftaucht, der Moloch, die Mieterstadt, denke ich darüber nach, ob mir Immobilienbesitz die Angst vor der Zukunft nehmen würde. Wenn ich ehrlich bin: nein. Ich möchte zwar nicht aus meiner Wohnung vertrieben werden, bin aber mehr der Typ für das leichte Gepäck. Sosehr ich Ritas Weg verstehe, für mich wäre die Bauerei keine Option.

Voller Sehnsucht nach meinem Zuhause biege ich in unsere Straße ein und komme bald zum Stehen: Baustellenporschi von heute Morgen streitet sich mit einer Ureinwohnerin um einen Parkplatz und blockiert neuerlich die Durchfahrt. So sieht man sich wieder, auch wenn man's gar nicht will. Von dem werde ich garantiert keine Wohnung kaufen. Aber dass ich meine Scheu, mich endlich um meine Finanzen zu kümmern, ablegen muss, wird mir immer klarer.

27. Zustimmung in Anlage U, Abschnitt B, oder: Das böse G-Wort

»Eine Frau muss Geld und ein eigenes Zimmer
haben, um schreiben zu können.« Virginia Woolf

Meine Bankberaterin hatte mir, im Wechsel mit der Steuerberaterin, schon einige Nachrichten auf der Mailbox hinterlassen. Beide flehten mit ansteigendem Stakkato um Rückruf; ich
drückte mich, solange es ging. Paartherapeuten berichten, dass
Sex und Geld die Hauptkonfliktpunkte in Beziehungen sind.
Meist erledigt sich das mit dem Sex nach einer Trennung. Was
bleibt? Genau!

Die schon erwähnte Trennungscoachin Katherine Woodward
Thomas plädiert für größtmögliche Großzügigkeit in Geldange-
legenheiten. Verletzte Gefühle und Rachegedanken seien zwar
verständlich, aber gerade auf diesem Gebiet wenig hilfreich. Das
glaube ich sofort. Allerdings glaube ich auch, dass bei der Trennung, deren Coaching Frau Thomas berühmt gemacht hat, nämlich der von Gwyneth Paltrow und Chris Martin, beide Parteien
sich Großzügigkeit locker leisten konnten. Nach dem Motto:
»Willst du noch ein paar Millionen, Schatz?« – »Ach nein, nimm
du sie doch bitte, wir hatten eine so schöne Zeit.«

Das deutsche Unterhaltsrecht ist kompliziert, und die kon-
kreten Fälle sind derart verschieden, dass es geradezu fahrlässig
wäre, hier allgemeingültige Tips geben zu wollen. So viel lässt
sich jedoch sagen: Für unverheiratete Getrennte erledigt sich

die Geldfrage in der Regel schnell; erwähnte Großzügigkeit ist hier wahrscheinlich am wenigsten zu erwarten. Und bei Ehescheidungen ist es ein Unterschied, ob man, wie mein Ex und ich, einige gute Jahre in der Lebensmitte gemeinsam verbracht hat oder ob man Jahrzehnte zusammen war, ein Haus gebaut und Kinder großgezogen hat, wobei einer, nach wie vor meist die Frau, auf berufliches Fortkommen zeitweise verzichtete. In letzterem Fall sollte man es dringend Profis überlassen, die Finanzen zu klären, was zu Recht von den Gerichten auch verlangt wird. Dennoch gilt auch hier: Sich zu informieren hilft, und der Abschied von jeglicher Naivität ist von Vorteil. Eine Trennung bedeutet immer finanzielle Einbußen, vor allem für die Partei, die weniger verdient und für die es schwieriger wird, die Kosten des Alltags plötzlich allein zu stemmen.

Nun handelte es sich bei uns nicht um ein blutjunges, heillos verliebtes Pärchen, das erst trunken in Las Vegas und dann nüchtern auf dem Standesamt Berlin-Mitte die Ehe geschlossen hatte. Wobei Letzteres zutrifft. Und, ja, der bekannte Satz *In guten wie in schlechten Zeiten* ist gefallen. Doch niemand glaubt in so einem Moment, dass die Zeiten *derart* schlecht werden können ... Niemand kopiert, wie von Anwälten empfohlen, den Kontostand des/der Liebsten zum Zeitpunkt des Zusammenkommens und auch immer mal wieder zwischendurch. In den Scheidungspapieren aber wird ein Vermögensabgleich verlangt, der wirklich nur für Wir-haben-mit-Mitte-zwanzig-geheiratet-und-immer-gemeinsam-gewirtschaftet-Paare oder besonders argwöhnische Menschen realistisch möglich ist. Ich musste mir eingestehen, dass ich schlicht und einfach nicht wusste, was genau an Vermögen in unserer Zugewinngemeinschaft (was für ein unromantischer und dennoch optimistischer Ausdruck) hereingekommen war. Ich hatte vollkommen unserem geschlossenen

Bund vertraut. Wir arbeiteten beide in Vollzeit, mein Ex verdiente in den letzten Jahren mehr als das Doppelte meines Gehalts, es ging uns gut. Bei der Trennung haben wir nicht über zu teilende Vermögenswerte gestritten. Jeder behielt, was er auf dem Konto hatte, das gemeinsame Wirtschaftskonto wurde schnellstens aufgelöst. Das nun ist Geschmackssache beziehungsweise war der Situation geschuldet. Ich hatte schlicht und ergreifend nicht die Kraft und die Nerven für den Kampf um mögliches Erspartes. Dass er mir bei seiner wilden Flucht einen großen Teil der Wohnungseinrichtung und das Auto überließ, nahm ich zur Kenntnis und fand es angemessen, dass ich mit der Liebe nun nicht auch noch mein Zuhause verlor. Das war in dem Moment schlicht lebensrettend. Wird man überraschend verlassen, sind Konflikte um Materielles kaum zu bewältigen. Es sind Kämpfe zwischen Kontrahenten höchst unterschiedlicher Gewichtsklassen.

In meinen Gesprächen mit Frauen höre ich zuweilen Geschichten von so sinnloser Boshaftigkeit, dass mich immer mal wieder tiefe Dankbarkeit für die grundsätzliche Fairness meines Ex überkommt, auch wenn wahrlich nicht alles nach meinen Vorstellungen ablief. Nach den seinen ganz sicher auch nicht.

Aus dem Geschichtenzyklus *Die wütende Exfrau* ist, was das Finanzielle betrifft, vor allem eine typische Reaktion bekannt: »Für diesen Verrat wird er bezahlen!« Irgendwie verständlich, denn die irrsinnige Kränkung vermischt sich hier mit realer Angst vor dem finanziellen Abstieg. Schwächer und hilfloser als in dieser Zeit fühlt frau sich nie. Also kämpft sie … oder gibt auf. Entschließt sie sich zum Kampf, gibt es nichts, was es nicht gibt. Je nach Temperament werden von der Geistheilerin bis zum Auftragskiller alle Möglichkeiten in Erwägung gezogen, diese komplizierte Situation zum eigenen Vorteil zu entscheiden.

Die meisten Menschen denken, dass die Gesetze das Nötige schon regeln werden. Das tun sie auch. Aber nicht für jeden gleich. Geprüft wird der Einzelfall, und *gesetzlich* heißt nicht automatisch *gerecht*.

Ich registrierte an mir in dieser Zeit vor allem Angst und eine gewisse Scheu, mich so dezidiert mit meinen Ansprüchen auseinandersetzen zu müssen. Zu allem Überfluss mischte auch noch das Finanzamt einiges an Sprengstoff unter und stellte bezüglich des Trennungsunterhaltes die spannende Frage in den Raum, ob ich mich in der Steuererklärung meines Exmannes als *Sonderausgabe* oder als *außergewöhnliche Belastung* wiederfinden möchte. Wie würden Sie entscheiden? Bei aller Eitelkeit: Seien Sie lieber eine *außergewöhnliche Belastung*. Es sei denn, Sie haben Geld zu verschenken.

Warum?

Der Hintergrund in aller Kürze: Sinn des Trennungsunterhaltes ist es, beide Partner in der kritischen Zeit zwischen Trennung und rechtskräftiger Scheidung (also gegebenenfalls weit länger als das vorgeschriebene Trennungsjahr) auf dem annähernd gleichen finanziellen Niveau zu halten. Eine Karenzzeit also, die für die Person, die weniger verdient, die Chance bietet, sich umzustellen, ohne Hals über Kopf zum Beispiel aus einer zu teuer gewordenen Wohnung ausziehen oder sich verschulden zu müssen.

Ich hatte zwar in meinem Scheidungsantrag auf nachehelichen Unterhalt ausdrücklich verzichtet, weil ich nicht wegen gemeinsamer Kinder im Beruf zurückgesteckt hatte. Der damit nicht zu verwechselnde Trennungsunterhalt ist jedoch gesetzlich vorgeschrieben und war für mich auch unverzichtbar. Grob wird er, wohlgemerkt vom bereits versteuerten Gehalt, folgendermaßen berechnet: Die Summe, die mein Mann mehr verdiente als ich, wurde, nach Abzug einiger Pauschalen auf seiner

Seite, geteilt. Die eine Hälfte überwies er mir monatlich. Insofern ähnelten die Verhältnisse denen der ehelichen Wirtschaftsgemeinschaft vor der Trennung.

Damit es aber nicht zu friedlich zugeht und die Heerscharen von Steuerberatern nicht arm werden, gibt es zwei Möglichkeiten, steuerlich damit umzugehen. Der, der mehr verdient, versucht, den gezahlten Unterhalt als *Sonderausgabe* abzusetzen. In den allermeisten Fällen ist das der Mann. (Was die fehlende Geschlechtergerechtigkeit in meiner Sprache erklärt, die Sie mir bitte verzeihen mögen. Sie korrespondiert mit der fehlenden Einkommensgerechtigkeit. Selbstverständlich gibt es auch Fälle, in denen die Frau dem Mann Unterhalt zahlt. Und dann noch die, wo der reichere Mann dem ärmeren Mann und die eine Frau der anderen Frau zahlt – Sie verstehen schon.)

Die Kästchen für die absetzbaren Beträge befinden sich auf Seite 2 des Hauptformulars sowie in Anlage U, Abschnitt A. Ich glaube, die meisten Menschen, die an dieser Stelle angekommen sind, bereuen zutiefst, jemals geheiratet zu haben.

Eine Steuerrückzahlung an den Unterhaltspflichtigen erfolgt nämlich nur, wenn die Unterhaltsempfängerin dem Antrag auf Anerkennung als *Sonderausgabe* in Abschnitt B von Anlage U zustimmt, was ihr nicht leichtfallen dürfte, denn nun müsste sie dieses Einkommen ihrerseits versteuern und verlöre Geld, das ihr eigentlich zusteht. Den Ex würde es freuen ... aber verpflichtet ist sie dazu ausdrücklich nicht. Wenn sie die Unterschrift verweigert, kann der Unterhalt nur als *außergewöhnliche Belastung* abgesetzt werden, was für den Zahlenden erheblich ungünstiger ist. Kurzum, die Gesetze sind so gestaltet, dass sich die ehemaligen Lebensliebsten noch mal so richtig von allen Seiten kennenlernen können. Auf den letzten Drücker quasi.

Um es vorwegzunehmen: Ich habe nicht zugestimmt. Zunächst aus Unkenntnis der genauen Lage und dann auf Rat meiner Steuerberaterin. Ausschlaggebend war, dass ich das Geld brauchte, denn ich zahlte die Miete für die große Wohnung sowie immense Trennungsfolgekosten wie Therapien und Kur allein. Prada-Taschen gehörten ausdrücklich nicht zu meinem Trostprogramm. Für die allermeisten Ab-Getrennten ist das Geld schlicht existenzsichernd; manche Verlassene mögen auch so eine Art Schmerzensgeld-Effekt verspüren. Genauso gibt es die umgekehrten Fälle, in denen Verlassende trennungszeitlich versorgt werden müssen. Das Steuerrecht fragt nicht nach Schuld und Gründen oder verletzten Gefühlen.

Ich weiß, dass mein Exmann den steuerlichen Nachteil für sich als sehr ungerecht empfand, und verstehe das sogar. Da es sich aber um den begrenzten Zeitraum bis zur rechtskräftigen Scheidung handelte und es ihm finanziell weiterhin gutging, hielt sich mein schlechtes Gewissen in Grenzen. Das Ende seiner Verpflichtungen war absehbar, und im Vergleich zum Scheidungsrecht vergangener Jahrzehnte im Westen, die noch im Zeichen der typischen Hausfrauenehe gestanden hatten (»Einmal Chefarztgattin, immer Chefarztgattin«), fand ich diese Regelung lebensnah und fair.

In meiner Praxis erfahre ich immer wieder, dass Menschen am erbittertsten beim Thema Geld aufeinander einhauen. Dabei geht es nie nur um Geld. Die Gefühle benutzen das Geld. Ist jemand geizig, verletzt er den anderen einmal mehr.

Geld schafft Genüsse, Erlebnisse, Sicherheit. Rahmenbedingungen kosten Geld. Nicht umsonst heißt es: Ohne Moos nix los. Kein Geld zu haben bedeutet Verzicht, Sorge, Unsicherheit. Von Luft und Liebe leben, das ist idyllischer, lebensferner Quatsch. Weil es hieße, ohne gemeinsame Genüsse, Erlebnisse, adäquate Bedingungen für Kinder und so weiter zu existieren.

Nichts konfrontiert uns Frauen direkter mit dem mehr oder

minder verborgenen Wunsch nach Versorgung durch den Mann als eine unfreiwillige Trennung. Dieser Wunsch ist selbst unter gebildeten Europäerinnen noch verbreitet, wenn auch tabuisiert – und zwar so stark, dass wir nicht einmal in guten Zeiten mit dem Süßen vernünftig verhandeln und um unsere Rechte kämpfen. Noch immer gehen die allermeisten jungen Mütter davon aus, dass es finanziell langfristig schon irgendwie glattgehen wird, wenn sie wegen der Kinder beruflich zurückstecken. Das Scheidungsrecht sieht zwar einen gewissen finanziellen Ausgleich vor, aber nur für Leute mit amtlichem Trauschein und nur als eine Art Nothilfe.

Ich rate also allen Frauen, sich beizeiten um ihre Finanzen zu kümmern. Wie auch immer es bei Ihnen konkret aussieht: Bleiben Sie besonnen, und lassen Sie sich beraten. Fragen Sie Ihren Anwalt und Ihren Apotheker!

28. Das geblümte Hemd.
Die Wiederbegegnung

»Wir alle haben tief in unserem Innern einen
Nelson Mandela sitzen.« Katherine Woodward Thomas

»Auf keinen Fall darfst du dich mit ihm betrinken.« Als es endlich konkret wird mit dem ersten Wiedersehen, schärft Jola mir Verhaltensregeln ein. »Und nicht heulen, klagen oder sonst wie schwach werden. Bleib cool, stolz, stark, sonst fühlst du dich hinterher megamies, und das willst du nicht.«

Stimmt – aber was will ich? Im Moment vielleicht nur die Hitzewallung loswerden, die mich stressbedingt befällt. Grinsend fächelt Jola mir Luft zu: »Die Farbe im Gesicht steht dir aber ausgezeichnet!«

Die Vorstellung, meinem Noch-Ehemann erst wieder vor Gericht zu begegnen, quälte mich bekanntlich schon länger. Aus dem Briefaufkommen seitens der Rentenversicherungsträger (»Bitte reichen Sie bis zum 22. des Monats eine Kopie Ihres Abiturzeugnisses nach.« Also Achtung, meine Damen, auch als Großmutter immer schön das Abi dabeihaben, sonst klemmt das mit den Rentenpunkten!) schloss ich, dass der Scheidungstermin näher rückte.

Es ist nämlich keineswegs so, wie wir es aus Filmen kennen: Trennungsjahr abwarten oder behaupten, es sei schon verstrichen, kurz zur Anwältin zwecks Ehe-Bankrotterklärung, und – schwupps – kommt man wahlweise traurig oder glücklich aus einem Gerichtsgebäude heraus und fängt ein neues Leben an. Die Formalitäten ziehen sich, es gibt viel Schriftverkehr, und man kann nur vage ahnen, wann die Scheidung vollzogen wird. Noch immer zuckte ich bei jedem offiziellen Brief zusammen und erwartete Unangenehmes. Irgendwann registrierte ich, dass das einfach ein angelernter Reflex war, der seinen Sinn zu verlieren begann. Dass ich den Gedanken an die Scheidung nicht mehr sofort in den Ordner »Heute jedoch nicht!« verschob, zeigte mir meine wachsende Akzeptanz.

Proportional zum Stand meiner Trennungsverarbeitung wuchs mein Bedürfnis nach Klärung. Mein Ex hatte sich schon vor ein paar Wochen zu einem Vieraugengespräch bereit erklärt, sich aber nun auch nicht gerade vorgedrängelt, so dass ich nicht einschätzen konnte, wie wichtig ihm dieser Schritt war.

Die Meinungen in meinem Umfeld gingen auseinander. Von »Was willst du denn immer noch reden, schütz dich gefälligst!« (Hannes) bis »Na endlich seht ihr euch, ihr seid schließlich keine Hollywood-Vollidioten!« (Jola) war alles dabei. Es half nichts, die Entscheidung konnte mir niemand abnehmen.

Nach der Arbeit habe ich bis zu dem vereinbarten Treffen noch eine Stunde Zeit und kann mich nicht entscheiden, ob ich meine Angst vor dieser Begegnung mit kosmetischen oder meditativen Maßnahmen in den Griff kriegen soll. Das führt dazu, dass ich schließlich über die Farbe meines Lippenstiftes meditiere, bis ich den Schminkkram in die Ecke werfe. Das geht ja gut los, sage ich mir, als ich endlich auf dem Fahrrad sitze und durch die halbe Stadt zu dem von ihm vorgeschlagenen Treffpunkt radle. Wenn du dich weiter so wenig im Griff hast, ist das Gespräch in zwanzig Minuten beendet, und nichts hat sich bewegt ...

Das Gartenlokal ist trotz des samtigen Sommerwetters noch nicht allzu voll, ich sehe ihn sofort. Dieses schöne, kleingeblümte Hemd kenne ich nicht an ihm. Es ist von der Sorte, die ich schon immer gut fand, er aber zu unserer Zeit nie tragen mochte – zu jugendlich. Da sitzt er also, wir haben uns ewig nicht gesehen, und meine arme Psyche findet es offenbar angebracht, sich bei der Frage aufzuhalten, ob »sie« ihm dieses Hemd geschenkt hat (und ob es nicht mindestens einen Knopf zu weit offen ist).

Ich rufe mich zur Ordnung und ihm einen halbwegs munteren Gruß zu. Wir reden über das Wetter, das Lokal und wieder über das Wetter. Und dann über den Kellner, das Wetter in Italien und das Essen. Sowie das Wetter.

Irgendwann kommt mit einem Luftzug etwas von seinem so vertrauten Duft bei mir an, und nun beginnt es weh zu tun. Ich kämpfe den Impuls nieder, ihm um den Hals zu fallen oder das Ganze hier einfach freundlich abzubrechen.

»Wie geht es dir?« – diese simple Frage fällt mir wirklich schwer. Er bezieht sie leider auf sein aktuelles Liebesleben und antwortet mir wie einer alten Freundin, die ich möglicherweise irgendwann einmal sein werde, aber durchaus noch nicht bin. Es wird detailliert, ich muss ihn bremsen: *too much information!*

Nicht ganz unerwartet erreicht mich nun die Gegenfrage. Verblüfft bemerke ich an mir den Reflex, zu klagen, wo es nichts zu klagen gibt. Denn ich bin diesbezüglich genau da, wo ich sein will. Frei, voller aufregender Geschichten, auf Duzfuß mit meiner Angst, endlich so gut wie ohne Erwartungen an ihn. Befremdlich, dass ich mal geglaubt habe, wir beide könnten uns gegenseitig retten, wovor auch immer.

Und nun sind wir dann doch bei der Zeit gelandet, als alles begann. Wollte ich vorher klagen, will ich jetzt Bedauern hören. Ich stampfe innerlich mit dem Fuß auf, ich will, dass er *Es tut mir so leid, dich verloren zu haben* sagt. Was er selbstverständlich nicht tut. In dem festen Entschluss, mich nicht an Erwartungen und Formulierungen festzubeißen, flüchte ich aufs Klo. Unfreiwillig werde ich dort Zeugin eines Dialogs zwischen zwei Frauen: »Ich halte den keine zehn Minuten mehr aus!« – »Ja Gott, warum lasst ihr euch nicht endlich scheiden?« Ich warte gespannt auf die Antwort, die dann nur aus einem undefinierbaren Schnaufen besteht. Später im Lokal darf ich dieses Quartett des Grauens besichtigen: befreundete Paare aus besseren Kreisen, die Männer saufend, die Frauen lächelnd. Eisern. Lächelnd.

Auch wir versuchen, nicht zu weinen. Als wir auf den Nachwuchs zu sprechen kommen, geschieht es dann doch. Wir erinnern uns an das Glück, auf einmal vier Kinder gehabt zu haben. Und dazu noch die Schwiegerkinder, später die Enkelinnen. Wir versichern uns, die Zeit zu vermissen, als die Familie wuchs und wir so stolz darauf waren, das – wenigstens das – hingekriegt zu haben. (Nebenbei bin ich froh, dass er mir nicht, wie es einer Klientin passierte, ein süßes Nesthäkchen mit der Geliebten präsentiert, zu dem ich gratulieren müsste – man wird ja bescheiden …)

Eine Gruppe Japaner am Nebentisch ist nun zum harten Trinken übergegangen, ihre ohnehin laute Unterhaltung bekommt etwas Grölendes. Wir versuchen trotzdem, über das Scheitern zu sprechen, deshalb sind wir schließlich hier. Die Stellen, an denen wir uns abhandengekommen sind, markieren wir erstaunlich verschieden. Ich merke, dass dieses Thema noch immer zu vermint ist, um es jetzt und hier in diesem immer voller werdenden Lokal zu besprechen, und dass ich mich vor seinen Antworten fürchte. Und mache mir keine Illusionen darüber, dass ich auch nur im Geringsten weiß, was genau meinen früheren Mann gerade so ergreift. Ist es Bedauern, ist es Selbstmitleid? Oder ist es ein Schmerz, der aus Regionen kommt, zu denen er mir selten Zugang gewährt hat? Eine Träne wische ich ihm trotzdem von der Wange und er mir die meinen. Der Kellner hält's nicht aus und platzt mit einer weiteren Karaffe Weißwein ins Bild …

Na dann: *Prost, Onkel Albert, mach die Leinen los!* Aus welcher Gehirnwindung sich dieser zu Recht völlig vergessene Schlager meiner Kindheit nun in den Vordergrund drängt – ich weiß es nicht. Fast werde ich heiter. Aber nur, bis sich Peter Sarstedts *Where Do You Go To (My Lovely)*, die Hymne urbaner Einsamkeit und ein Lied, das wir beide liebten, nachschiebt und ich merke, dass ich gehen muss.

Im Nachtwind auf dem Fahrrad fühle ich mich leicht.
Ja, wir haben die wirklich harten Fragen umschifft.
Nein, wir waren nicht die Mutigsten in diesem Gespräch.
Aber es war ein Anfang, und ich denke, bis die Morgenvögel krakeelen, über das *Verzeihen* nach. Im Grunde geht es dabei gar nicht so sehr um die Verfehlungen des anderen. Eigentlich geht es sowieso nicht um den anderen. Sondern um die eigene Umprogrammierung von Krach auf Stille, von Krieg auf Frieden. Um *Grollschrumpfung*. Um die Entscheidung, eine nicht (mehr) funktionierende Beziehung endlich nicht mehr als Ausrede für eigenen Kleinmut, eigene Angst und seelische Faulheit zu benutzen. Der Deal, uns gegenseitig vor unseren jeweils eigenen Dämonen zu retten, war glorios gescheitert. Weil das keine Option ist, weil wir hellhörig werden sollten, wenn das Wort Rettung im Zusammenhang mit einem anderen Menschen fällt (es sei denn, wir retten ihn buchstäblich vor dem Ertrinken oder aus dem Feuer). Zur Ehefrau mutiert, hatte ich mich mehr und mehr auf ihn und seine Bedürfnisse bezogen. Und zwar ganz freiwillig. Das war übrigens auch einfacher, als mich um mich selbst zu kümmern. Die amerikanische Psychologin Melody Beattie schreibt über diese One-and-only-Rettungsnummer, über diese böse Falle, die immer noch viele Paare für eine selbstverständliche Liebesform halten: »Wenn wir den Ehrgeiz haben, den Menschen zu zeigen, dass wir das Beste sind, was ihnen je widerfahren ist, sollten wir

die Frage stellen, ob sie das Beste sind, was uns je widerfahren ist.«

Ich vermisse ihn sehr, aber ich bemerke erleichtert, dass ich nicht mehr die Person bin, die ich in unserer Ehe war. Und ich kann mich jetzt erheblich besser leiden.

29. Reise zu den glücklichen Frauen (6): Anne L., Weberin

»Du musst dir Gummistiefel mitbringen«, schreit Anne ins Telefon. Ihr Festnetzanschluss ist seit Wochen gestört und das Handynetz recht dünn in der brandenburgischen Provinz. Internet ist ein Reizthema, und der Bus fährt einmal am Tag. Ich nehme also das Auto, höre Cello-Stücke von Schumann und freue mich über Schwalben, Störche und Feldlerchen, die meine Fahrt begleiten. Nach gut zwei Stunden erreiche ich das Dorf. Anne ist eine Stadtflüchtige.

»Ich wollte irgendwann nur noch raus aus meinem alten Leben«, kommt sie umstandslos zur Sache und stellt Lindenblütentee auf den Tisch. »Aber ich sag dir, ich hatte Schiss ohne Ende! Eine richtige Ausbildung hatte ich nicht, Kinder auch nicht, die Ehe war vorbei. Ich hab mich gefragt, was ich eigentlich noch soll auf dieser Welt.« Nichts an Annes Äußerem lässt vermuten, dass sie sich einmal so gefühlt hat. Diese große, üppige Frau von Anfang sechzig strotzt vor Gesundheit und Tatkraft. Die grauen Haare hat sie sich raspelkurz geschoren, Jeans, T-Shirt und Fingernägel weisen Spuren der Gartenarbeit auf, bei der ich sie unterbrochen habe.

»Ich bin nicht vom Land, ich bin im Wedding im dritten Hinterhof aufgewachsen, dass das mal klar ist. Meine Mutter hatte mit Mitte zwanzig vier Kinder von vier Vätern. Alle schön bunt, außer meiner werten Person. Mein Vater soll Pole gewesen sein. Der von meinem Bruder kam aus Swasiland, der von meiner einen Schwester aus Shanghai und der andere, na egal, darum geht's ja jetzt nicht. Anwesend war sowieso keiner von den Vätern. Kannst du dir vorstellen, wie sehr ich mir später eine richtig klassische Ehe gewünscht habe? Mit weißem Hochzeitskleid und allen Schikanen? Meine Mutter war dahinterher, dass ich eine Ausbildung mache, wenigstens Verkäuferin, aber ich hatte kein Sitzfleisch. Hauptschule hab ich noch geschafft, aber dann wollte ich raus, erwachsen sein, einen Menschen für mich allein, einen Mann.«

Ihr Handy brummt. Sie nimmt den Anruf entgegen: »Du, ich habe Besuch! Nein, das ist jetzt ganz schlecht. Mensch, Ella! Ja, okay. Aber es dauert noch ein bisschen.« Seufzend wirft Anne das Telefon in den Küchensessel: »Lust auf einen Dorfrundgang? Ich kümmere mich um eine alte Frau, die wohnt vorn an der Kirche. Die hat überhaupt keine Verwandten und keine Freunde. Nie gehabt. Ist zu DDR-Zeiten aus einem Kinderheim gekommen und weiß nicht, woher und wohin. Ich bring ihr immer mal was aus dem Garten, und wir reden ein bisschen. Es wird ihr nicht passen, dass du mitkommst, aber da muss sie jetzt durch.«

Das Dorf liegt inmitten grüner Hügel und rottet an seinen Rändern vor sich hin. In einer riesigen Milchviehanlage, die den Blick auf den See versperrt, leben nur noch Schwalben. Arbeit gibt es hier eher nicht, dafür ein recht proper saniertes Gotteshaus. Davor modern die Gebeine der ehemaligen Gutsherren, deren Nachfahren offensichtlich dankend auf die Rückübertragung ihres Erbes verzichtet haben. Alle übrigen Grabsteine verraten: Man stirbt recht früh in dieser Gegend.

»Für mich war das hier das Beste, was mir passieren konnte«, betont Anne, als hätte sie meine Gedanken erraten. »Ich hab mich in Berlin zuletzt zu Tode gelangweilt.« Beiläufig klopft sie an ein Fenster des niedrigen Backsteinhäuschens, neben dem wir inzwischen stehen, und seufzt. »Ella ist offenbar in der Schmiede. Da gehen wir jetzt hin.«

Das Gebäude der ehemaligen Dorfschmiede beherbergt eine Art Trinkhalle. Vorsichtig trete ich ein, denn der Fußboden, auf dem wohl in grauer Vorzeit Teppichboden ausgelegt wurde, scheint zu leben. Und auch sonst sind Lebensformen jedes Alters vorhanden. Kopfschüttelnd schiebt Anne einen Kinderwagen vor die Tür und hebt mit der Hand das Kinn der jungen Mutter an. »Wie oft soll ich det noch sagen? Der Kleene gehört nicht in die Kneipe! Und du eigentlich auch nicht! Det kannste Tante Anne glooben.«

Ella sitzt an dem einzigen Fenstertisch und hat einen großen Pott Kaffee vor sich. Wir bestellen Fassbrause, die so schlimm schmeckt, dass ich mich verstohlen nach einem Blumentopf umschaue, in den ich das Gesöff unauffällig entsorgen könnte, ohne die Wirtin zu kränken. Es gibt aber keine Grünpflanzen im Raum.

Anne erklärt Ella, warum ich hier bin: »Sie sucht glückliche Frauen!«

»Hier?«, fragt Ella ehrlich verblüfft und blickt in die Runde.

»Ganz im Ernst, ich glaube, ich habe hier zum ersten Mal meine Ruhe und Zeit für mich.« Anne schaut mich eindringlich an. »Dabei ist gar nichts großartig Schlimmes passiert, ich meine, mein Leben war nüscht für einen Roman!«

Ich stelle zum wiederholten Mal klar, dass ich gar keinen Roman schreibe, aber Anne winkt ab. »Na, ein Buch halt. Ist doch egal.« Ich bitte sie, einfach zu erzählen.

»Als Manfred und ich uns kennengelernt haben, war ich zwanzig und er achtzehn. Er hatte ausgelernt, Dreher in so einer Metallbude. Ich hatte Jobs. Zeitung austragen, dann zehn Jahre in einem Kiosk ausgeholfen, alles Mögliche. Manne hat ganz gut verdient und abends und am Wochenende immer so 'n bisschen bei Eigenheimbauten geholfen. Schwarz. Ging uns nicht schlecht finanziell. Und auch sonst nicht. Manne hätte zwar vielleicht gern einen Sohn gehabt, aber erst wollte ich nicht, und dann klappte es nicht mehr. Wir hatten es schön im Bett, obwohl wir beide nicht viel Ahnung hatten, als wir uns geheiratet haben. Ich hatte immer das Gefühl, dass er sich Mühe gibt. Wir haben total viel gelacht und manchmal was mit Freunden unternommen. Jetzt nicht die großen Reisen oder so, aber Ausflüge und Kegeln. Aber irgendwie hatten die anderen dann alle größere Familien, und Manne und ich blieben zu zweit. Meine alte Familie war total verstreut, ich weiß heute gar nicht, wo die alle sind. Meine Mutter ist schon lange tot. Väter war'n ja nicht vorhanden, also hab ich meine Geschwister auch nicht mehr viel gesehen. Jetzt guck nicht wie so 'n Dackel, die fehlen mir gar nicht!«

Es beginnt zu regnen, die junge Mutter holt den Kinderwagen zurück in die Kneipe.

»Dann rauch hier wenigstens nicht, Simone!« Anne wird richtig laut.

»Hören sie hier auf dich? Auf eine Zugezogene?«, wundere ich mich. Anne nickt energisch und senkt die Stimme: »Manchmal bin ich wie Muttern für die. Die kriegen nicht viel Zuwendung, die jungen Mädchen hier. Nur von Männern, und die machen ihnen Kinder, die sie nicht ernähren können.« Sie zieht sich das T-Shirt zurecht und sucht nach dem Gesprächsfaden. »Jedenfalls, Manne und ich, wir waren lange, lange echt zufrieden. Manchmal gab es Streit um Geld, er war ein bisschen geizig veranlagt, aber ich habe ihm das auszureden versucht. Ich meine, für wen sparte der? Für den Staat? Wir haben keine Nachkommen. Das war aber der einzige Konflikt.« Ich frage nach dem Zeitpunkt, wann die Zweifel kamen und schließlich der Bruch.

»Das war unmerklich. Irgendwann haben wir uns nicht

mehr geküsst zur Begrüßung. Dann schlief der Sex ein. So um die fünfzig waren wir da, Manne hatte Rücken und ich mit den Wechseljahren zu tun. Als es uns auffiel, waren wir irgendwie schon so geschwisterlich unterwegs, dass es peinlich gewesen wäre, wieder miteinander in die Kiste zu gehen. Es fühlte sich einfach komisch an. Aber ich glaube, es hat ihm doch gefehlt. Wir haben nicht darüber reden können. Überhaupt haben wir dann immer mehr geschwiegen. Na ja, und manchmal wegen Geld gestritten.«

Ella hebt die Hand wie zur Wortmeldung in der Schule und wartet mit ihrer Frage, bis Anne ihr zunickt.

»Hat sich der Manne dann nicht eine andere gesucht?«

»Nicht, dass ich wüsste.« Anne kneift müde die Augen zusammen. »Da war niemand. Und auch bei mir nicht. Nur so 'ne Leere, ja, ich hab mich völlig leer gefühlt. Und dann habe ich mich getrennt. Ich wollte meine letzten zwanzig, dreißig Jahre nicht so verbringen. Manne hat sich kurz gewehrt, aber irgendwie ging es ihm ja ähnlich, das zumindest hat er zugegeben. Einer von seinen Arbeitskumpels ist dann nach Thailand ausgewandert und hat ihm seine Wohnung überlassen. Soweit ich weiß, hat Manne jetzt auch wieder 'ne Freundin. Also, es gab keinen Kampf, keinen Stress, nur traurig waren wir. Aber die Liebe war weg. Da kannste nix machen. Geht doch vielen so.«

»Und du lebst jetzt alleine hier auf dem Land und fühlst dich gut?«, frage ich.

Zum ersten Mal seit der Begrüßung huscht ein echtes Leuchten über Annes Gesicht. »Supergut! Ich habe weben gelernt, hab einen alten Webstuhl, den hätte ich in Berlin nirgends lassen können. Das Weben beruhigt mich und macht mich total zufrieden. Ich kann nicht davon leben, aber ich krieg ja Stütze und hab den Garten, das reicht mir vollkommen. Wenn ich morgens die Vögel höre – also wirklich, mehr brauche ich nicht.«

Wieder hebt Ella die Hand: »Na ja, aber hast du nicht was vergessen? Oder willst du das nicht erzählen?«

Anne grinst. »Ich wär schon noch drauf gekommen! Also: Ich hab vor zwei Monaten jemanden kennengelernt. Im Bus! Und ich bin dabei, mich so richtig zu verlieben. Ich bin sehr aufgeregt, aber wir lassen es ganz langsam angehen. Sie heißt Birgit.«

30. Neue Muster der Gesellung. Ist Blut dicker als Wasser?

»He who cannot howl will not find his pack.«

Charles Simic

Unsere Trennung hatte höchst unterschiedliche Reaktionen im Familien- und Freundeskreis hervorgerufen. Von Unglaube über Bedauern und Erschütterung bis hin zu verblüffender Erleichterung war alles dabei. Ein Redakteur schrieb mir: »Wie immer in solchen Fällen weiß ich nicht, ob ich kondolieren oder gratulieren soll.« Vorherrschend aber war ein großes Kopfschütteln, vor allem über die Plötzlichkeit und Heftigkeit des Crashs. Es gab allerdings auch jene, die, wie Jola, in meinem neuen Status eine Chance sahen, und zwar lange bevor ich auch nur im Entferntesten selbst auf die Idee gekommen wäre. Autorenkollege Sebastian gestand mir, sich schon länger Sorgen um meine Kreativität gemacht zu haben. In diesen gesicherten Mittelstandsehen lauere stets die Gefahr, bräsig und seelisch faul zu werden. Ich war dünn wie ein Faden und fühlte mich elend, als er mir das sagte, er aber schloss mich strahlend in die Arme: »Hallo, Süße!! Du siehst wunderbar aus! Mach deine Triefaugen auf und behalte deinen Stolz! Und *schreib* gefälligst, du Trennungsgewinnlerin!«

Ich fragte mich, warum es bei den anderen Abschieden in meinem Leben leichter gewesen war, Kontakte aufrechtzuerhalten, warum mir Verluste verkraftbarer erschienen waren. Lag es an meiner damaligen Jugend? Was hatte ich früher besser hinge-kriegt? Mit den Vätern meiner Kinder verbindet mich jahrzehntelange Freundschaft, und die Begegnungen mit ihren neuen Partnerinnen sind herzlich. Wirklich: Ich schien mal *die* Expertin für Patchworkfamilien und große Freundeskreise gewesen zu sein. Ein Kollege verlangte auf einer meiner Partys verwirrt nach einem Organigramm: »Ich blicke sonst nicht durch bei deinen Exmännern und deren Frauen, von deinen Kindern, Stief-, Enkel- und Schwiegerkindern ganz zu schweigen.«

»Du vergisst die ebenfalls anwesenden Halbgeschwister meiner Kinder sowie die Stiefcousinen meiner Enkeltochter!«, hatte ich kein bisschen übertrieben zurückgegeben. Das alles war noch gar nicht so lange her!

Doch nun herrschte Stille wie nach einem Auffahrunfall. Dieses anhaltende Schweigen kostete mich viele meiner Gewissheiten über die Möglichkeit des Gelingens später familiärer Bindungen. Alles, was vorher buntgemischt, laut, in stetigem Wachstum begriffen und natürlich absolut nicht immer konfliktfrei gewesen war, versteinerte. Es gab uns einfach nicht mehr. Als Paar nicht und als Großfamilie auch nicht. Patchwork ist schön, aber sehr anstrengend, das müssen *alle* wollen, sonst klappt es nicht. Übrig bleibt der ebenso blöde wie wahre Spruch vom Blut, das dicker ist als Wasser.

Die Kinder meines Mannes habe ich bis heute nicht wiedergesehen. Auf meine Mails antworteten sie nicht. Von einem Tag auf den anderen verschwand dieser Teil der Familie samt zwei Enkeltöchtern in der Versenkung. Ist es ein Trost zu hoffen, dass sie vielleicht nicht realisiert haben, wie brutal das für mich war? Einzig meine Tochter, frischverliebte Abiturientin und vielleicht deshalb mit einer großen Milde und Zuversicht ausgestattet, hielt den Kontakt zu ihrem Stiefvater. Und er suchte auch den Kontakt zu ihr. Immerhin hatte er sie gerngehabt, sieben Jahre lang mit großgezogen, ihr vieles beigebracht und die Welt gezeigt. Ich bat nur darum, dass meine Tochter auf keinen Fall en passant wie auch immer geartete Botschaften überbrachte. Selbstverständlich gelang das nicht wirklich.

Wenigstens mussten wir keine in dreißig Ehejahren miteinander verwachsenen Freundeskreise auseinandersägen, denn so lange kannten wir uns nicht. Wir durften beide auf eigene enge Freunde zählen, und manche von den gemeinsamen »teilten« sich auch. Andere gingen unterwegs allerdings verloren. So ein Drama ist nicht jedermanns Sache.

Von Lukas, dem langjährigen Freund meines Mannes, der sich nicht entscheiden wollte und uns beiden die Treue hielt, bekam ich gegen Ende des ersten Trennungsjahres ein außergewöhnliches Geschenk. »Ich höre dir wirklich gerne zu, und ich verstehe dich auch. Das Gleiche mache ich übrigens mit deinem beloved Ex«, erklärte er eines Abends nach einem gemeinsamen Kinobesuch. »Aber nun ist noch ein anderer Freund frisch verlassen worden, und ich persönlich würde ganz gern auch mal wieder über was anderes reden als Herzbruch hier und Herzbruch da. Was hältst du davon, wenn ich euch bekannt mache? Ihr könntet euch direkt austauschen.«

Mir sagte die Idee sofort zu. Noch am selben Abend schickte ich eine Mail an Jochen in Hamburg: Eine winzige Trennungsselbsthilfegruppe war geboren, bestehend aus einem Mann und einer Frau, beide verlassen aus Anlass neuer Lieben ihrer Liebsten.

Die Bekanntschaft mit Jochen machte mein Leben auf der Stelle heller. Wie alle Menschen mit Liebeskummer schlief er nicht und beantwortete meine Mails auch in tiefster Nacht. Seine Trennung war viel frischer, er war streng genommen noch im Das-kann-doch-nicht-wahr-sein-Modus. Ich fühlte mich wie eine Senior-Partnerin, an deren Beispiel man sehen konnte, wie die Zeit dann doch hilft, die Wunden zu heilen. Das gab mir ein gutes Gefühl und ihm einen hoffnungsvollen Ausblick. Gleichzeitig konnte ich anhand von Jochens Geschichte noch einmal alle dramatischen Phasen des Schmerzes durchlaufen und einiges »nacharbeiten«. Ich wusste genau, an welchen Stellen des Trennungsprozesses die Untiefen lauern. Wann man versucht ist zu stalken und wann es unbedingt gilt, sich nicht mit dem Blick in fremde Bilddateien selbst zu verletzen.

Auch mit anderen Freunden schrieb ich mir Mails, und manchmal ging ich aus. Etwa zwölf Monate nach der Trennung war ich wieder so weit hergestellt, dass meine Gefühlspalette nicht mehr nur zwischen Schwarz und Blue changierte. Ich wurde fröhlicher, neugieriger, zärtlicher zu meinen Freunden, freute mich über gelegentliche Geliebte.

Schauten wir uns im Rudel an, stellten wir fest, dass wir erstaunlich viel gemeinsam hatten. Allesamt zwischen Mitte vierzig und Anfang sechzig, waren wir typische Babyboomer. Eigentlich sollten wir gesetzt, gebildet, verheiratet sein und die solide Basis der Gesellschaft bilden. Sollten wir das?

In der Tat: Verinnerlichte Bilder zeigen uns mit Silberhochzeitskrönchen und später in beiger Uniform im Rentnerbus. Nicht sehr sexy, aber doch irgendwie beruhigend.

Wären da nicht die Trennungen. Weit mehr als die Hälfte meiner Freunde lebt schon länger allein, vor allem die Frauen. Einige Männer fallen durch temporäre dramatische Beziehungen unangenehm auf, die sie für einige Monate ablenken, bevor sie oberflächlich geläutert in den warmen Schoß des Freundeskreises zurückkehren.

Und so stellten wir uns immer öfter die Frage, wie wir leben wollen, jetzt, da wir nicht mehr jung, aber, wenn's gut läuft, noch rund dreißig Jahre an Deck sind. Die Ehen unserer häufig traumatisierten Kriegskindereltern hatten sich in den meisten Fällen als Vorbild nicht so glänzend bewährt. Obwohl ... hey, niemand kann behaupten, wir hätten das Konzept nicht brav ausprobiert! Später haben wir uns um die Aufnahme diplomatischer Beziehungen in Patchworkfamilien verdient gemacht, auch das hat sich als schwieriger erwiesen als gedacht. Was also tun?

Jola, Lukas, Anna, Sebastian und ich sitzen eines Abends um meinen langen Tisch und finden, außer lahmen Visionen von kränklichen Alterswohngemeinschaften, keine Antwort. Auf meine Frage, wer sich insgeheim nicht doch noch eine letzte große Liebe in klassischem Format erhoffe, heben nach vornehmem Zögern alle die Hand.

»Och Leute«, maule ich, »hat keiner eine andere Idee? Bleibt's wirklich dabei? Serielle Monogamie forever? Und das bei ständig schwindendem Angebot?«

»Sieht so aus.« Sebastian zuckt mit den Schultern. »Es sei denn, du hast eine bessere Idee.«

»Kann ich nicht versprechen«, gebe ich zurück, »aber ich arbeite daran.«

31. Ich mache mich nützlich.
Die Trennungsberatung

»Die Seele ist das Treibmittel im Hefeklops Mensch.«
Simon Borowiak

Jochen, andere Hälfte meiner Zweier-Selbsthilfegruppe, schrieb Mails aus Hamburg, Katrin aus Basel. Beiden war gemeinsam, dass ihre Liebsten jemand anders kennengelernt und ohne Vorwarnung das Weite gesucht hatten. Ihr Allgemeinzustand war den Umständen entsprechend schlecht.

Eine Studie der Schweizer Psychologieprofessorin Pasqualina Perrig-Chiello (veröffentlicht in »Wenn die Liebe nicht mehr jung ist«) zeigt einmal mehr, dass der Schock, den plötzliches Verlassenwerden auslöst, heftiger sein kann als der nach dem Tod des Geliebten. Der Tod hat eine höhere Schicksalskomponente, er geschieht einfach – noch dazu gegen den Willen des Verlassenden. Die Frage nach der eigenen Schuld stellt sich zudem (hoffentlich) nicht, und die Trauer hat eine andere Qualität. Der tote Geliebte ist nicht mehr da, das ist schrecklich, aber er ist eben auch nicht für jemand anders da. Erinnerungen können gepflegt und müssen nicht andauernd misstrauisch auf mögliche Täuschungen überprüft werden.

Sind wir verlassen worden, liegt der Fall deutlich anders. Der Liebste geht quicklebendig von dannen, oft sogar frisch verliebt. (Auch das zeigt die Schweizer Studie: Männer verlassen noch viel seltener eine langjährige Beziehung, ohne jemand anders zu haben, als Frauen dies tun.) Zum Verlust kommen also recht unbeliebte Gefühle wie Eifersucht hinzu, die beim Tod des Partners fehlen.

Als ich Katrin kennenlernte, war ich schon fast zwei Jahre mit der Neuordnung meines Lebens befasst und hatte mit über hundert Freunden, Klienten und Interviewpartnern über ihre Trennungsgeschichten gesprochen. Obwohl mit meiner eigenen längst nicht fertig, schien ich en passant zu einer Art Expertin geworden zu sein. Zu meiner Erfahrung als Kunst- und Hypnotherapeutin war nun eine autodidaktische, intensive Weiterbildung in Trennungsverarbeitung gekommen – warum also andere nicht an meinem Lernprozess teilhaben lassen? Nicht jede Frau in so einer Situation hat schließlich ein reißfestes Netz, das sie auffängt. Gerade für die allererste Zeit, in der Gefährdungsstufe zwölftausend herrscht, sind professionelle Angebote dünn gesät. Selbst auf die Telefonseelsorge, ich beschrieb es schon zu Anfang, ist kein Verlass, weil die Leitungen dauernd besetzt sind. Was also, wenn man sehr plötzlich dringend Hilfe braucht?

Die allermeisten Betroffenen können auf die Unterstützung von Freunden, Familie und Hausärztin bauen. Manchmal sind der Schock und die seelische Verletzung aber so existentiell, dass ein Klinikaufenthalt nötig wird. Ist die Einrichtung privat, muss man für ein paar Wochen mit Kosten in fünfstelliger Höhe rechnen. Doch wer kann sich das schon leisten? Normale Psychiatrien bieten sich nicht unbedingt an, sind aber dem Suizidversuch unbedingt vorzuziehen. Gerade Frauen mittleren Alters, die als Mütter gewohnt sind, die Zähne zusammenzubeißen und für andere da zu sein, schämen sich ihrer vermeintlichen Schwäche und versuchen allein klarzukommen, was nicht selten zu psychosomatischen Erkrankungen führt. (Auch deshalb wäre es gut, wenn Krankenkassen im Notfall leichter Therapieplätze auch bei Therapeuten ohne Kassenzulassung genehmigen würden, wenn andere nicht verfügbar sind.) Es gibt Liebeskummerpraxen, aber viel zu wenige, und die sind, da privat, recht teuer.

All das bewog mich also, meine Erfahrungen nicht für mich zu behalten. Nachdem der Entschluss gefasst war, ging alles recht schnell. Meine Website »Erkenne die Lage – Trennungsberatung für Frauen« ging unter der Adresse www.ulrikestoehring.de online, ich ließ Flyer drucken. Geld wollte ich damit nicht verdienen – auch das hat sicher dazu beigetragen, dass mein Gesprächs- und Beratungsangebot für Frauen in Trennungssituationen auf der Stelle angenommen wurde.

Katrin, die eigentlich anders heißt, ist eine der Ersten, die mich kontaktieren. Jola hatte mir erzählt, ihrer Schweizer Freundin sei Ähnliches wie mir passiert, der gehe es nun entsprechend, und sie, Jola, sei angesichts des Ausmaßes der Katastrophe mit dem Trösten überfordert. Ob ich mich etwas professioneller kümmern könne? Ich sage zu, und wenig später klingelt auch schon das Telefon.

Katrin kann kaum sprechen, so sehr weint sie. Wir üben zunächst das Atmen, damit ich sie überhaupt verstehen kann. Sie ist völlig außer sich, und da ich fürchte, dass die Nacht zur Gefahr werden könnte, bitte ich sie, ihre erwachsene Tochter anzurufen und zu sich zu holen. Erst danach sprechen wir weiter. »Der hat … also, das fühlt sich an, als hätte er den Zünder einer Handgranate gezogen und das Ding hier reingeschmissen. Ich verstehe das nicht, ich fasse das nicht, ich kann das nicht, was soll ich bloß tun?«

Dieses Bild kommt mir leider bekannt vor. Wie durch eine Explosion scheint das körperliche und seelische Zuhause auf einen Schlag vernichtet. Wo aber bleiben das Technische Hilfswerk, die Notfallseelsorger, die empörten Online-Petitionen, die Sonderzüge voller Freunde? Niemals wieder fühlt es sich so einsam an wie in diesen ersten Nächten. Sie können tatsächlich *lebensgefährlich* sein. Katrin ist so außer sich, dass ich mir die Tochter ans Telefon holen lasse und sie bitte, in der Nachtapotheke hochdosierten Baldrian zu besorgen. Bis sie zurück ist, lasse ich Katrin reden beziehungsweise schluchzen. Es ist nach Mitternacht, als wir einen Telefontermin für den nächsten Abend verabreden. Katrin hat damit jetzt einen kleinen Anker.

Von Jochen kommt am nächsten Morgen Post, die mir ein für ihn neues Stadium anzeigt: Ist das Resignation oder fast schon Akzeptanz? »Ich bin zu erschöpft, um noch irgendwas zu fühlen. Wenn überhaupt, dann ist da Erbitterung«, schreibt er. Nein, das klingt nicht gut, eher nach einem Rutsch in die Depression als nach Annahme der Tatsachen. Da ihm diese Versteinerung selbst Angst macht, ermutige ich ihn, eine Mail an seine Ex zu schreiben. So ehrlich, wütend, unzensiert, wie es einem kultivierten Menschen eben möglich ist. Er soll richtig die Sau rauslassen. Ein Brief wie eine Prügelei mit Gebrüll und vor allem ohne Angst vor echten Verletzungen oder dass die Kinder etwas mitkriegen könnten. *Selbstverständlich soll er diese Mail nicht absenden!!!* Oder, was mich freuen würde, an mich! Ich mag Leute, die es wagen, ihre Gefühle, vor allem die »schwierigen«, zu zeigen. Dann aber ist ein Filter in Form eines Ersatzadressaten hilfreich, damit zwischenmenschlich nicht noch mehr als ohnehin schon den Bach runtergeht. Oft steht der Auslöser als Adressat ja auch gar nicht mehr zur Verfügung oder verweigert die Aussprache. Da ist es gut, ein verständnisvolles, verschwiegenes Gegenüber zu finden, das weiß, wovon die Rede ist.

Jochen stimmt zu. Die Mail erreicht mich zwei Tage später, und mir ist freigestellt, sie zu lesen oder nicht. Da ich ein neugieriger Mensch bin, tue ich es. Später schicke ich das Dokument dieses heiligen Zorns feierlich in den großen virtuellen Papierkorb. Jochen immerhin fühlt sich nach dem Schreiben etwas erleichtert, und nur das zählt. Es werden noch einige solche Mails folgen. Das erste Jahr nach der Trennung hat er nun hinter sich, die schlimmste Zeit dürfte also vorbei sein.

Aber bleiben wir noch einen Moment in Phase eins, der schwierigsten: in den Monaten unmittelbar nach dem Crash. Während einem also schwant, dass zwölf Aspirin und eine halbe Flasche angegorener Kochwein wohl nicht ausreichen werden, diesem Leben und damit dem brüllenden Schmerz ein Ende zu setzen, macht die Vorstellung, dass der Expartner justament verliebt in einem anderen Bett turtelt, die Abendgestaltung nicht leichter. In dieser Zeit sind Verlassene am allermeisten gefährdet.

Mein stufenweises Selbstrettungsprogramm habe ich in den vorherigen Kapiteln geschildert, und während ich das tat, machte sich nach und nach Dankbarkeit in mir breit. Dankbarkeit für die HelferInnen, für die weitgehende Fairness meines Exmannes, für meine Privilegien (Familie, Freunde, Geliebte, Arbeitsplatz, gesundheitliche Konstitution, Versorgung) und nicht zuletzt für meine dann doch erstaunliche Resilienz. Dieses Gefühl hätte mir am Anfang fremder nicht sein können. Damals herrschte in mir ein Chaos, das niemand, der es nicht selbst erlebt hat, nachvollziehen kann. In einer solchen Situation, das wusste ich nun, braucht man Hilfe, und zwar so viel, wie man nur kriegen kann.

Die erste Frau, die ich nach Veröffentlichung meines Beratungsangebotes persönlich treffe, ist tatsächlich Katrin. Sie reist aus Basel an und wohnt ein paar Tage bei Jola. Für Katrin wird mein Arbeitszimmer eine Mischung aus Emergency Room und Bahnhofsmission. Zwei Wochen später schreibt sie mir: »*Ich habe keine Ahnung, ob ich über den Berg bin. Hochebene – schätze ich. Gibt noch viel* zu tun. *Danke, dass du mich ermutigt hast, doch noch in eine Klinik zu gehen. Ich bin es irgendwie nicht gewöhnt, mich selber ernst zu nehmen. Wahrscheinlich habe ich diesen Schubser gebraucht. Danke für dein Ohr, deine Erfahrung und natürlich: deine Kekse! By the way: Die waren das Einzige, was ich in Berlin essen konnte.«*

Ich bekomme zu Recht nicht oft Komplimente für meine Kekse, freue mich aber, über meine bescheidenen Backkünste hinaus hilfreich gewesen zu sein. Katrins Zustand war wirklich besorgniserregend. Abgemagert, Kette rauchend und zitternd konnte sie sich kaum auf den Beinen halten.

Vier Kinder hat sie mit ihrem Mann, einem Schweizer Bauingenieur, großgezogen – zwei Pflegekinder und zwei eigene. Ihr Mann arbeitete in Vollzeit und sie halbtags in einer Bibliothek. Als langsam die Pensionierung in Sicht kommt, hört er auf zu sprechen. Katrin vermutet eine berufliche Krise und lässt ihn, da er hartnäckig schweigt, in Ruhe. Über ein Jahr lang geht das so. Bis sie eines Tages zwei Theaterkarten und eine Restaurantrechnung in seiner Manteltasche findet und ihn zur Rede stellt. Am selben Abend packt er, unter Verlautbarung einiger dürrer Sätze, seine Koffer:

Seine Geliebte sei im fünften Monat schwanger.

Er werde ein neues Leben beginnen.

Es tue ihm leid.

Nicht alle Trennungsgeschichten, die ich im Zuge der Arbeit an diesem Buch hörte, waren mit so krassen Enttäuschungen verbunden wie die von Katrin. Und nicht in allen ging es um eine neue Liebe. Auch schlichte Ermüdungsbrüche passieren, was nicht heißt, dass solche Trennungen nicht ebenfalls sehr schmerzhaft sein können.

In Katrins Fall konnte ich wirklich nur die allererste Hilfe leisten, einen Notfallplan erstellen, sie ermutigen, sich ärztlich versorgen zu lassen, sich um eine gute Therapie und eine sehr gute Anwältin zu kümmern und sich täglich kurz zu melden. So blieb sie zwei Wochen in einer Klinik und leitete danach alles Weitere in die Wege.

Selbst wenn die meisten Trennungsverläufe längst nicht so dramatisch sind und es nur den wenigsten Frauen dermaßen schlechtgeht: Keine verbucht einen so tiefen Einschnitt in ihrem Leben einfach als interessante Erfahrung.

In dem dunklen Chaos der ersten Zeit ist ein Gerüst, eine Checkliste dessen, was zu tun ist, hilfreich. Ich bitte die Frauen, die bei mir Rat suchen, sie sich auszudrucken und täglich anzuschauen:

1. **ATMEN.** Durch bewusstes Atmen und regelmäßiges Innehalten Kurzschlusshandlungen vermeiden.
2. **SCHWEIGEN.** Wenn irgend möglich, zunächst Kontaktsperre zum Ex. Ihn in Gesprächen mit Freunden nicht schlechtmachen.
3. **LEBEN.** Falls Suizidgedanken aufkommen, sofort einen schriftlichen Vertrag mit sich selbst und einer vertrauten Person schließen, dass man sich nicht umbringen wird. Halten die Gedanken an oder werden stärker, eine Einrichtung aufsuchen, die Krisenintervention anbietet.
4. **WACH BLEIBEN.** Konsum bewusstseinsverändernder Substanzen minimieren (vor allem Alkohol und Tranquilizer mit allergrößter Vorsicht behandeln).
5. **REDEN.** Freunde, Familie und Hausärztin informieren, wenn nötig (und möglich), auch Arbeitgeber und Kollegen.
6. **SICH PFLEGEN.** Essen, schlafen, Achtsamkeitsübungen machen, joggen, weiter zum Friseur usw. gehen (notfalls dort heulen, aber auf keinen Fall den eigenen Körper vernachlässigen).

7. **FÜRSORGLICH SEIN.** Falls jüngere Kinder vorhanden sind: ihnen glaubhaft klarmachen, dass sie weder schuld an der Trennung noch am seelischen Zustand der Erwachsenen sind. Sich möglichst auch hier zu keiner Kritik am Partner hinreißen lassen. Kinder lieben beide Eltern, mit Beziehungsinterna darf man sie nicht belasten.

8. **VORSICHTIG SEIN.** Unterlagen (Steuer, Einkommen, Sparverträge, ggf. Eheurkunde, Mietvertrag etc.) kopieren.

9. **WEICH BLEIBEN.** Hilfe suchen und annehmen, weinen, sich von dem Drang, immer tapfer sein zu müssen, verabschieden.

10. **VERÄNDERUNG BEGRÜSSEN.** Auch wenn sich zunächst alles sträubt: Begrüße den Verlauf! Übe es! Werde neugierig! Lobe dich für kleine Schritte!

Das Drama der Trennung, aber auch unsere innere Abhängigkeit treiben uns immer wieder zu absurden und sinnlosen Aktionen. Gerade wer schon länger in einer kriselnden Beziehung ausgeharrt hat, gleicht, pardon, einer konditionierten Ratte. Klingt nicht schön, ist auch nicht schön, und bedeutet Folgendes:

Die eine Ratte bekommt immer eine Belohnung, wenn sie einen bestimmten Hebel drückt, sie gewöhnt sich daran und drückt fleißig und ist wahrscheinlich sehr zufrieden. Die andere Ratte aber wird an ihrem Hebel nur unregelmäßig und nach Zufallsprinzip belohnt. Irgendwann versiegt, streng nach Versuchsanordnung, der Segen der Leckerbissen für beide. Welche der Ratten versucht länger und hartnäckiger, das Erhoffte doch noch zu bekommen? Nicht etwa die, die regelmäßig gefüttert wurde, sondern die andere! Sie ist darauf trainiert, dass nach einem undurchsichtigen Prinzip alles jederzeit passieren kann. Sie versucht und versucht. Wir Menschen kennen das, machen es in Trennungssituationen genauso und ignorieren viel zu lange die

Tatsache, dass die alten »Knöpfe« in der Beziehung nicht mehr funktionieren. Wir wollen ein Versiegen der gewohnten Quellen einfach nicht akzeptieren und konzentrieren uns auf Möglichkeiten statt auf Fakten.

Die Devise muss also lauten: *Erkenne die Lage!* Dazu gehört, die Aufmerksamkeit von den Schritten des Gegangenen abzuziehen und auf die eigene Seele zu lenken. Das ist die erste und schwierigste Etappe. Lässt man sich darauf ein, ist der entscheidende Schritt auf dem Weg zur Selbstfürsorge getan. Erst danach kann man beginnen, sich ernsthaft Gedanken über die Motive des anderen zu machen, und irgendwann vielleicht sogar versuchen, ihn zu verstehen. Denn auch wenn mir einige wirklich hoffnungslos verfahrene Situationen mit extrem hässlichen Details zu Ohren kamen, so lassen sich die meisten anderen Trennungsgeschichten mit etwas Abstand doch unter der Überschrift *Such is life, try to learn* lesen.

Diese entspanntere Betrachtungsweise stellt sich meiner Erfahrung nach frühestens zwei Jahre nach der Trennung ein, und auch nur dann, wenn es gelungen ist, nicht einfach in den Hass abzubiegen, weil man meint, den Schmerz nicht aushalten zu können. Das Nachlassen des Kummers eröffnet der Seele einen direkteren Zugang zu den Gründen des Scheiterns. So manche Frau, die anfangs in ihrem abtrünnigen Ex nur noch ein liebloses, treuloses, triebgesteuertes Monster sah und reflexartig auf Kriegserklärung schaltete, beginnt auch *seine* Not, seine Gründe, seine Trauer und möglicherweise sein Bedauern zu bemerken. Auch er hat etwas verloren, auch er hat eine ganz eigene Geschichte, die, wenn man sich darauf einlässt, verblüffend folgerichtig klingen kann. Und so mancher Mann, der seine Ehemalige schon länger als nörgelige, geldgierige, trotzfrigide Zicke wahrnahm und genervt das Weite suchte, fragt sich mit einigem Abstand, wann sie so geworden ist, warum eigentlich und *ob überhaupt*. In dieser Phase kann es nicht schaden, den Prozess immer mal wieder gemeinsam mit einer dritten Person zu betrachten, um die Kampfhandlungen endlich in konstruktive Gespräche umzuwandeln.

Um warmherzige Diplomaten in eigener Sache zu werden, müssen wir vor allem die Nerven behalten und der vergehenden Zeit vertrauen. Logischerweise konnte ich erst beginnen, mit anderen Frauen zu arbeiten, als ich selbst der Phase der Erbitterung entkommen, friedfertig und versöhnlich geworden war.

32. Scheidung heißt nicht Scheitern

»Wir sehen die Dinge nicht, wie sie sind,
sondern wie wir sind.« Anaïs Nin

»Wie lange dauert das noch?« Louise, eine der Frauen, die wegen ihrer frischen Trennung mit mir telefoniert, wirkt solide verzweifelt. Sie war es, die den Entschluss fasste, nachdem ihr langjähriger Lebensgefährte keinerlei Anstalten mehr gemacht hatte, sie auch nur im Geringsten an seinem Gefühlsleben teilhaben zu lassen. Vielleicht hatte sie insgeheim gehofft, dass er durch ihren Trennungswunsch aufwachen und seine *Kartoffeligkeit*, wie sie sein Verhalten zu meinem großen Entzücken nannte, ablegen würde. Tatsache war, dass er ihren Weggang mit demselben Gleichmut registrierte wie ihr Bleiben die Jahre zuvor.

Was also gab Louise auf? Musste sie ganz plötzlich auf liebevolle Gespräche, tiefes Vertrauen und innigen Sex verzichten? Nein, denn all das hatte es schon lange nicht mehr gegeben. Worauf sie nun verzichten musste, war die Hoffnung, es ausgerechnet mit *diesem* Mann zu erleben. Und sie war selbst erschrocken, wie viel Angst das nunmehrige Alleinsein ihr machte.

Es ist allgemein verbreitet und sehr menschlich, wenn wir den Wunsch, es möge sich etwas ändern, in die Forderung, der *andere* möge sich ändern, verpacken. Das versuchen wir dann, je nach Kondition, einige Wochen bis einige Jahrzehnte. Nach dem Motto *Ich will, dass es wieder so wird, wie es nie war* drehen wir Runde um Runde. Es funktioniert nicht. Die ganz Schlauen behaupten dann, dass es das Glück sowieso nicht gibt, dass es bei allen so läuft und dass es klüger ist, sich mit Kühle und Elend im Ehebett abzufinden. »Alles ist besser, als in unserem Alter als Single herumzulaufen!«, bemerkte ein Kollege, der in einer seit vielen Jahren erloschenen Ehe verharrt. Abgesehen davon, dass ich mich niemals, aber auch wirklich niemals auf diesen hässlichen Begriff *Single* reduzieren würde, kann ich ihm da nicht zustimmen.

Es gibt tausend Gründe, sich der Auseinandersetzung, die eine Entscheidung für oder gegen eine Beziehung, für oder gegen einen Ausstieg aus den alten Spielen impliziert, zu entziehen. Angst spielt sicherlich die erste Geige, aber auch eine in unserer autoritär erzogenen Generation erschütternd weitverbreitete Leidensbereitschaft. »Wir waren verstörte Kinder, die sich ineinander verkrochen und souveräne, exzentrische Erwachsene spielten. Wir haben jeder an der Not des andern gefröstelt«, sagt der Aktionskünstler André Heller über seine Ehe mit der Sängerin und Schauspielerin Erika Pluhar.

Als Mädchen verstehen wir die eindrucksvollsten Geschichten, die uns erzählt werden, nämlich Märchen, so, dass wir uns nur genug anstrengen und oft auch jemanden retten müssen, um dann die ewige Glückseligkeit zu erlangen. Dass sich der Satz »Und sie lebten glücklich und zufrieden bis ans Ende ihrer Tage« auf eine Zeitspanne von oftmals nur zehn, maximal zwanzig Jahren bezog und die Lehren, die in Märchen stecken, sowieso eher auf unsere eigenen inneren Prozesse abzielen, wissen wir da noch nicht.

Die Kolumnistin Margarete Stokowski stellt, nachdenkend über weibliche Prägungen, fest, dass sich das Motiv *Jungfrau in Nöten* durch unsere gesamte Kulturgeschichte zieht. Nach wie vor haben Frauen schön, hingebungsvoll und unaggressiv zu sein. Auch ich entdeckte in mir die gar nicht so versteckte und nie hinterfragte Überzeugung, dass ich mir Liebe durch Leiden verdienen muss. Stokowski schreibt: »Wir lernen, dass uns eben manchmal weh getan wird, weil wir wertvoll sind – was für ein hässlicher, gefährlicher Widerspruch.«

Das Ende einer Liebe tut immer weh. Etwa nach einem Jahr fragte ich mich, warum ich mich eigentlich so sehr als Scheiternde begriff, obwohl das den Schmerz doch nur befeuerte. Und siehe da: Als ich mich von der Vorstellung löste, dass die *Dauer* einer Beziehung etwas über mich und meine Liebe aussagt, konnte ich mich plötzlich entspannen.

Für die Generation unserer Eltern mag das noch anders ausgesehen haben. Kontinuität, auch im Hinblick auf materiellen Wohlstand, war ein wichtiges Gut nach dem Krieg in beiden Teilen Deutschlands. Viele zahlten einen hohen persönlichen Preis dafür. Ist denn ein unglückliches Paar, festgeschweißt im Eigenheim und in eisernem Schweigen durchhaltend, wirklich weniger gescheitert als eines, das auseinandergeht, weil auf keinerlei gemeinsames Glück mehr zu hoffen ist?

»Alles hat seine Zeit« – die Bibel ist schlicht weise. Geht etwas vorbei, kann man in vielen Fällen mit ein wenig Optimismus davon ausgehen, dass es schon seine Richtigkeit haben wird. Ich stellte zum Beispiel fest, dass mir nichts fernerliegt, als meine erste Ehe, aus der ein wunderbarer Sohn und eine bis heute anhaltende Freundschaft zu seinem Vater hervorgegangen sind, als *gescheitert* zu betrachten. Sie hatte ihre Zeit, wir waren andere Menschen in einem anderen Land mit, unserem damaligen Alter entsprechend, anderen Bedürfnissen als heute. Ohne diese Trennung gäbe es auch meine später geborene Tochter, die einen anderen Vater hat, nicht.

Okay, ich gebe zu, meine erste Scheidung liegt knapp dreißig Jahre zurück, und es wäre schon ziemlich *strange*, wenn es immer noch weh tun würde. Heute bin ich glücklich, wenn wir auf unseren Sohn und die Enkelkinder schauen. Und ich würde meinen Ex, wenn nötig, nachts um vier mit vierzig Grad Fieber von einer Bukarester Tankstelle abholen. Aber nicht nur die schnöde Zeit, sondern Einsicht, Weitergehen, neue Erfahrungen, Entschlüsse und neue Lieben haben die Wunden geheilt.

Louise, meine Ratsuchende am Telefon, ist, als sie sich bei mir meldet, überhaupt noch nicht empfänglich für diese eigentlich allseits bekannte Weisheit. Sie steckt in der fiesen ersten Phase des Trennungsprozesses, hat Angst und ist am Durchdrehen. Ich verstehe das gut. Erklär mal einer Ertrinkenden die Schönheit des Schwimmens! Es wird nicht gelingen. Zunächst muss sie sich an Land retten, Wasser auskotzen, sich abtrocknen. Unter der Zufuhr von heißem Tee und einer Menge Trost muss sie erst mal realisieren, was passiert ist. Denn beides, Lebensgefahr und Rettung, gehören zusammen. Ob sie sich je wieder in die Strömung begibt, hängt von ihr selbst ab.

Entgegen unserer Abmachung ruft Louise, leider alles andere als nüchtern, noch sehr spät abends erst ihren Exfreund und dann, da dieser nicht abnimmt, mich an. Ich verweise sie auf meine Beratungszeiten am nächsten Tag, kann allerdings danach lange nicht wieder einschlafen und ärgere mich, denn für morgen steht mir ein Erlebnis der besonderen Art bevor: die Scheidung.

Der Augusttag ist sonnig, der Himmel blau. So blau wie am Tag unserer Hochzeit und so blau wie am Tag des Abschieds vor ziemlich genau zwei Jahren. Müde und beklommen stelle ich mich unter die Dusche und danach vor den Schrank. Was zieht man an zur Scheidung? Sommerkleid? Trauerlook? Am Ende wähle ich irgendwas. Jeans und Bluse vermutlich. Ich schminke meine Lippen, trinke Espresso und wässere ausführlich meinen

Kloß im Hals. Auf dem Weg zum Gericht knackt das Tretlager. Wenn mir jetzt die Kette vom Rad springen würde – wäre das ein Zeichen? Könnte ich mich dann vor diesem Termin drücken wie früher vor einer Mathearbeit?

Vor dem kleinen Stadtbezirksgericht steht verloren und mit hängendem Jackett mein Mann, der in zwanzig Minuten mein Exmann sein wird. Wir umarmen uns zögernd. Im Gebäude versuchen wir, mit den Polizistinnen zu scherzen, die unsere Taschen auf Waffen kontrollieren und unsere Körper scannen wie am Flughafen. Wie oft sind wir zusammen geflogen, haben, wie hier, einander zugeschaut, bis die Kontrolle vorbei war. Ich schiebe die Erinnerung weg. Wir warten. Der Flur vor Raum 5b im Erdgeschoss ist in deprimierendem Ocker gestrichen. Im Schaukasten wird per Aushang nach Kriminellen und Steuerflüchtigen gesucht, Kopfprämien sind ausgeschrieben. Eine schluchzende Frau mit Hidschab eilt vorbei, Handwerker schlurfen hinterdrein. Ich frage mich ernsthaft: *Was machen wir hier eigentlich?*

Lulu, meine Anwältin, erscheint pünktlich und belebt uns ein wenig mit ihrem heiteren Pragmatismus. Sie trägt ihre Robe wie einen Haute-Couture-Mantel und geht voran, als uns die freundliche Richterin hineinbittet. Da es keine strittigen Punkte gibt, ist das Ganze nach drei Fragen und einer kurzen Verlesung vorbei. Ein leidlich verständlicher staatlicher Verwaltungsakt, der außer der Neufestlegung biographischer Daten nichts mit uns zu tun zu haben scheint.

Kaum fünf Minuten später stehen wir wieder im Ocker des Amtsflurs. Lulu drückt unsere Hände: »Geht ihr noch einen Kaffee trinken?«

In der Bäckerei gegenüber verschlinge ich zwei belegte Brötchen und halte mich auf diese Weise davon ab, meinen Kopf an seine Schulter zu lehnen. Später tue ich es doch. Diese Szene

»danach« wurde tausendfach beschrieben, gefilmt, besungen. Ich bin in dem Moment vor allem dankbar, dass wir Ähnliches zu fühlen scheinen. Die Bäckersfrauen schauen diskret an uns vorbei – wie viele Paare mögen pro Woche ihren absehbar letzten gemeinsamen Kaffee bei ihnen trinken? Aber wie oft läuft ein Scheidungstermin überhaupt so friedlich ab? Meine Interviewpartnerinnen haben mir von allen denkbaren Varianten erzählt. Von knapp verhinderten Schubsereien bis zu Champagnertoasts auf ein glückliches getrenntes Leben war alles dabei, was man auf den Stufen eines Amtsgerichts veranstalten kann. Die meisten Paare jedoch gehen wohl eher hastig und wortkarg auseinander und sehen zu, dass sie sich nicht länger als nötig dem strengen Flair Justitias aussetzen.

Wir aber stehen später noch eine ganze Weile an der Straßenkreuzung, halten uns im Arm, zwischen uns das Band einer gewaltigen Traurigkeit. Es überwältigt mich, wie schwer uns das hier jetzt fällt – nach all der Zeit, nach zwei Jahren Abstand und Ackerei. Und ich frage mich, ob wir nicht beherrschter sein müssten, denke dann aber an die große Jeanne Moreau, die authentischen Gefühlsausdruck schätzte und ihrem Publikum zurief: »Halten Sie sich schön von den Kontrollierten fern, ich rate es Ihnen!«

33. Glückliche Frau?
Glückliche Frau!

»Du könntest dich auch einfach selbst mögen. Denk nur an
all die Zeit, die du mit dir verbringen musst.« Jerry Lewis

Ich höre viel Musik in den Wochen nach der Scheidung. Bewusst nichts aus der I will survive-Abteilung, sondern Klassisches. Bach, Brahms, die Schubertlieder. Hoch und runter. Musik, die ich mit den Sonntagvormittagen meiner Kindheit verbinde. Dann sehe ich: ein kleines Mädchen in einem kleinen Wohnzimmer in einer kleinen Stadt. Es sitzt vor dem Plattenspieler, schaut der Nadel zu, wie sie immer wieder von vorn mit der Arbeit beginnt, und freut sich wie verrückt auf sein zukünftiges Leben. Diese langvergessene Verheißung, begleitet von erheblichem Herzreißen – da ist sie wieder. Ich kann nicht genug davon kriegen.

Lukas kommt vorbei und rollt die Augen: »Hört die Begräbnismusik hier irgendwann mal wieder auf, oder ist das schon Altersregression?« Er will ausgehen, Abenteuer erleben, ich soll mit. Er lässt nicht locker: »Ach, komm! Wie sangen schon die guten, alten Isley Brothers? ›If you can't be with the one you love, honey, love the one you're with!‹«

»Ich liebe dich ja, mein Hase!« Freundschaftlich haue ich dem alten Freund auf die Schulter. »Aber diesen Text hab ich noch nie so ganz kapiert! Außerdem möchte ich gerade sehr gern allein sein.« Lukas zieht grummelnd ab.

Man kann sich mit dem Alleinsein nicht anfreunden, ohne es zu sein. Ganz langsam verliert es zunächst seinen Schrecken, und dann, wenn man endlich nicht mehr dagegen anstrampelt, zeigt es seine Schönheit. Doch ohne Übung geht es nicht. Ich würde eine Frau, deren Naturerfahrung sich auf ein Primelbeet im Stadtpark beschränkt, ja auch nicht auf eine Dschungelexpedition schicken. Trotzdem wird sie die große Reise, wenn sie denn will, einmal antreten – dafür braucht es jedoch Vorbereitung, Einsicht und Mut. Dann allerdings kann es spannend werden, denn im Dschungel passieren allerlei wundersame Dinge, die ein Stadtpark eher nicht bereithält.

»Love the one you're with« – die Liedzeile mäandert in meinem Kopf herum. Die nächstbeste Liebschaft dem Alleinsein vorzuziehen, weil man sich so gruselt, ist keine gute Idee. Wen aber habe ich sowieso stets dabei, und wen wollte ich schon immer mal besser kennenlernen, war nur viel zu oft anderweitig beschäftigt? Genau. Irgendwann beginne ich die Gesellschaft dieser komplizierten Person, die ich selbst bin, ausgesprochen zu genießen. »Lass uns eine Weile unter zwei Augen sein, Baby!«, sage ich zu mir. »Wahrscheinlich haben wir uns ein bisschen was zu erzählen.«

Und so nehme ich mir immer öfter Zeit nur für mich. Habe abendliche Rendezvous mit mir selbst, ohne genaue Pläne und Vorstellungen. Manchmal ist es langweilig, oft aber fällt uns etwas ein – mir und mir selbst.

Nach der Scheidung habe ich mein Arbeitszimmer neuerlich umgeräumt und mich bei der Gelegenheit durch Berge von Briefen und Notizen gelesen. Ich war dabei selbstverständlich nicht unausgesetzt glücklich, doch die Trauer erwies sich als ein höchst hilfreiches Gefühl. Es war eine andere Trauer als die frische, blutige gleich nach der Trennung. Und ich stellte fest: Wer diese Trauer flieht und entweder in Kampf, Erbitterung oder krampfhaftem Abstand zum ehemals so nahen Menschen verharrt, kann nicht verzeihen und wird nie gesund.

Sicherlich ist es so, dass uns nach einer Trennung die Wut eine Zeitlang dient, weil sie uns Energie verleiht und in notwendige Veränderungen stößt. Aber danach, irgendwann, hat sie ausgedient, und andere Gefühle übernehmen. Es ist nicht masochistisch, um jemanden zu trauern, den man geliebt hat, auch nicht, wenn er einem sehr weh getan hat. Wer will schon für immer mit einem Herzen aus Leder herumrennen, das, weil verhärtet, sofort zu schmerzen beginnt, wenn es mal schneller klopft?

Wir sind nun geschieden. Und regelmäßig verabredet. Das hatten wir uns am Tag der Scheidung versprochen. Einmal im Monat gehen wir spazieren und sprechen miteinander. Wir lassen einander ausreden und bemühen uns zu verstehen. Wir erkundigen uns nach den Kindern und der Arbeit des anderen. Wir reden über unsere Vergangenheit und versuchen, sie zu verarbeiten. Es tut immer gut, und es tut immer weh. Und es ist ein Glück, dass das geht. Wir haben es jedoch nicht im Lotto gewonnen, sondern gewollt und gewagt. Es hat volle zwei Jahre gedauert, bis das Sprechen auf diese Weise möglich war. Bei vielen ehemaligen Paaren dauert es noch länger, und nicht wenige reden nie wieder ein persönliches Wort miteinander. Wofür es sicher Gründe gibt. Ich aber plädiere für regelmäßige *Nachsorge*, für Verständigung, die es leichter macht, zu heilen und auch abzuschließen. Das klingt ungewöhnlich und wird möglicherweise von neuen Partnern nicht gerade frenetisch begrüßt. Aber: Es ist eine Investition in die Zukunft, die wir uns leisten sollten.

Bewusste Trennungsverarbeitung ist eine Schönheitsoperation für die Seele. Und wie es so ist mit Operationen: Die meisten

gelingen, jedoch nicht alle. Unser eigener Einfluss ist nicht un-
begrenzt, aber auch nicht unerheblich.

Gesünder, gereifter und *schöner* daraus hervorzugehen ist eine
Entscheidung. Will ich Opfer bleiben, oder will ich glücklich
sein? Beides kann man nicht haben.

34. Gute Reise!
Ein Brief von unterwegs

Die Reise, die dieses Buch beschreibt, habe ich vor zwei Jahren mit weichen Knien angetreten. Am Anfang vermisste ich die Vertrautheit meines alten Zuhauses sehr, inzwischen bewege ich mich als Abenteurerin durch die Welt und durch mein Leben.

Heute Morgen habe ich Igor getroffen. Seit fünf Jahren geschieden, hält er es in seinem Zimmerchen tagsüber nicht aus, kampiert vor der Kirche und schwatzt mir gerne meine Pfandflaschen ab. Vor einiger Zeit hat er mir ein russisches Sprichwort geschenkt: »Man kann das Gehackte nicht rückwärts drehen. Aus einer Boulette wird kein Kalb entstehen.« Heute war er zu blau für ein Gespräch, winkte mir aber, mit Blick auf meine große Einkaufstasche, hinterher: »Gute Reise, schöne Dame! Alles herzerdenklich Gute! Und schreib mal 'ne Karte!« Ich wollte zwar nur zum Supermarkt, war aber eindeutig unterwegs. Auch Igor ist eine Art Weggefährte, wenn auch einer der am ärgsten an- und abgeschlagenen. Einmal habe ich versucht, seine Trennungsgeschichte zu erfragen. Er winkte ab: »Bin selbst schuld. Ich mach's nicht mehr lange. Bis dahin sitze ich hier und gucke Frauen beim Leben zu. Zum Beispiel dir.«

Was aber ist das jetzt für ein Leben, und wo geht die Reise hin? Jeder kennt die Sätze: »Du fragst mich, was soll ich tun? Und ich sage: Lebe wild und gefährlich, Arthur!« Arthur Schnitzler soll sie einst an Arthur Rimbaud geschrieben haben, was kaum jemand weiß. Die mit dem Spruch bedruckten Postkarten jedoch sind ein Renner. Die Faszination liegt wohl in der Verheißung, ein aufregendes Leben sei jederzeit möglich. Nach meiner Beobachtung wird die Karte besonders gern von sanften, häuslichen Frauen verschickt. Man muss vermuten, dass hier eher der Wunsch der Vater des Gedankens ist. So schön es wäre – Wildheit ist nicht mal eben zu beschließen. Aber man kann sich gegen das Bravsein und gegen das Diktat der Angst entscheiden.

Komischerweise akzeptieren wir ganz selbstverständlich, dass es für den Erwerb bestimmter Fähigkeiten des Trainings bedarf. Mehr oder minder geduldig erlernen wir unseren Beruf, das Autofahren, Kochen. Selbstliebe und Selbständigkeit sind für Frauen unserer Generation jedoch noch immer keine Selbstverständlichkeit; auch sie müssen erlernt und eingeübt werden.

Ob verlassen worden oder selbst gegangen: Ich kann den Schritt der Trennung, sei er auch »gefährlich« und irrsinnig schmerzhaft, in vielen Fällen nur empfehlen. Bindungen aufzulösen, die lähmend geworden sind, katapultiert uns mit Schwung aus unserer alten Komfortzone. Diese Abenteuerreise heißt *Move your ass*, man kann sie nicht buchen. Sie passiert einem auch nicht ohne Grund. Und wie der Titel schon sagt: Niemand trägt uns mit der Sänfte umher.

Punkt eins: Selbst laufen, statt schleifen lassen!

Punkt zwei: Achtet auf das Gepäck!

Was aber gehört in den Rucksack für diese Reise auf eigenen Beinen? Mut, Liebe, Hoffnung, Taschentücher, Musik, eine gute Portion Ambivalenztoleranz, Neugier, heilende Rituale, Freunde, Familie und der feste Entschluss, die Verantwortung für die Route komplett selbst zu übernehmen. Ebenfalls gehören dazu: erstaunlich starke Wachstumsschmerzen und die Bereitschaft, unbekannte Gegenden zu erkunden.

Macht Euch also auf! Kauft Euch frische Wanderkarten! Dankt Eurem Körper. Hört auf, der Sicherheit zu dienen, das füttert nur die Angst. Macht keine Diäten, sondern was Euch Spaß macht! Bettelt nicht auf Online-Börsen um Liebe, sondern lächelt Fremde an! Und, unbedingt, Euch selbst! Weilt allein in wilden Gegenden, auch und vor allem, wenn diese sich in Eurem Inneren befinden.

So schreibe ich also von unterwegs an andere, die ebenfalls auf Reisen sind oder gerade im Begriff aufzubrechen. Sicher, das ist nicht die Route 66, und wir landen höchstwahrscheinlich auch nicht in Hollywood. Aber hey! *Das hier* ist viel spannender!

Nein, der Schmerz ist auch nach zwei Jahren Reise noch nicht verschwunden. Immer wieder tauchen neue, ungeahnte Schichten auf. Doch nur für die jüngsten ist meine Trennung verantwortlich, alle anderen sind wesentlich älter. Manchmal komme ich mir wie im Bergwerk vor, wenn nach einer abgetragenen und durchgesiebten Schicht die nächste erscheint. Doch dann sage ich mir: *Glück auf, Grubenpony! Zurück am Tageslicht wird's heller.*

Ob ich irgendwann wieder sesshaft werde? Ich habe keine Ahnung. Die Ungewissheit, meine alte Angstgegnerin, beginnt mir wirklich zu gefallen.

Und die Liebe kommt und geht und kommt. Manchmal folgt sie einer Einladung, dann wieder gibt sie sich scheu. Immerhin hab ich meine eigene immer dabei. Dafür könnte ich dankbarer nicht sein.

Bis hierher also mein Reisebericht.

Alle Koordinaten sind vorläufig.

Danksagung

Wem ich, aus völlig verschiedenen Gründen, herzlich danke:

Den Frauen:

Waldtraut Grundmann, Heike Faller, Barbara Wenner, Bettina Eltner, Lilli Moors, Egle Stöhring, Sybille Lenk, Kerstin Wahala, Agnes Sioda de Vito, Eva Schwab, Anna Krimerman, Merav Gur Arie, Aldona Vaitkuniene, Nina Bengtson, Eleonora Weber, Gabriele Kuhn, Eva Schwertner, Inga Fouček, Luli Harvey, Zoe Harvey, Kerstin Pelke, Kaija Föhr, Vered Manasse, Gabriele Kumlin, Sibylle Berg, Michaela Wiebusch, Manja Barth, Aderitha Schoor, Uta Heldt, Katrin Gielow, Marie Schwab, Anne Schemm, Petra Petersen, Susanne Schleyer, Gabi Schaffner, Clarissa Pinkola Estés, Tina Bara, Annett Lichtner, Lisbeth Grundmann, Higgi Birn, Gabriele Baring, Ellen Wiederitz, Malu Kendzia, Wera Morawietz, Carola Rönneburg, Petra Stöhring, Doris Stöhring, Claudia Garde, Erna Lenke, Hannah Newberry, Monika Grundmann, Salome Haettenschweiler, Ulrike Liehm, Zora Jankowic, Susanne Schmidt-Kubeneck, Elze Gudavicinte, Iris Boss, Rebecca Harms, Paula Isermann, Ivana Connert, Nevena Grundmann, Pura Kauf, Antje Prescher, Ellen Becker, Katja Winkler, Kinda Dalla

Den Männern:

Jürgen Grundmann, Friedrich Stöhring, Michael Suckow, Simon Borowiak, Michael Pelke, Lutz Gregor, Dietmar Peikert, Martin Eder, Peter Moors, Matthias Kuhn, Sebastien Terrie, Mathias Deutsch, Zenonas Vaitkunas, Thomas Stöhring, Michael Hufnagl, Matthias Scheliga, Michael J. Stefan, Matthias Osthof, Till Kaposty-Bliss, Alain Jadot, Gerhard Lambrecht, Jens Greuner, Hans-Jörg Grundmann, Aram Radomski, Martin Crellin, Jörg Kinzelmann, Alvaro Recabarren, Jimmi Lorenz, Igor Wassiliejev, Mohammad Dalla, Hans Könings, Hans-Joachim Maaz, Ulrich Kubiak, Emil Schreiber, Ralf Bartholomäus, Reiner Stöhring, Thomas Quehl, Mario Sathayam, Rainer Sioda, Branko Britvec, Knut Neitzel, Vincent Klink, Alexander Gehmlich, Michael Ringel, Lars Klaassen, Stefan Vens, Timo Valtonen

Literatur

Zitierte Quellen:
- Lena Andersson: *Widerrechtliche Inbesitznahme. Ein Roman über die Liebe.* Aus dem Schwedischen von Gabriele Haefs, München 2015
- Clarissa Pinkola-Estés, *Die Wolfsfrau. Die Kraft der weiblichen Urinstinkte.* Aus dem Englischen von Mascha Rabben, München 1997
- Hans Hopf: *Über Trauma*
- Margarete Stokowski: *Untenrum frei.* Reinbek 2016
- Mary-Louise Parker: *Die Männer meines Lebens.* Aus dem Amerikanischen von Anette Grube, Frankfurt a. M. 2016
- Andrea Köhler: »Am Online-Pranger. Scham und Beschämung in Zeiten des Internet«, in: Daniel Tyradellis (Hrsg.): *Scham. 100 Gründe, rot zu werden.* Göttingen 2016, (Essai)
- Katherine Woodward Thomas: *Lass uns in Frieden auseinandergehen. Wenn die Liebe endet ... Die 5 Schritte des »Conscious Uncoupling«.* Aus dem Englischen von Karin Weingart, München 2016
- Christiane Northrup: *Weisheit der Wechseljahre. Selbstheilung, Veränderung und Neuanfang in der zweiten Lebenshälfte.* Aus dem Amerikanischen von Monika Niehaus u. Beate Bettenhausen, München 2001
- Eva Illouz: *Warum Liebe weh tut. Eine soziologische Erklärung.* Aus dem Englischen von Michael Adrian, Berlin 2011
- Andrea Gerk: *Lesen als Medizin. Die wundersame Wirkung der Literatur.* Berlin 2015
- Ella Berthoud u. Susan Elderkin mit Traudl Bünger: *Die Romantherapie. 253 Bücher für ein besseres Leben.* Aus dem Englischen von Katja Bendels u. Kirsten Riesselmann, Berlin 2013

- Pasqualina Perrig-Chiello: *Wenn die Liebe nicht mehr jung ist. Warum viele langjährige Partnerschaften zerbrechen und andere nicht.* Bern 2017

Einige ebenfalls hilfreiche Bücher zum Thema Trennung:

- Reinhard Haller: *Die Macht der Kränkung.* Wals bei Salzburg 2015
- Horst Petri: *Verlassen und verlassen werden. Angst, Wut, Trauer und Neubeginn bei gescheiterten Beziehungen.* Zürich 1991
- Jennifer Wright: *Kill your Darling! 13 Trennungsstorys, die Geschichte machten.* Aus dem amerikanischen Englisch von Jenny Merling, Berlin 2016
- Beate Kruse: *Was machen die anderen nachts? Melancholische Sexgeschichten,* Dresden 2015
- Anita H. Clayton: *Wie Frauen lieben. Das Geheimnis weiblicher Sexualität.* Aus dem Amerikanischen von Susanne Kuhlmann-Krieg, München 2007
- Doris Dörrie: *Was machen wir jetzt?* Roman, Zürich 1999
- John C. Parkin: *Fuck it! Loslassen – entspannen -glücklich sein.* Aus dem Englischen von G. Maximilian Knauer, München 2010
- Colette Dowling: *Der Cinderella-Komplex. Die heimliche Angst der Frauen vor der Unabhängigkeit.* Aus dem Amerikanischen von Manfred Ohl u. Hans Sartorius, Frankfurt a. M. 1997
- Verena Kast: *Abschied von der Opferrolle. Das eigene Leben leben.* Freiburg im Breisgau 1998
- Heidi Kastner: *Tatort Trennung. Ein Psychogramm.* Wien 2016
- John Cowper Powys: *Die Kunst des Älterwerdens.* Essay. Aus dem Englischen von Waltraud Götting, Frankfurt a. M. 2002
- Kristin Neff: *Selbstmitgefühl. Wie wir uns mit unseren Schwächen versöhnen und uns selbst der beste Freund werden.* Aus dem Amerikanischen von Gisela Kretzschmar, München 2012
- Adolf Muschg: *Literatur als Therapie? Ein Exkurs über das Heilsame*

und das Unheilbare. Frankfurter Vorlesungen, Frankfurt a. M. 1981
- Heinz-Peter Röhr: *Wege aus der Abhängigkeit. Belastende Beziehungen überwinden*. Ostfildern 2015
- Simone Borowiak: *Pawlows Kinder*. Frankfurt a. M. 1999

Gesa Neitzel

Frühstück mit Elefanten

Als Rangerin in Afrika

Klappenbroschur.
Auch als E-Book erhältlich.
www.ullstein-extra.de

Safari Diaries

Alles hinschmeißen, nach Afrika gehen und sich zur Rangerin ausbilden lassen – ist das nun unglaublich mutig oder die Schnapsidee von jemandem, der vor dem Leben davonläuft?

Noch während Gesa darüber grübelt, landet sie kopfüber in ihrem afrikanischen Abenteuer. Sie lernt alles über Elefanten und Gelbschnabeltokos, lernt Spurenlesen und Sternenkunde und muss sich nicht nur einigen Prüfungen, sondern auch ihren Ängsten stellen. Sie erzählt von atemberaubenden Begegnungen mit Löwen, vom Barfußlaufen durch die Savanne, von langen Nächten unterm Sternenhimmel – und von einem Leben, das endlich richtig beginnt.

ullstein extra